编辑出版实务

——由传统出版到数字出版

The Practice of Editing and Publishing —— From Traditional to Digital Publishing

胡太春　金梦玉　编著

中国广播影视出版社

序

笔者与胡太春、金梦玉两位作者并不熟悉，甚至没有见过面。是胡太春兄专门给我写了一封工笔十分秀丽的短信，信中称：承老署长刘杲引荐，要我百忙中对这本教材予以过目，并写一序言。笔者作为一位老新闻出版科研人，又是刘杲同志的推荐，只好答应下来。但诸事缠身，断续阅读，只能谈谈个人的一些心得。

首先，该书以书刊载体为主干，以编辑实务为主题值得称道。因为在传统的管理中，书刊属于出版的范畴，报纸则属于新闻的家族。严格讲，编辑业务首先是从书开始的，然后才逐渐发展的报和刊。整个编辑实务工作的教程，多是以书刊业务为依托的，是在书刊业务的基础上，逐渐成熟和完善起来的，因此，从这个意义来讲，研究书刊编辑业务可以大致覆盖整个编辑业务。

其次，该书的副题目是由传统出版到数字出版，反映了该书的另一个重点，也是一个亮点。我们不妨先看一下美国《连线》杂志创始人凯文·凯利预言的与我们编辑出版行业直接相关的三个趋势：一是屏读（Screening）；他认为原来书本给人以权威，但现在面临的则是流动开放杂乱的世界，现实的真相是要不断地由自己来组装。二是流动（Flowing）；现在我们处于一个数据流动的时代，就是流标签、云端等组成各种各样的流。三是过滤（Filtering）；现在的世界需要别人的帮助，才能找到真正需要的东西，这叫做过滤。从出版业发展的国内实际看，数字阅读、媒体融合、机器算法、人工编辑等等概念，似乎直接验证了上述预言，但是如何应对、如何学习？这就需要一些能够结合新媒体探讨出版业发展趋势的著述，来为我们指点迷津，解疑释惑。而这本翔实的教科书则可以对我们有所教益。

其实，关于任何媒介发展趋势的分析，始终来自对基本概念的分析和基本方法的运用。有人说当你看不清趋势的时候，就回到原点。所谓对照初心，才会看到前路。对于编辑出版领域的趋势而言，回归到基本概念是必要的，也是一种很有效率的分析。究其上述趋势的本质：屏读（Screening）就是数字阅读，流动（Flowing）就是内容融合，过滤（Filtering）就是编辑工作。可以说基于这三个概念，又牢牢抓住编辑工作这一核心，《编辑出版实务》给出了关于出版业的新颖的视野和判断。在宏观层面，该书比较完整体现了编辑融合的趋势特征；在微观层面，该书系统剖析了编辑实务的对接内容。

其三，从同类书的对比看，本书注重融合历史、理论和实务。传统实务类教材重操作、重细节、重技术，这是核心，不能失重。但从学科建设视角看，不少实务类教材往往将实务、理论、历史条分缕析，彼此脱离。这就使得读者的阅读学习容易相对割裂，形成壁垒。本书在凸显实务技能的基础上，恰恰将编辑出版行业发展历史和编辑理论与实务有机结合，成一种“史、论、技”融为一体之态势。这就容易使学生在研读时，能将具体方法产生的历史环境与学科理论形成的来龙去脉整合起来，不仅突出技能要素，而且也能体现论从史出的原则，达到互为参照的效果。例如，第 3 章和第 4 章的书号与出版的关系，书号管理的历史脉络，选题备案的相关政策文件，等等，都非常艺术地体现出这一特点。

其四，从核心内容看，本书操作方面的内容系统而丰富。从合同书的内容，到图书整体形态设计，再到内文版式设计，各类应用文写作，等等，都一一涵盖，牢牢把握了核心环节中的核心技术。如果说凯文·凯利预测的趋势是行业发展的结果，那么本书的核心展示的是推动趋势出现的原因和推力。数字出版生产力的发展和转型，都离不开这些最基本而又最重要的操作概念。例如，第 5 章合同的内容、版权贸易的运用，第 9 章期刊的整体设计和数字期刊，第 11 章的图书成本构成与定价，等等。这对于行业新入职人员或者编辑出版专业的学生来说，查阅简捷，归属清晰。不夸张地说，本书可谓是编辑实务书中的一本“小百科”。

其五，本书的可读性也很强。第 2 章“国际出版业与书刊出版的新特点”、第 3 章“中国传媒业和书刊出版现状”、第 14 章“数字出版发展与前景”，写得波澜壮阔，异彩纷呈，使得新中国出版业的壮美瑰丽得以较完美地呈现。在应用文的案例选择上，也体现出作者较深的文学修养，黄遵宪、孙中山、徐志摩、蔡元培的序言，鲁迅、朱自清、叶圣陶的书评，等等，都颇具文采，这弥补了教材类图书中的一块短板。不仅可以提升学生的关注程度，还可以增强对本学科的归属感和使命感。从更高的层面讲，这也是贯彻《关于加强和改进新形势下大中小学校教材建设的意见》的最佳体现，从具有中国特色、中国视野、中国气派的资料中选取案例，这是教材编写者坚守文化自信的重要努力。

最后，从学科建设的角度，本书为编辑出版学教学体系的完善，提供了一种“学科融合”的建设路径。期刊的广告经营中融合了广告学理念、应用文写作中融合了新闻史要点、知识产权保护内容中融合了法学思维。在案例选择和背景交代中，本书注重融合国内外两个方面，在国际出版传媒集团的发展回顾中，本书横跨中西，视野开阔。英国的培生集团、美国的威亚康姆集团和华纳集团，还有美国的巴诺书店、鲍德斯书店，等等，都是标本意义上的研究对象。更为难能可贵的是，本书将传统出版和数字出版的融合特征与可能路径，描述得十分清晰。从传统出版平滑圆润地过渡到数字出版，二者的联系与区别，在第 14 章里予以充分展开。描述清晰，定位准确，行文流畅。

当然，本书在章节设置方面，也有一些可商榷之处。比如，前面几个章节的总体论述可以安排得更合理一些，以便与后面期刊的一些具体编辑环节呼应连贯 ，有机融合，则相信该书整体脉络会更为清晰，教学阅读的效果会更加精准有效。不过，这些缺陷与这本教材总体相比，自然是瑕不掩瑜，适当修改即可弥补。我衷心地希望这本教材在教学实际中发挥它应有的价值。

是为序。

全国政协委员

中国编辑学会会长 郝振省

中国传媒大学编辑出版学专业博导

2017 年 10 月 15 日于北京

目　录

引言 / 1

第 1 章　传媒出版和它的家族成员：书刊 / 3

第一节　传统出版：纸介质传媒产生和人的编辑出版活动 / 3
第二节　图书是中国具有最悠久历史的传媒 / 5
第三节　中国期刊是广纳东西方文化精华、凝聚中华民族特色的传媒 / 11

第 2 章　国际出版业和书刊出版新特点 / 20

第一节　国际传媒集团的多种媒介复合结构和跨媒体出版 / 20
第二节　国际传媒集团的规模扩张和跨国经营 / 23
第三节　国际书刊市场不同流通体系和版权贸易中心 / 27

第 3 章　中国传媒业和书刊出版现状 / 33

第一节　中国出版传媒集团的组建 / 33
第二节　中国图书期刊出版社的机制创新 / 37
第三节　中国图书期刊流通市场的改革开放 / 40
第四节　中国版权立法与对外版权贸易 / 44

第 4 章　中国标准书号和图书出版 / 48

第一节　中国标准书号与条形码 / 48
第二节　申领图书在版编目数据和制作图书版权页 / 52

第三节　图书选题策划 / 55
第四节　三级审稿责任制度和责任编辑职责 / 63

第 5 章　图书出版合同与知识产权保护 / 66

第一节　《中华人民共和国著作权法》和知识产权的保护 / 66
第二节　图书出版合同的主要内容 / 68
第三节　版权贸易在图书编辑工作中的运用 / 75

第 6 章　图书整体形态设计和数字出版新业态 / 77

第一节　图书整体形态设计是对图书生命认识的飞跃 / 77
第二节　图书整体形态的外部装帧设计 / 80
第三节　图书内文版式设计与实施 / 85
第四节　数字出版新业态 / 89

第 7 章　图书的辅文写作 / 92

第一节　序跋文体写作 / 93
第二节　书评文体写作 / 98

第 8 章　图书校对和图书质量保障 / 106

第一节　现代校对在书刊编辑出版中的职能 / 106
第二节　责任校对制度和“三校一读”制度 / 108
第三节　加强数字出版工作的校对环节 / 111

第 9 章　中国期刊的编辑出版 / 114

第一节　中国期刊刊号、条形码、出版记录 / 114
第二节　中国期刊的国际统一连续出版物条码 / 116
第三节　中国期刊定位与品牌打造 / 118

第四节　期刊的整体设计和数字期刊 / 122
第五节　广告期刊 DM / 124

第 10 章　期刊的应用文写作 / 130

第一节　期刊发刊词 / 130
第二节　刊评的写作 / 133

第 11 章　图书的成本利润与期刊的广告经营 / 139

第一节　图书的成本构成与定价方法 / 139
第二节　期刊的广告与经营 / 142

第 12 章　中国图书期刊的印制 / 146

第一节　印刷经营许可制度与书刊委托印刷制度 / 146
第二节　传统印刷要素与种类 / 150
第三节　从传统印刷到数字印刷 / 157

第 13 章　中国图书期刊市场 / 162

第一节　出版物经营许可证和出版物市场管理制度 / 162
第二节　中国图书期刊的国内与国际市场 / 164

第 14 章　数字出版发展与前景 / 170

第一节　我国数字出版由电子出版起步 / 170
第二节　从电子出版到网络出版 / 173
第三节　数字出版现状与广阔前景 / 177

参考书目 / 187

引　言

编辑，指各种媒体（以出版物为主）在出版前进行的上游工作环节，包括文字、图像、录音、录像、多媒体生成处理，以及制作审核、校对的一项工序。编辑二字的概念，即从古代收集编连简策而来，以后书写材料变化，沿用未改。《尚书·多士》说“惟殷先人 有册有典”，说明早在商代已有人从事该工作。中国的编辑工作和中国学术文化一样源远流长，正因为有了精湛的编辑活动，灿烂的学术文化才得以保存和发展。

随着文化活动和科学技术的发展，编辑工作成为现代出版事业的中心环节。除书籍、报纸、期刊、图画等出版物外。还利用声频、视频、符号、图像等提供知识，传播信息，积累文化，交流思想。因此，编辑工作的内涵扩大了。通常编辑又可分为图书编辑、刊期编辑、报纸编辑、广播编辑、电视编辑及电子出版物编辑等。

编辑一词在现代已发展为多义词，一般又指专业性的工作。如出版社的选题、组稿、审读、加工整理等；非出版机构中，文献资料的整理，编撰工作通报、专业刊物等，也是编辑的工作。有些编辑工作工程浩大，是一项复杂的系统工程，如许多国家编纂的大型百科全书、辞书和著作总集等。

根据 1986 年 3 月 30 日颁布的中国《出版专业人员职务试行条例》的规定，编辑又是一类社会职业身份。编辑职务（含美术编辑）设编审、副编审、编辑、助理编辑 4 种，其中的编辑为中级职务。其他国家的出版机构中，编辑人员大致分为高级编辑、文字编辑及技术编辑。

出版，《世界版权公约》曾给了出版一个很好定义：“出版是把可供阅读或通过视听可以感知的作品，以有形的形式加以复制，并把复制品向公众传播的行为。”这说明出版的要素是：作品、加工复制、广泛传播，覆盖所有媒介。在传媒产品制作过程中，与编辑上游环节相对应，出版则是下游环节。

21 世纪以来，由于传媒手段进步，引发了媒介融合，表现在书籍、报刊、广电、网络之间内容互生，资源共享，终端融合，纸质、音频、视频的属性向多媒体转化。因此，所有传媒产品综合称为出版物。所有出版物都需经过传媒产品的上游工作环节——编辑。

中国高等院校编辑出版学专业教育从20世纪80年代开始起步，经过十年来的发展，在学科建设与课程体系、师资队伍与人才培养、教材建设与出版科研等方面取得了稳定的发展与长足的进步，为出版行业培养了一大批优秀的高层次复合型人才。中国各高校设立的编辑出版学专业，侧重点不同，有的侧重于出版发行学，有的侧重于编辑学，有的侧重于编辑出版学，因此，中国的编辑出版学课程体系可分为图书出版发行学型、编辑学型、编辑出版学型三类。

本教材根据教育部的精神，中国编辑出版学专业教育首先应进行专业整合，对分得太细的本科专业如编辑专业、出版管理专业、印刷专业、图书发行专业等，按照教育部1998年公布的《普通高等教育本科专业目录》中规定的“编辑出版学”专业进行整合，以便明确教学重心，培养出宽口径、厚基础、高素质的复合型人才。

本教材明确培养目标，在科学技术不断发展、经济形势不断变化以及WTO规则框架下，编辑出版学专业的培养目标应该是符合出版物编印发一体化的宽口径要求，注重培养系统掌握编辑出版理论知识与业务技能，具备宽广的文化与科学知识，熟练运用计算机等现代技术手段，具有创新精神，能从事编辑、出版、发行业务与管理工作以及教学与科研的高层次复合型人才。因此，力戒空洞浮泛，以编辑和出版图书和新闻期刊为重点，较详尽对业界流程具体解剖、实训，使学生举一反三，触类旁通其他出版物传媒产品。

当前，编辑出版业界正经历着传统出版向数字出版演变。二者共存互生，研究人员预测未来出版媒介发展的重要趋势是：传统出版与数字出版的融合，互联网和移动互联网的融合，虚拟与现实、线上（电子版加手机）与线下（实体刊物）的融合，产业链间与渠道、平台与终端、终端与内容的融合将全方位展开。由于当今时代处于传统出版向数字出版演变之际，故本教材又名“嬗变中的编辑出版实务”。

第1章

传媒出版和它的家族成员：书刊

第一节　传统出版：纸介质传媒产生和人的编辑出版活动

传媒，是现代大众传播媒介的简称。从新闻传播学观点看，它包含着两层概念：一是指具有能向社会大众进行大规模传播信息的专业化职能的各种社会组织。如出版社、期刊社、报社、电台、电视台、网站等媒介集团。一是指拥有各自独特传播技术手段、能用之于大众传播活动中的媒介。如图书、期刊、报纸、广播、电视和网络6种媒介。

如果从纯粹经济统计学的观点看，目前中国社会国民经济中中国传媒产业细分市场结构为：图书出版、移动媒体、电视、报业、广告公司、网络媒体、期刊、广播、电影、音像制品。每年由中国社会科学文献出版社定期推出的《中国传媒产业发展报告(年度)》，即根据这10个细分市场结构收集到的各种数据进行统计和预测的。

在人类历史上，由于生产力和生产关系的进步，传媒的传播技术手段不断丰富和发展，传媒组织机构也不断推陈出新。传媒在不同历史时期呈现出不同的技术特点，也打下不同的社会形态印记。但是至今还尚未看到一种传媒完全替代另一种传媒的现象。这是由于各种传媒有着各自的个性特色和传播优势，因此也就形成了多姿多彩的传媒之林。人们习惯地把图书、期刊、报纸称为纸介质传媒，把广播、电视、电影称为电子传媒，把数字化时代的计算机网络称为网络传媒。本书所要论及的主要是纸介质传媒中的图书和期刊这两个传媒家族成员，以及在计算机新技术植入后的嬗变状态。

纸成为图书和期刊的载体后，又都与印刷术相关联。公元 105 年中国人发明了纸，给图书传播提供了良好的载体。公元 7 世纪上半叶，唐初贞观年间中国人发明了雕版印刷术。11 世纪上半叶，北宋庆历年间中国人发明了活字印刷术，从而开创了图书传播的新时代。接着，欧洲人发明了以机械方法驱动的铅活字印刷术、石印技术。纸的广泛使用与印刷术的不断进步，把纸传媒推向传媒家族长子的地位，至今放射着迷人的魅力。

纸介质传媒和任何传媒一样，都离不开人的活动。数千年的图书传播活动中，人类积淀了一系列智力思维的优秀概念，至今沿袭下来，成为传媒学中的思想瑰宝。如“编辑”和“出版”这两个基本概念。

编辑，既是纸传媒传播过程中人的智力活动过程，也是一种职业。它充分体现了在图书生产过程中古代中国人的主观能动性和创造力。它的原义是还在纸介质未出现前，古人把写在或刻在竹板上的文字记载物拿来，按一定的顺序选择排列而成简册。后来纸出现了，生产图书的这一概念仍然没有改变，一直沿袭到今天：编辑是人在一定思想指导下，搜集各种文字材料，将它们汇集在一起，加以鉴别、选择、取舍，进行分类整理、排列组织的过程。

古代中国，孔子删诗书表现了“述而不作”“多闻阙疑”的编辑思想。刘向、刘歆父子编辑整理文化典籍，作《别录》《七略》，创立了古代图书“六分法”分类体系和“叙录”文体图书解题形式，使先秦后流传无序的典籍得以新貌面世，其编撰体例成为后世编辑出版活动的典范。古代中国还有一些专司编辑史书、类书的官职，如翰林院编修等，是皇帝分配给大臣的高贵岗位。二十四史和许多古代大百科全书“类书”，就是由这样一代又一代的官员们编辑而成。宋朝至明清两朝，一些城市书铺书坊兴起，还出现了像冯梦龙、凌蒙初那样的受聘书铺的编辑大家。晚清到民国，近代职业编辑家层出不穷，如梁启超、章太炎、张元济等，都是一时之选。

随着传媒手段的丰富，传媒家族成员增多，编辑工作的内涵日益扩大。除书刊编辑外，细分还有广播编辑、电视编辑，乃至网络编辑等。在社会生活中，编辑也成了多义词。除了以上所说特指图书生产最初过程外，又是图书生产从业者的岗位的称谓。目前在我国新闻出版界，编辑既是的图书出版专业人员职务职称序列之一，也是报刊新闻工作人员技术职称序列之一，世俗还把这一概念扩大到社会上非传媒机构的工作范畴，把文献资料整理、文字性处理工作都泛称作编辑。

出版，这一概念也是随着图书这一古老传媒的发展而出现。虽然中国古代金文、石刻、图章、人工抄写典籍，都可算作出版的发轫，但真正意义上的出版，却是伴随印刷术的出现。版，是古人对一种特殊加工的木板的称呼，这种木板上面刻有文字或图形

以供印刷之用。古语“板”通“版”。古人又称用雕版印刷出版图书为“付梓”。梓，即指雕制印书的木板。

出版与印刷术密切相连，是在图书复制过程中形成的概念。出版是人类社会生产力和生产关系发展到一定水平的产物。像图书、期刊这样的出版物，凝聚着人类的思想智慧和科学技术的发明创造，成为代表社会文明水平的标识，是毫无疑义的。随着社会进步，出版概念不断延伸。目前学界认为：现代出版是通过可以大量进行内容复制的媒体实现信息传播的一种活动，它包括复制和发行。出版，是采用纸介质或其他不同介质来为公众复制和传播先进文化的传媒行业或手段。在《中华人民共和国著作权法》中，“出版”成为一个法律术语，特指作品编辑加工后，经过复制向公众发行。

此外，出版在我国传媒领域还有一个法规概念含义：指出版物有可重复使用性。广播、电视等传媒传播了声音图像，但对受众来说，具有不可重复性。所以从严格意义上讲，广播、电视等传媒似乎还不能归入出版范畴。但是，近年来网络传播融合了图文声像各媒体功能，集数字化管理与数字化内容于一身，还把触角伸入传统印刷领域之中。因之产生了“网络出版”或“数字出版”的新称谓，此种极大的涵盖面，实际上是一种“大出版产业”的观念。这又一次说明在新的历史时期，出版这一概念又在延伸和扩大。《世界版权公约》对“出版”概念的界定即说明了这一点。

编辑出版，在中国图书业界有着悠久的历史。孕育和诞生过多优秀编辑家和出版家，并涌现出一批编辑出版学专著。中国期刊出版形成规模虽然时间较短，却是近代进步文化的主流，社会主义现代文化产生的源头。中华人民共和国成立以来，中国政府对图书、期刊出版工作十分重视，形成了行之有效的管理制度，编辑出版工作也形成了一整套科学有序的优良传统。改革开放以来，中国图书、期刊业经过 40 多年巨大变革，正以创新的体制走向世界。如今人们已经普遍认识到，在现代传媒的图书、报纸、期刊、音像制品、电子出版物、互联网出版物等出版过程中，编辑出版是一项按一定方针收集信息、策划选题、审读和加工作品，进行复制并向公众传播为基本内容的工作。在中国，编辑出版这一职业备受社会尊重。

第二节　图书是中国具有最悠久历史的传媒

图书，是图和书的综合名称。在中国是最古老而现代的传媒，也是中国的国粹。在中国有文字以后的整个传媒史，可以说占主导地位的是图书出版史。如今众多保存完好、传久不衰的浓缩数千年中华古代文明的典籍，便是最好的说明。因此在中国传媒家族中，图书，应该是历史最悠久的家族成员，堪称传媒家族“排行老大”。

现代图书实际上主要指附着在纸介质之上的图形和文字的出版物。图书的概念包含如下内涵：用图形和文字表达的、有原创内容的、公之于世的达到一定数量的复制品。未经出版的手稿不算图书。同时它应有相当长度的信息或相当大的内容容量。联合国教科文组织规定，一本除封面外，篇幅不低于 49 页、非定期印刷的出版物才算图书。此外，它还要具有突出人的视觉感官功能感受，又有不受时间空间的限制、能保持相当久长的特点。由于它附着在以纸介质为主或其他携带轻便的载体上，有着便于保存、收藏之功效。

学术界有的专家认为：最早的具有图书意义的是《河图》《洛书》，也许“图”“书”的称谓即从此处缩写而来。中华古代早期典籍《尚书》《论语》《周易》《管子》中均有关于河图洛书的记载，但具体是什么模样，是图是书，谁也说不清楚。只是笼统地讲《河图》9 篇、《洛书》6 篇。其出现也十分神秘，或传伏羲氏时，有龙马从黄河跃出，背有河图；神龟在洛水显现，负有洛书。伏羲依此画成八卦，后来成为周易的范本。或传黄帝东巡，看见过神龟背上的洛书。又说大禹治水时，上天赐给他《洪范九畴》，即为《洛书》。

从以上诸说可以看到，《河图》《洛书》是中华古代先民最早对人类生命自身和宇宙环境的关系之探求与思考。如果《河图》《洛书》与伏羲氏始创八卦有关，是周易的渊源，那么《河图》《洛书》的内容即是中华古代先民对宇宙阴阳消长契合、天人合一和谐世界的追求。如果《河图》《洛书》与《洪范九畴》有关，或就是《洪范九畴》之类的典籍，那么《河图》《洛书》的内容即中华古代先民在大禹领导下，突出疏导，治理洪水泛滥，追求人与环境友好型社会的体验记录。

一直到了宋代，曾在陕西华山长期隐居的道家学者陈抟创“黑白点子”说图画，自称绘出了《河图》《洛书》的模样（见图 1–1）。

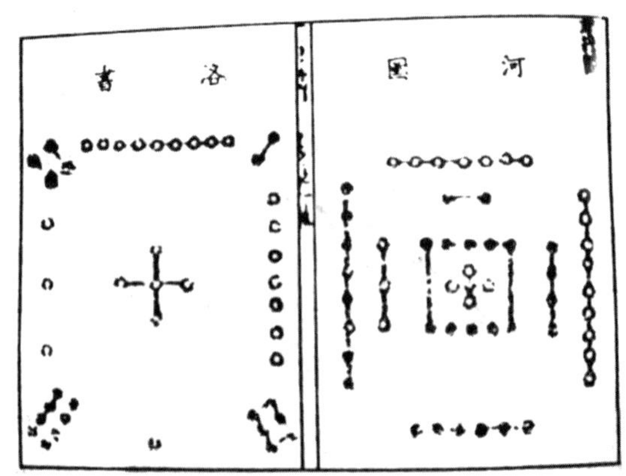

图 1–1　道学家陈抟创“黑白点子”说，诠释并绘出《河图》《洛书》，传说中国图书始祖，又蕴藏二进位计算机哲学思想

他用白点代表阳，黑点代表阴，认为“河图生天干，其数 55，由 1 至 10，55 点构成一图；洛书生地支，其数 45，由 1 至 9，45 点构成一图”。从而使人们第一次看到了陈抟版本的河图洛书。朱熹曾据此作《易本义图》，对陈抟的“黑白点子”说极力推

崇，理学家周敦颐、邵雍都对此学说风从影随。后人称陈抟已深入中华传统文化的渊源和堂奥。

在中国图书出版史上，虽然《河图》《洛书》的实物形态扑朔迷离，难于考究，但第一位图书大编辑家孔子却名实俱在。孔子的编辑思想也成为古代图书出版的圭臬。

孔子编辑整理的《易》《诗》《书》《礼》《乐》《春秋》，被后世尊称为“六经”流传两千五百多年，成为中国古代知识分子必读的教科书，对塑造中国民族文化性格起到了深远的影响作用。

图书，作为中国古老传媒，在三千余年的发展中，既深远地影响了世界文明，同时又不断吸收世界文化先进元素，从内容和形式表现了自身的民主特色和民族特色。唯其民主，所以汇入人类思想进步潮流。唯其民族，所以呈现出强烈的世界特色。

数千年的中国图书内容，具有人类思想意识形态的多元性特征，当然在不同历史时期也突出表现了统治者主流思想烙印。春秋战国时第一次思想解放，诸子学说蜂起，百家争鸣，异彩纷呈。秦统一中国突出法家思想。汉从尊崇黄老哲学到定儒学于一尊。东汉时佛教传入，佛经大量印行，对中国书籍出版影响甚大。魏晋时第二次思想解放，各种思潮风起，儒、释、道三种思想并存兼容，特别是文学艺术领域中诸如绘画、书法、文论等独立出来，推动了中国图书编辑出版繁荣。唐王朝使中国进入封建社会极盛时期，充满自信的开放和包容，吸收大量异域文化。雕版印刷术的发明，又使中国图书编辑出版和中华文化传播影响到世界文明。从宋元到明清，虽经王朝政权更替，但由于活字印刷术的不断进步，全国形成许多诸如书院之类的学术思想中心、民间刻书中心以及图书流通中心，书籍品类繁多，各种学说并存。

在古代中国，封建统治者文字狱、禁书令不断，但风头一过，图书出版繁荣情况依然。仅举清乾隆帝时代为例，一方面下令全国各省访求历代遗书典籍，开设《四库全书》编辑馆广收图书；另一方面同时打着“采集遗书”的幌子，消灭异己文化毁禁图书。据学者统计，从乾隆三十七年到四十七年（1772—1782 年）《四库全书》编成，书稿来源仅浙江一省采集遗书 4523 种，56955 卷，不分卷的 2092 册。但从乾隆四十三年到四十五年（1778—1780 年）全国收缴禁书 24 次，538 种，13862 部，仅浙江一省毁禁图书 1.3 万多部。这一情况从反面说明，中华图书从来呈思想多样性的特征。尽管统治者曾采取多种办法施压，但文化多样性并未被泯灭。

数千年的中国图书内容，逐渐从皇族权力圈子向民众化世俗化发展，民主意识逐渐增强。图书，统治者一开始就有“民本”思想的闪现，也有最高统治者到诸侯国地方“采风”之举的记录，但文化的主体部分实际为皇帝和皇族权力圈子所独享垄断，或成为统治者树碑立传的部分，或成为牢笼知识分子和奴化臣民的工具。随着图书编辑出版技术手段进步，载体不断轻便，消费成本降低，传播范围由皇家士大夫上层渐扩大到民间，内容与形式都起了世俗化的进程。编辑出版的理念也因之变迁，隋唐以前多刊皇家典籍，史书不过是帝王的家世谱牒而已，收藏也要金匮石室秘不示人。宋元时科技农书渐多，话本曲艺文化消费初现端倪。明清以后通俗小说、戏剧文学、连环画本、应试小册子《兔园策》、历书、种树等生活类实用图书大行其道充斥民间。市民阶层兴起，资本主义经济萌芽，反封建民主意识也越来越浓厚。民主意识渐趋扩大，又推动图书知识向民间流布扩大，民间文人写书立说，民主性意愿逐渐张扬。像李贽《藏书》《焚书》一类反封建叛逆图书出现，使许多图书不再是皇族权力圈子的专利品，而是封建王朝的对立物了。到了晚清历史转折关头，中国图书的民主光焰更加炽亮。严复《天演论》、谭嗣同《仁学》、邹容《革命军》等，鼓荡着思想解放浪潮，推动了中国一次次变革。

中国图书出版史上还有两个特点，一个特点是随着纸的发明、印刷术出现，书的外观形态不断向便于携带、便于保存、便于阅读、便于收藏方向发展，展现了中华图书浓郁民族特色与民族个性。这个特点大致经历五个阶段：

第一阶段，汉朝，纸发明后，到唐朝之前，图书形态行卷轴装。后佛经传入，受贝叶经册影响，取册页装、经折装，又受经折装的启发改良，取旋风装、鱼（龙）鳞装。

第二阶段，宋、明朝由蝴蝶装、包背装到线装，把中国图书装帧民族性基本确定了下来。蝴蝶装是一次装帧变革，使图书改变了卷轴书排架制度。

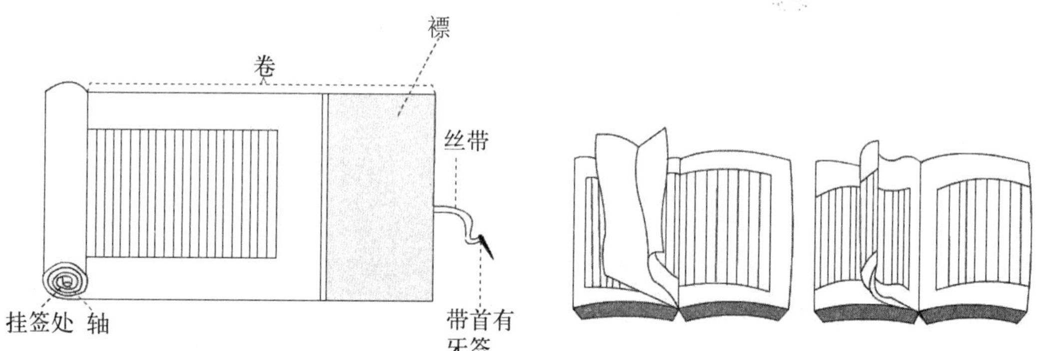

图1–2　古典卷轴装的页面各部分

图1–3　蝴蝶与包背的书页翻阅区别

第三阶段，到了光绪末年，随着国外石印、铅印技术传入，线装书的书衣吸收外国图书样式，舍去书名签条，改排铅字或书法题名。进入 20 世纪初，书的封面开始出现装饰花边的框线，封面纸也变换颜色。辛亥革命前，中国赴日本留学生增多，编书办刊成为风尚。由于受日本平装图书影响，摈弃中国传统线装装帧图书形态，改为平装形态，书的封面、封底也仿照东洋书印有各种图文装饰。

第四阶段，“五四”新文化运动输入的现代西方书装帧艺术，使国人对书籍审美观大为改变。书籍整体设计意识明显增强，封面、封底、书脊、勒口、环衬、扉页、目

录、广告页图片都囊括在整体设计视野之内。图书设计时，图案、颜色、字体、版式，乃至印刷材料、装订工艺都成了设计元素，通通拿来组合布局、综合调度变化，从而奠定了现代中国图书样式。

第五阶段，中华人民共和国成立后，尤其是改革开放以来，图书的外部样式又发生新的变革。为与国际图书市场接轨交流沟通，图书开本统一为国际流行开本，实行国际统一书号、条码等方便世界性阅读。印刷装帧工艺向先进国际水平看齐，图书外形个性化、分众化、民俗化、艺术品化更加了引人注目。

中国图书出版史上另一个特点是图书出版的产业特征不断明显。早在中国古代，图书的商品性就逐渐显现。纸张流行后，汉代出现早期书市，当时称“书肆”。据记载，后汉时的洛阳城书肆有一定规模，某一作品风行，能引发纸价上扬，以至有“洛阳纸贵”之谓。南北朝时，书商就曾把南朝梁武帝编撰出版的百科全书“类书”《华林遍略》贩运到北魏地面进行兜售。唐朝时中国形成固定的图书市场，日本留学僧在扬州购书，还标明书的定价多少钱。北宋张择端《清明上河图》用写实的手法描绘了北宋都城汴京（今河南开封）清明时节汴河及其两岸的风光，再现了公元 12 世纪中国大都市社会生活风貌。该图描写市区街景部分，各种店铺鳞次栉比，其中便有赫然标名“书铺”者。降及明清两朝，中国已有全国性刻书中心、图书流通中心多处，如以金陵为中心的吴地、以杭州为中心的越地、以建阳为中心的闽中。私家坊刻从南到北遍及全国，涌现出许多大藏书家与名刻书家。如江苏常熟的明代毛晋汲古阁、清代席世臣扫叶山房等。这些民间出版家集编、校、印、发、藏书为一体，首选丛书刻印，名重一时，有的成为近代出版企业先声。我国雕版印刷新技术套版印刷、饾版拱花印刷、影抄等在他们推动下实验成功，编辑出版了很多精美印品。

19 世纪初，欧洲图书期刊出版业随工业革命迅速发展。西方列强用武力强加给清政府的不平等条约打开中国大门。外国人在中国澳门、香港、上海先后创办了书报印刷企业。如英商美查在上海办的点石斋石印书局，全盛时有石印全张机 10 多部，在北京、浙江开设 20 多个分店，大获其利。中国民族资本印刷业在其刺激下相继产生。1865 年洋务派创办上海江南制造局印书处，拥有近代铅活字印刷机器，由徐寿主持翻译馆译员 59 人（外籍译员 9 人），中外合作共同译书多种，其中仅科技图书 22 类 200 余种。1873 年清政府设京师同文馆印书处，有中文、罗马文铅活字 4 套，7 台手摇印刷机。洋务派官员还在国内设金陵官书局、江苏官书局、浙江官书局、广雅书局等，采用近代国外印刷工艺。1882 年（光绪八年）由徐鸿复、徐润兄弟等集股在上海创立同文书局，专门从事影印善本古籍，先后出版《二十四史》《古今图书集成》等，拥有石印机 12 架，雇工人 500 余名，是中国人自办的近代第一家印刷企业。

辛亥革命之后，中国民族资本图书出版业飞速发展。上海商务印书馆和中华书局是突出代表。上海商务印书馆创办于1897年，由夏瑞芳、鲍咸恩、鲍咸昌、高凤池四人集资创办。它打破美华书馆、申报馆为主的外国人垄断中国近代印刷业局面，标志民族印业全面崛起。商务印书馆上海总馆印刷总厂设备先进，并在全国设85个分馆和分印厂，跨国在新加坡、吉隆波等地设立分支机构，工人达3600人。1902年聘张元济翻译馆长，以编印教材、翻译西方名著、发行文化工具书盈利。从1897年到1922年，商务印书馆25年间资金增至1333倍。上海还有另一个出版企业中华书局，由陆费逵等人创办，虽成立于1912年元旦，但1913年改组为现代企业组织股份有限公司，设编辑、事务、营业、印刷4所。中华书局仅运营4年，资本从创办时的2.5万元增至160万元。

中国共产党成立后不久，1921年9月在上海成立出版机构人民出版社，并制订了出版《马克思主义全书》《列宁全书》《共产主义者丛书》计划，开创了图书出版新领域。1931年，中华苏维埃中央工农民主政府在江西成立中央出版局，编印革命图书200多种。1938年中共中央在延安设解放社，出版《列宁选集》等马列著作和新书98种。1939年6月，中共中央成立出版发行部，9月新华书店独立建制，在全国各敌后抗日民主根据地建立735家分支店，总店承担图书印刷，分支店承担发行。在国民党统治区，1932年韬奋成立生活书店，15年间出版进步图书1000余种，并建立图书系列公司。1948年生活书店总店与新知书店、读书生活出版社在香港合并成立生活·读书·新知三联书店，出版了多种进步图书。

中华人民共和国成立后，中国图书出版业走向国有化，成为国民经济的重要部分。特别是1978年改革开放以后，图书业向产业化迅速发展，据2004年统计，包括图书、报纸、期刊、电影、音像制品、广播、电视、网络、游戏、手机短信等14类中国传媒业整体市场规模3270亿元人民币，其中图书出版所占比重33.6%，在传媒市场稳居第一。

又据社会科学文献出版社2008年4月3日出版的《中国传媒产业发展报告（2007—2008）》统计，2007年中国传媒产业总产值为4811亿元，比2006年增长13.6%，预计2008年中国传媒产业总产值将约为5440亿元，比2007年增长13.1%。从传媒内部产业结构看，图书出版在市场规模上居第一位，是产值规模最大的门类，2005年至2007年连续三年产值规模超过1100亿元。

但是，自从1994年计算机新技术进入中国传媒业界以来，在短短的20年时间中，在时效性、互动性、信息量等方面存在缺陷的纸介质媒介形态，其市场主体的地位将逐渐被互联网等新兴媒体所侵蚀取代。根据清华大学传媒经济与管理研究中心的统计测算，2014年全年传媒产业总值达11361.8亿元人民币，首次超过万亿大关，较上年同比增长15.8%。伴随着移动互联网的发展，移动媒体正快速成长为传媒产业的支柱板块，并成为媒介融合的关键连接点。而图书出版在市场规模上尽管总产值7800多亿元，可

是已经退居第三位，排在网络媒体和移动媒体之后了。

第三节　中国期刊是广纳东西方文化精华、凝聚中华民族特色的传媒

期刊，据 2005 年 9 月 30 日中国新闻出版署颁布的《期刊出版管理规定》对它的规范定义是："期刊又称杂志，是指有固定名称，用卷、期或者年、季、月顺序编号，按照一定周期出版的、成册连续出版物。"

现代期刊，伴随资本主义经济产生和工业革命发展，它从图书传媒中裂变而来，更重要的是具有新闻传播媒介的特点。它的固定名称、定期出版和刊物的连续性，是与图书最显著的区别。它的最大特性还在于是一种"信息仓储"。它是一种持久性、多样化的媒体。它的内容、目标受众不断进行专业细分，读者个性化的群体差异需要使它呈现各种分类。目前，新闻出版署颁布的中国现代期刊类别有：综合类、哲学社科类、自然科学技术类、文化教育类、艺术类、少年儿童读物类、画刊类等；并且这些分类还在不断嬗变和细化中。

现代期刊是西方文明传入中国的舶来品。西方最早传入中国的此种新传媒概念也是交叉的，报纸、杂志、期刊名称谓没有严格分野，从荷兰语"马卡仙"、英语 Magazine、Journal、意大利语"加西打"，翻译成中文统称之"新报"，办"新报"的组织机构统称为"报馆"。 从郑观应、梁启超的表述即可看到这一点：郑观应说，泰西"有日报、月报、七日报、半月报之别，其体裁有新政异闻、近事告白之分，或一季一出，一年一出，迟速不一，种类攸分，如律家有律报，医家有医报，士农工商各有报，甚至小儿亦有报纸"。"凡兴革之事，献替之谟，其君相举动之是非，议员辩论之高下，内外工商之衰旺，悉听报馆照录登报。"梁启超说，泰西"有一学即有一报"，从事政务的可阅官报，从事地理工作的可阅地学报，从事军事工作的可阅海陆军报，从事农务的可阅农学报，从事商务的可阅商学报，从事格致（自然科学）工作的可阅天算声光化电的各种专门报。这些"报"的刊期多种多样，有季报、月报、半月报、旬报、七日报、五日报、三日报、两日报、一日报、半日报。他把办"报"的组织机构统称为"报馆"或"新闻馆"，认为"报馆有益于国事"。

期刊和杂志，现在中国为同义语。不过，在中国古代出版史上，杂志原本是中国

古老的书籍种类的一种称呼。杂志作为图书门类的一种，它突出了该门类书本多元杂陈的内容，也有作品区别与正史纪录、信笔自由书写的含义。杂志，表示与皇家典籍严肃性不同，也有著作者对所作自谦之意。从南朝宋临川王刘义庆留下的一部广集汉末魏晋士人轶闻逸事的志怪小说《世说新语》，到唐人《开元杂报》，直至到蒲松龄的《聊斋志异》，都透露出此种信息。有学者考证宋朝文人所著《清波杂志》为最早"杂志"，但事实上古代"杂志"，都只强调其内容记录庞杂的特点，仍属书的范畴。如 2008 年 6 月 13 日至 7 月 20 日国家图书馆古籍馆临琼楼"国家珍贵古籍特展"展出的稿本、抄本中，明末清初学者方以智（1611—1671）手稿《方密之先生杂志》（不分卷），就是一本涉及经史子集、间有考订的书稿。方氏著作入清多遭毁禁，此书稿亦无刻本传世。该稿本现为中科院国家科学图书馆馆藏，名录 01877。它说明，"杂志"是中国古代图书的一种，与近代新闻期刊有一定差异。还有学者认为，苏州长洲人名医唐大烈于公元 1792 年（清乾隆五十七年）编印的《吴医汇讲》是最早的"期刊"，因为用同一名称连续出版 10 年，内容多样性、多名作者突出。但是由于该刊物缺少近代期刊最重要的新闻学元素，仍然只能看作中国古代"杂志"——图书门类的特种，或称为图书中的丛书或多卷本而已，很难认同是中国现代期刊的起源。

那么，为什么国人把中国近代早期期刊称作"杂志"呢？这是因为此种西方"舶来品"，既有中国传统图书"杂志"的特点，又有西方新闻学概念元素，当时的中国知识分子只能借中国传统图书已有的类似对应物"杂志"概念予以称呼。最早把期刊称为"杂志"的是英国传教士在香港办的《遐迩贯珍》。在中国近代报刊史上，从晚清出现近代期刊开始，曾有一段很长时期报章、杂志、期刊称谓没有严格界限，作为中国古代书籍传统样式的期刊，在相当长的一段时间是中国近代传媒的主体。原因之一是当时中国生产力不发达，真正意义新闻纸也不可能出现。原因之二是中国知识界阅读习惯于书籍传统样式，所以只能出现书本式的新报章。也正因为如此，近代中国知识界，多取新传媒期刊其内容多元化、作者非单一的特征，在中文中寻找对应词，借称为"杂志"。此称呼因习惯沿袭由来已久，故"杂志"与" 期刊"渐成同义语。

中国期刊，在近现代史上是中西文明融合的产物。近代中国最早的期刊还有一个共同现象，即都为外国人创办。外国人的办刊初衷，是想把西方的纸传媒移植到中国，用西方的纸传播理念传播西方文化。但要想达到这一目的，却必须适应东方文化环境，客观上造成近代最早中国期刊的源头是中西文明交会的产物。

学术界一般认为：最早的具有现代含义的中文期刊是"博爱者纂"《察世俗每月统记传》（*Chinese Monthly Magazine*）和"尚德者纂"《特选撮要每月纪传》（*Monthly Magazine*）。前者由英国基督教伦敦布道会传教士马礼逊、米怜于 1815 年 8 月 5 日在马六甲创办，用木版雕印，主要在南洋华侨中免费散发；后者是 1822 年米怜病重，《察

世俗每月统记传》停刊，1823 年 7 月伦敦布道会责成传教士麦都思在爪哇巴达维亚（今雅加达）创办，于 1826 年停刊。不过，由于《察世俗每月统记传》和《特选撮要每月纪传》宗教色彩较浓，又不在中国本土上出版，所以最早的中文期刊应该是传教士郭实腊 1833 年在广州夷人馆区出版的《东西洋考每月统记传》。《东西洋考每月统记传》宗教色彩比较淡薄，最具备新闻要素。

图 1–4 《东西洋考每月统记传》原刊封面（13.7×25.8 公分）

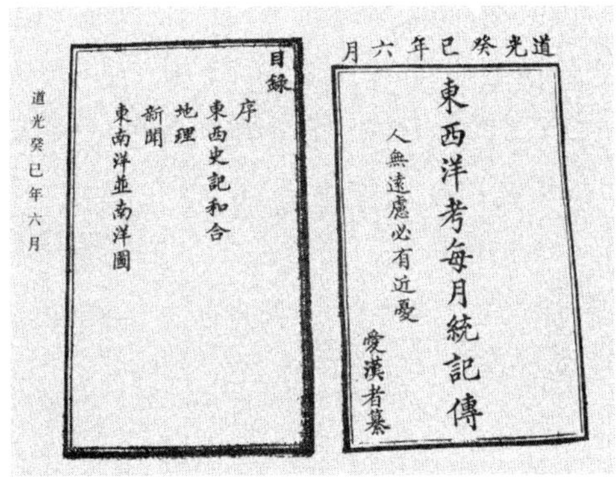

图 1–5 《东西洋考每月统记传》道光癸巳年六月（1833 年 7 月）本

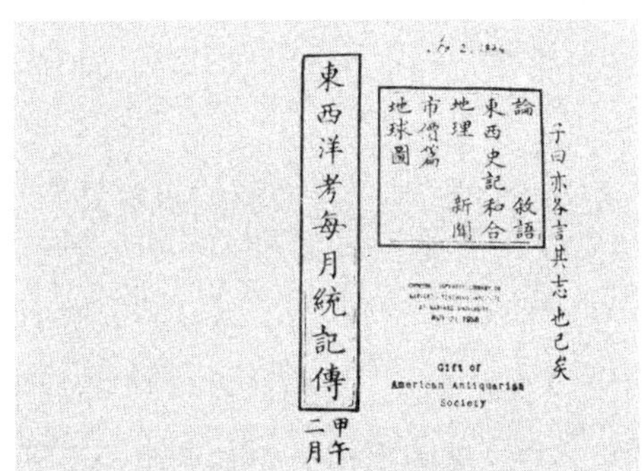

图 1–6 《东西洋考每月统记传》甲午年二月（1834 年 3 月）本

《东西洋考每月统记传》(*Eastern Western*, *Monthly Magazine*) 是怎样一个刊物？为什么说《东西洋考每月统记传》表现中西文明交汇这一特点比较典型呢？

《东西洋考每月统记传》于 1833 年在广州创出现，创办人为德国籍传教士郭实腊。郭实腊原本属于基督教（新教）最早的宗派路德宗，受荷兰基督教信贤会派遣到亚洲活动。1829 年，郭实腊脱离荷兰布道会，成为一个独立活动的普鲁士传教士。1832 年 2 月，郭实腊应聘英国东印度公司，曾到中国沿海活动，1833 年 4 月底返回澳门。1833 年 7 月（清道光十三年癸巳年六月），郭实腊以“爱汉者”署名编纂《东西洋考每月统记传》，于 1838 年 10 月（清道光戊戌年九月）停办。中间虽在 1834 年、1835 年两度中断，

1836年全年未出，但1837年复刊后一直出版到1838年10月才终止，共历时5年零3个月，迄今完好保存计33期。其中广州出版18期（有6期刊次重复，估计是再版加印），其中1837年由广州迁至新加坡出版21期。

《东西洋考每月统记传》从创办到终刊，开本一直保持中国传统式的书本版式，开本为13.7cm宽 ×25.8cm长，使用中国雕版汉字正楷文字印刷（也有说采用石印印刷）。前面有8期的署名是“爱汉者纂”。“爱汉者”是郭实腊的笔名或号。从丁酉年（1837年）正月号起，《东西洋考每月统记传》由“在华实用知识传播会”又名“中国益智会”接办。此后，《东西洋考每月统记传》在新加坡的实际编辑人是谁，存在不同说法。但由于郭实腊是“在华实用知识传播会”的中文秘书之一，该期刊的版式风格又没有根本变化，只是印刷文字稍感粗糙，所以郭实腊仍然参加编务是肯定的。

《东西洋考每月统记传》具有西方传媒特点是，首先将把西方的纸传媒理念移植到中国，推介给中国。该刊甲午年正月号上的“新闻”栏中，刊登了一篇《新闻纸略论》文章介绍了新闻纸在西方产生的历史和新闻自由的发展进程：“在西方各国有最奇之事，乃系新闻纸篇也。此样书纸，乃先三百年初出于义打里亚国。因每张的价是小铜钱一文，小钱一文西方语说‘加西打’，故以新闻纸名为‘加西打’即因此意也。后各国照样成此篇纸，致今到都有，甚多也。惟初系官府自出示之，而国人所有不吉等事，不肯引入之。后则各国人人自可告官，而能得准印新闻纸，但间有要先送官看：各张所载何意？不准理论百官之政事。又有的不须如此，各可随自意论诸事，但不犯律法之事也。”接着文章又介绍了新闻纸的类别：“其新闻纸有每日出一次的，有二日出一次的，有七日出二次的，亦有七日或半月或一月出一次不等的。”这些新闻纸有的主要刊登信息，但“亦有非记新闻之事，乃论博学之文”。这显然是指期刊。文章最后还给读者提供了一个数据，即道光七年（1825年），英国共有报刊480多种，美国共有报刊800多种，法国共有报刊490种。“此三国为至多，而其理论各事更为随意，于例无禁。”这一数据揭示了中西文明程度表现在报刊传媒上的巨大差距。文中所说，“小钱一文西方语说‘加西打’”，即系西方对新闻纸、期刊的笼统称谓。这篇文章是西方最早向中国内地直接讲述西方新闻理念的记载。从中也可看出，西方人最早给中国介绍西方新闻业时，报纸与期刊分野并不十分清楚，只强调其新闻性特征。

《东西洋考每月统记传》具有西方传媒特点是刊载新闻和广告。它辟有“新闻”专栏，专门刊登世界新闻、中国新闻；细分还可有地理新闻、科技新闻、政治新闻、社会新闻、人物新闻、经济新闻。《东西洋考每月统记传》从道光甲午正月号开始，连续5期专门开辟“市价篇”专页，在期刊末尾逐期刊登广州“省城洋商与各国相交买卖各货现时市价”，篇幅多少不同，分“入口的货”和“出口的货”两类。入口货有蜜蜡、海参、冰片、铁、乳香、洋米、铜、硝、鱼翅等，出口货有白矾、八角、铜箔、土丝、白糖和

各类茶叶等；并标明每宗货物的定价，还特意说明要“随行就市”。这是在中国境内报刊上最早的广告，也是当时清王朝经过广州一口通商与国际开展进出口贸易的晴雨表。

《东西洋考每月统记传》由于是期刊，“乃论博学之文”占很大篇幅。创办者是外国人，为使中国知识分子心理上便于接受办刊人的观点，大量采用中国传统文化观念，照顾中国知识分子的阅读习惯。这样的办刊方法，就像郭实腊本人当年为在中国传教活动方便，就必须穿起中国衣服，自称是中国的一分子，尽量融入中国本土，使中国人有亲近感一样，所以刊物外形出版取中国传统书本样式，刊期用清朝皇帝年号记年，从封面设计到文章内容，大量引用孔孟语录和儒家学说，如封面每期登“人无远虑，必有近忧”“好问则裕，自用则小”等，如文章用中华哲学和合观，促进中国接受西方文化，用中国古代哲人进步的“华夷”说，破清朝“天朝上国”闭关论等，而这样做的结果，也迫使“舶来品”期刊不得不迅速中国本土化。

《东西洋考每月统记传》的栏目丰富，设置讲究：第一类是言论。如序、论、煞语、叙谈、杂文、结尾语。第二类是文章。有综述、专文以及一般性记叙文。第三类是文艺。有诗、赋、书信。这些栏目都是期刊所构成的基本元素，也是近代传媒的基本特征。但都采用中国传统文体。也正是它的广集天下奇闻、汇有各种文体，讲述活泼自由，大有与中国古代文人“杂志”相通之意，所以被中国知识分子称为“杂志”。

《东西洋考每月统记传》在很大程度上影响了中国报刊的初期形态。因为在中国新闻传播史上，辛亥革命以前的报纸和刊物没有明显的区别，真正的新闻纸还没有产生。在从 19 世纪末到 20 世纪初的 70 多年的历史阶段中，《东西洋考每月统记传》在版式和编辑方面产生了示范作用。如：1853 年麦华陀在香港创办的中文月刊《遐迩贯珍》；1857 年伟烈亚力在上海创办的教会刊物《六合丛谈》；1868 年林乐知在上海创办的《中国教会新报》(1874 年改名《万国公报》)；1872 年英商《申报》馆创办的文艺期刊《瀛寰琐记》。再如：1896 年创刊、由梁启超任主笔的国人创办的第一种以时事政治为主的综合刊物《时务报》；1900 年由杜亚泉创办的国人第一种自然科学杂志《亚泉杂志》；1906 年上海书业商会创办的第一种出版专业杂志《图书月报》等上海地区 160 余种报刊外观形态，大都受过西方传教士创办的《东西洋考每月统记传》等编辑方法和版式设计的影响，取类似书本样式。

19 世纪末到 20 世纪初年，中国围绕戊戌变法和辛亥革命发生两次兴办报刊高潮。从戊戌变法失败至辛亥革命爆发，中国报刊受到日本维新文化影响。1898 年 9 月以后，维新派报刊领军人梁启超出逃日本开始侨居横滨。横滨是日本开港最早港口之一，是日本近代新闻业策源地。1870 年日本第一张日报《横滨每日新闻》就创刊在这里。此时日本明治维新“殖产兴业”已见成效。资本主义经济发展初具规模为报刊业经营提供了物质基础。电报、电话通信设施在主要城市间实现，蒸汽机动力驱动的轮转印刷机已经使用，书刊报印制、装帧、设计技艺向西方学习熔铸为日本民族风格，该国资产阶级新闻学专著也已出版。横滨又是中国留学生华侨聚居地，爱国进步思潮激荡，孙中山资产阶级革命派活动频繁。这种崭新环境氛围使梁启超维新派“脑质为之改易”，报刊理念和办刊行为产生了又一次大的改变。无论是君主立宪派还是共和革命派所办的期刊，在宣传资产阶级民权宪政，或争论战要不要保留清政权同时，都相继仿照日本期刊采用西洋印制、装帧、设计方法，彻底摈弃从前国内简单线装形态。这些洋装形态期刊风气很快传入国内，纷起效尤。1903 年商务印书馆创办期刊《绣像小说》时还用线装形态，但仅仅过了一年，商务印书馆 1904 年出版《东方杂志》就完全是 32 开本的洋装形态期刊了。

期刊作为传媒的一种，意识形态的特征与图书一样十分突出。尽管外国传教士身份复杂，在中国怀有各种各样的宗教目的和政治目的。如郭实腊虽是汉学家，同时也是鸦片战争英国侵略军翻译、《南京条约》起草者。但是，一旦期刊这种新型的传媒到了中国人手中，就成了先进的知识分子救亡图存振兴中华的强大思想武器。在戊戌变法和辛亥革命中表现得最为明显。在这一历史时期，中国传媒中期刊是宣传维新改良、民主革命的主体。戊戌变法中《时务报》《湘报》《知新报》俱是期刊。辛亥革命中的《民报 》同盟会机关刊物也是期刊。著名的资产阶级宣传家梁启超从戊戌变法到“五四”新文化运动，即 1895 年至 1921 年共创办过 11 个刊物，如《中外纪闻》《时务报》《清议报》《新民丛报》《新小说》《政论》《国风报》《庸言》《大中华》《解放与改造》《改造》，都是期刊。梁启超宣传了大量资产阶级新学说，起到了反帝反封建作用，其中 1896 年创刊的《时务报》，是国人创办的第一个以时事政治为主的成熟综合性期刊，后来的《新民丛报》也是辛亥革命前政治影响最大的期刊。

20 世纪前二十年间，是中国报刊剧烈变动的时期。特点是报纸与期刊分离、各自独立成为传媒体系、各自逐渐形成社会两大产业规模经济。图书、期刊、报纸在纸介质传媒领域中成为三足鼎立之势。此时，报纸形态从书本式演变为对开大报，新闻（消息）渐成报纸主角，报纸作为新闻纸，大批地从期刊中分离独立出来，现代报纸的形式大体从这个时期固定下来。

20 世纪以前，在中国传媒界具有真正意义的新闻纸不多，也大部由外国人垄断。早在 1898 年，汪康年的《时务日报》与《申报》竞争，开始使用白报纸两面印刷，分版编排，每版分批（栏），句读加点，创成现代新闻纸“纸面体裁”，从而突破期刊书本形态，打开报纸革新版式 、与期刊分途的道路。1904 年 6 月，梁启超参与指挥上海《时报》创办，对报纸版式进一步突破期刊书本形态进行改革。主要措施是：两面印刷印成对开报纸，大张直行排版，栏目多种多样，标题意取切合内容，分栏设置时评时画，与新闻栏相映衬，使用字号多样，版面活泼醒目。在《时报》带动下，《申报》也更新版式。1912 年史量才主持《申报》后，进一步革新版面，改行款，由简单直行排行，每版用新

五号字改排，分上下六层；同时增加篇幅，由过去日出一张，渐扩至日出七版、八版。报纸的纸张也由竹连纸、有光纸更新为卷新闻纸。正如戈公振 1925 年《中国报学史》所言："分一纸为四大页，即成为今日通行之形式。"此种新闻纸形正式态宣告报纸与期刊分离。

报纸取得独立形态后，迅速寻找自己发展道路。革新版面继续突破：除了一改从前通栏长行的版面编排方式，变为多栏短行编排方式外，又采用综合编辑法，对当天收集的全部新闻进行充分比较，将重要、紧急新闻放于显要位置之上，并调动其他编排手段，诸如制作大字、多行、通栏标题，或给标题加花边，给文加框，配以评论、图片等。这些无声的版面语言使报纸更具有新闻纸的意义，加强了新闻报道在报纸中 的主导地位，从而使报纸的传媒个性特征更明显，与期刊分野更清楚。

报纸在外部形态改变同时，突出新闻主角与新闻时效性。这一时期各报除常见的社论、时评、专电、译电、要闻、通信等固定栏目外，有的报纸还出"号外"。各报竞相设立各类专栏，如报道新闻专栏有政界纪闻、外交纪闻、学界纪闻；言论专栏有言论界、演说台、新鼓吹、议事厅；介绍新知专栏有译学馆、科学谈、商学、实业等。这一时期，以刊载文艺作品为主要内容的副刊在报纸的地位确立。大多副刊印有专门刊头，如《申报》"自由谈"、《 新闻报》"庄谐丛录"（后改"快活林"），有的报纸副刊虽然没有专门刊头，却拿出专门固定版面办副刊，如《神州日报》第六版、《民吁日报》第五版、《民立报》第八版。直至"五四"运动以后著名的"四大副刊"（北京《晨报》副刊、《京报》副刊、上海《民国日报》副刊《觉悟》、《时事新报》副刊《学灯》），竟成为介绍新文艺、新思想新知识的园地。这从另一个方面说明，报纸已成为成熟的新媒体。此外，各类报纸版面上，广告越来越占有一定位置。像商业报纸《申报》等，视广告为报纸主要财源，重视广告设计，改进广告文字，扩大广告版面，渐使广告占报纸版面二分之一。广告种类不断扩大，广告位置也由报末移至报首。还需要指出，报业很快出现集团经济。产生了史量才、胡政之、陈铭德、成舍我等报业经营家。

报纸作为新传媒品种与期刊分离，并不简单表现为此生彼灭、此长彼消。报业繁荣没有引发期刊业衰败，而充分表现了纸传媒家族成员兴旺。期刊的论说绵密、意理深邃等传媒个性，在"五四"新文化运动中表现得淋漓尽致；期刊的巨大社会组织力、动员群众的舆论引导力，在后来中国共产党机关刊物宣传马克思主义理论、动员群众参加进行社会主义革命和社会主义现代化建设中发挥 到了极致。

20 世纪初二十年间，既是报纸急速走向独立发展时期，又是期刊走向成熟发展时期。特别 20 世纪 30 年代，期刊优势渐次发挥，门类增多，内容向专业期刊进展。鲁迅是中国现代文学期刊的性格塑造者，中国现代文学期刊在他的手中成熟起来。鲁迅一生编辑和参与编辑书籍 76 种、丛书 11 种，主持和参与编辑期刊 20 种。从 1925 年 4 月创办《莽原》开始，主编过《语丝》《朝花》《文艺研究》《巴尔底山》《世界文化》《译文》，还与郁达夫合办《奔流》，与冯雪峰合编《萌芽》《前哨》《十字街头》等，不仅传播了马克思主义文艺观，成功地汲取世界现代期刊文化精华，继承光大了中华传统优秀书籍文化，使中国传媒史上民主期刊达到新的高峰；还用独特的美学视角，对现代期刊纸的质量、版式探究、封面装帧进行考量，将汉字的线条艺术、空间美感，以及封面色彩对比、纸的质感统一到一身，锻造了中国现代期刊民族审美特色，成为后来期刊编辑出版的楷模和榜样。

20 世纪 20 年代之后，中国现代期刊经济形成产业规模，这主要是民族工业渐成气候。如果说在中国近代传媒史上，戊戌变法、辛亥革命，期刊政治色彩特别浓重，政党期刊不太注重经营之道的话，那么，随着民族资本成长，期刊渐成产业经营，它的商品性也日渐突出。1904 年由商务印书馆创办的《东方杂志》等突出地表现了这一点，它是中国近代出版时间最长、最具影响综合期刊。再加上《小说月报》《教育杂志》《少年杂志》《学生杂志》《妇女杂志》《儿童画报》，等期刊组合为商务印书馆具有品牌特色的系列产品。中华书局为了与之竞争，除办起了《中华小说界》《中华教育界》《中华学生界》《中华妇女界》《中华童子界》《中华儿童画报》外，还创办《大中华》期刊，聘梁启超主编，与《东方杂志》对垒比美。两大企业的竞争，引发了中国期刊业进步成熟。商务印书馆为吸引读者，与时俱进，不断更替主编，推出新人。1921 年 1 月起，《小说月报》先后有茅盾、郑振铎主编，成新文化运动主力。《东方杂志》《妇女杂志》等也于 1923 年起由新思想进步人士编办，面目一新。这一时期，邹韬奋创办的《生活周刊》社别开生面，它先后出版了《大众生活》《太白》《新知识》等 29 种期刊，企业经营采用民主管理现代企业体制，加上旗下的远东同书公司、兄弟同书公司、骆驼书店等，实际上形成一个现代综合书刊出版集团。

在中国传媒史上，期刊是新文化运动的先导，是社会主义文化的源头。由陈独秀、李大钊主办的《新青年》月刊，聚集了民族先进分子，由此产生了中国共产党。中国共产党成立后，十分重视期刊出版，由于期刊便于深入探讨革命理论，党的机关刊物、理论刊物都采取期刊方式出版，如党的机关刊物期刊《向导》《共产党人》《解放》等，在不同时期发挥无可替代的组织领导作用。抗日战争时期，中国共产党领导的抗日民主根据地期刊业成为民族文化的脊梁。

中华人民共和国成立后，社会主义期刊业更受重视。改革开放后，期刊业突飞猛进。期刊种类更加丰富多样，生活类期刊比重增加，以提供商业信息为主的 B2B（Business–to–business Magazines）商业类期刊兴起。许多具有经济实力的期刊集团相继诞生，如 2000 年以品牌期刊《知音》为主体的传媒集团成立，2002 年 1 月以期刊《家庭》为主体的传媒集团成立，2006 年 1 月以期刊《读者》为传媒集团成立。这些品牌期刊形成良性循环，发行数增长，广告收入增加。有的传媒集团还扩张形成品牌期刊为核心的品种多样、内容互补、市场延伸的期刊群，酝酿上市，走向世界。

据新闻出版署公布，2006 年全国期刊 9386 种，总印数 28.5 亿册，总印张 134.7 亿印张，定价总额 140 亿元。如果加上期刊广告、会展收入，已有相当经济规模。中国期刊业已发展成为拥有舆论引导能力、文化信息传播能力、社会资源聚合能力、文化市场开拓能力的重要产业形态。中国政府制定的《新闻出版业“十一五”发展规划》还根据期刊业发展实况，考虑到中国期刊业面临新兴媒体快速发展、市场秩序需要规范、期刊整体管理水平有待提高各种要求，提出 2010 年全国期刊发展目标为总印数 30 亿册。

经过《国家“十一五”时期文化发展规划纲要》《国家“十二五”时期文化发展规划纲要》推动，我国期刊从数量与质量都有很大提高，但由于网络传媒和移动传媒的超速崛起，到 2013 年，全国 9941 种期刊，占整个传媒业经济总量的 2.0%，比 2008 年下降了一半，但经济规模仍达 227.236 亿元。

思考题：

1. 什么是传统出版？
2. 试述我国纸质图书与纸质期刊的发展历史。

第2章

国际出版业和书刊出版新特点

第一节　国际传媒集团的多种媒介复合结构和跨媒体出版

资本主义出版业，经过400多年长足发展，成为世界大部分地区的主流文化。

进入20世纪后，发达国家传媒集团垄断趋势日渐激烈。其特点之一是：传媒集团由多种媒体复合组成，纸介质传媒图书、期刊和报纸出版只是其中组成的一部分。出版业发展的普遍现象是，一个出版企业将传统的纸质媒介、继起的视听媒介、新起的电子和网络媒介进行跨媒体多元化经营以至融为一体。

媒体集团的多元化是把各种传媒手段通过数字技术带来的业务融合，这种业务融合具有很强的资源整合、人员与组织的协调、业务间的互动。这种各种传媒资源经营开发的多元化的结果与目的是“内容”，所以西方一些传媒集团自称是“内容供应商”。所谓“内容供应商”也可以理解为：整合各种传媒优势，把传媒技术手段复合化，形成一个传媒综合平台，向社会公众提供各种资讯文化。

在欧洲，以德国贝塔斯曼出版集团（Bertelsmann）和法国阿歇特·菲力柏契出版集团（Hachette Filipacchi Medias）为例。

1835年7月1日，印刷商卡尔·贝塔斯曼在德国小镇居特斯洛（Gutersloh）创办了以自己名字命名的图书印刷公司。这是一个经营图书出版业务的印刷厂，在此后100年间发展缓慢，只达到一家中等印刷出版企业规模。1950年开始，该企业第5代传人莫恩的儿子莱因哈德创办了“贝塔斯曼书友会”，倡导“把图书直接送到读者手中”的直销

理念，结果企业业务大获成功。10 年后，开始多元化经营并开拓海外市场。他们办起了唱片厂，在西班牙也创办“贝塔斯曼书友会”，收购电影厂，购买报刊股份。1971 年该企业改组为股份公司，1980 年公司对资产重组，在欧洲扩展核心业务的同时，加快在美国和亚洲的市场开拓。目前，贝塔斯曼旗下有 6 个子集团：图书集团主要经营图书出版和书友会业务，占总集团营业额 31%，它在全球拥有 40 多个出版社，其中有 1998 年出资 14 亿美元收购的美国兰登书屋，是世界最大的英语图书出版集团，其“书友会”为全球最大读者俱乐部，有 3000 万会员；报刊集团出版 40 种德文期刊和 40 种期刊，占总集团营业额 21%；工业集团经营印刷、光盘复制、储运公司等，占总集团营业额 16%；同时还有电视广播集团经营电视网络、广播电台、节目制作；娱乐集团经营音乐制作出版、可储存媒体、视频；多媒体集团经营网上服务、交互式演播室、信息网络。贝塔斯曼最早进入中国图书市场。2006 年它把在中国原本分散的目录邮购、网上书店、会员连锁店三大销售渠道整合在一起，使过去以租赁店铺经营的“贝塔斯曼书友会”以“店中店”的形式出现在大卖场或大型书店中，扩大了面对面的零售渠道。尽管后来业务“水土不服”，但仍然坚持开拓中国市场。

法国阿歇特·菲力柏契出版集团是由阿歇特出版公司和菲力柏契印刷公司于 1981 年合并组成。阿歇特原本为 1828 年成立的一家教科书、文学书籍出版商，后创火车站连锁售书亭，20 世纪进入报刊业。阿歇特曾出版《法兰西晚报》20 余年，后售出报纸购进多种名牌杂志，现有 172 份杂志。20 世纪 80 年代，阿歇特被法国大财团拉嘎德集团控股，实力大增发展迅速。进入 21 世纪后，旗下有 4 个子集团：图书集团（35 家出版社、几十个图书供销中心、6 个推广发行单位、系列书店、信息处里系统、大型印刷公司）营业额占总集团营业额 14%；报刊集团（10 家报纸、172 家期刊和大型印刷公司）营业额占总集团营业额 27%；音像集团（电台、电视、电影公司和音像公司，曾拥有欧洲一台、二台、音乐台、戏剧台、国际电视、欧洲形象公司等）营业额占总集团营业额 9%；多媒体和 Grolier 集团营业额占总集团营业额 7%；书报刊和通信产品发行网（分布于法国、欧洲、美国、加拿大、墨西哥）营业额占总集团营业额 44%。

在北美，美国书籍出版业大约有 360 多年的历史。美国出版业的真正繁荣，是在第二次世界大战之后。1947 年全美 648 家出版社，年出书 9182 种；1997 年全美出版社 2684 家，年出书 119262 种。进入 20 世纪 60 年代，美国出版业和传媒业之间不断相互兼并，规模越来越大。到 20 世纪末，这种并购竟有 1257 起。最新观念认为，出版业是传媒业的一部分，二者兼营不是跨行业经营，而具有很好的业务融合。这种业务融合具有很强的资源整合性、人员和机构间的协同性、业务之间的互动性。这种业务融合的合理结构，强调的是各种内容资源经营开发的多元化。因此，图书与电影、电视、广播、报纸、杂志等媒体交叉经营互相拉动，融为一体，既是出版业发展趋势，也是传媒业发展的一种重要现象。

以美国麦格劳·希尔集团 (McGraw Hill) 为例，该集团原本是成立于 1888 年的一家传统出版集团，总部设于纽约。现在除保持全美教育图书市场仅次于培生的第二地位外，已演变为一个主要包括金融服务和信息与媒体服务的传媒集团。它拥有全世界最著名的资信评估机构——标准普尔 (Standard&Poor' s)，并在全球有 25 个分支机构，能够向全世界的投资者每月、每周、每天、每时每刻提供网络和网络以外的金融信息服务。麦格劳·希尔还同时拥有包括 4 家电视台、《商业周刊》等近 20 家期刊和多家信息咨询公司，业务范围不仅包括媒体内容提供服务，还包括会议服务和行业信息服务等。如利用《商业周刊》的品牌，每年在全球召开各类专门会议、运用长期建设立的各类数据库和信息库举办各种展览等。该集团认为，集团的三大领域业务（教育图书、金融服务和信息与媒体服务）之间有较强的互动性。早期的金融信息是出版者做的，被看作出版市场的一部分，而今天互联网的发展，则使出版与金融服务结合得更为紧密。因为两者都是收集信息和资料，有某种共同性。在数字化的背景下，出版集团既做金融又做出版，需要运用高技术，两部分可以用一个平台来开发；而且做金融服务，必须搜集很多信息，而这些金融信息整理后可以用于出版。1999 年，麦格劳·希尔集团在中国设立代表处，与清华大学出版社、高等教育出版社、中国财经出版社合作，开辟为中国教育国际化的服务市场。2004 年标准普尔进入中国，致力于鼓励企业透明运作，增强国际投资机构参与中国改革建设信心。据 2007 年 3 月 23 日人民网报道，该集团与江苏科学技术出版社进行包括购买版权、共同出版、合作编写等方式进行国际合作。其中有以该集团教材为蓝本，根据中国职业教育实况进行改编，采取版权合作或共同投资出版，或选定几个专业从选题策划到编、印、发一条龙共同投资，或双方投资成立独立公司开展业务等合作方式。

20 世纪末，全球数字浪潮更加推动了传媒集团由多种媒体复合组成和跨介质传媒出版。数字技术的迅猛发展，网络快速普及，宣告了全球数字化浪潮的到来，也开启了纸质传媒和电子传媒、传统印刷与数字出版的共生年代。国际传媒集团美国出版商为例，普遍对数字技术保持高度的职业敏感，积极推进自身的数字化基础工程。如在过去的 10 年中，传统出版商将它们拥有的书刊文本数字化，建立起数字图书仓库，把出版的所有纸质书刊转化成 PDF 格式放在网络上。他们还普遍建立了各类型的数据库和在线编纂平台、在线教育平台以及各种各样的数字产品与工具。

首先，利用网络营销，实现了纸质图书和产品市场扩容，用网络和数据库推动营销升级。如美国哈珀·柯林斯集团并购 Nes Standard，占有 10% 股份，进行出版数字化转型，方便读者在网上搜索集团图书产品，虽然这种在线收入只占总收入的 1%，却使集团的纸质图书销量上升了 5%—6%。

其次，在线经营内容资源，创造新的成本营销收入。如美国约翰·威立 (John Wiley)，是一个专业、科学和高等教育出版集团，通过在线平台为旅游产业各环节提供在线产品和服务。如将品牌图书内容、游客原创作品、信息、计划、活动、博客、地图，吸引旅店、旅行社、报纸在其网站做广告，并为它们提供网站功能设计与维护，成为出版领域中的一种成功商业模式。约翰·威立还大规模地提供专业期刊定制，把全世界最好的科学期刊中的内容根据读者定制情况打包，而价格比分散订阅便宜。这种满足个性化需要，由于只通过网络传输而没有纸张、印刷和发行成本，使得赢利空间越来越大。在美国出版集团中，专业期刊领域中网络运营收入超过纸质期刊，这主要是在线服务建立在内容资源丰富的基础上取得的。

再次，在教育领域数字出版也获得成功。在线课程或远程学校，使用视频、音频的多媒体技术可作为平时课程的一种补充；学生家庭作业、在线测试、课外辅导、在线教材下载、在线虚拟实验等都显示独特优势。

国际出版传媒集团数字化进程多数采取收购 IT 企业或与 IT 企业（技术提供商如 Google、微软）合作。如约翰·威立为推进数字化进程，在俄罗斯收购一家拥有 80 名工程师的企业。如麦格劳·希尔与硅谷的 Google 合作，在未建成自己的数字平台之前，先将核心业务的部分图书使用 Google 搜索引擎，使集团的专业图书销售提高了 20%。Google 在线画面左边，提供读者免费阅读的麦格劳·希尔图书内容只有 10%—20%，在线画面右边，是各类广告通过读者点击来计算广告费。2007 年 Google 一年广告收入 100 亿美元，其中一半分给内容提供商。大量的小出版商由于财力单薄无法把自己产品数学化，只能让技术提供商 Google 进行数字扫描，放到技术提供商 Google 的服务器中，为读者提供搜索服务。

第二节　国际传媒集团的规模扩张和跨国经营

现代国际传媒业表现出的特点之二是，一些大的传媒企业集团进行规模扩张，资产重组，书刊出版业和多媒体业务实行跨国集团经营。

英国培生出版集团 (Person) 原本是 1850 年创建的小建筑公司，经过半个世纪发展成为世界最大建筑集团。19 世纪 80 年代业务重心转到传媒业，目前有 4 个子集团：企鹅出版集团（全球最有名英语读物出版商，在英美加拿大等地又分设 7 个子公司）；《金融时报》集团（世界权威综合商经类报纸、全球 12 个国家地区发行）；电视集团（世界最大的国际电视节目制作者，拥有5个子公司，在30多国家地区有150多个节目；又是英国唯一全球电视节目制作者，还拥有英国第5频道和卫视的部分股份）；教育出版集团（1996年收购美国爱迪生·卫斯理教育出版公司和旗下朗文出版公司合并，成为英语语言教学用书权威出版商。1999年8月，培生集团又收购美国最大的高等教育出版企业西门和舒斯特公司，重组培生教育出版集团，成为世界教育出版业的主导者。英国培生出版集团1960年股票上市，还有蜡像馆、拉萨特银行的股份，整个集团赢利出版占36.2%、报业占33.1%、电视占8%、其他占22.6%。作为全球最大的中小学教材出版商之一的培生教育集团，是最早进入中国教育出版领域的外国出版集团。1999年中国小学课程改革开始，培生集团就和中国外语教学与研究出版社、北京师范大学出版社、人民教育出版社等多家出版社合作7套中小学英语教材，并通过审定，加上教辅和配套产品，推出了近百个品种产品。培生集团在中国市场与中国出版社携手不仅是版权引进，更主要的是版权合作，很多时候还要和中国出版社一起进行英语教材内容改编，积极参加市场推广，有时还派专职培训人员或教材作者来中国进行教师培训。

以美国维亚康姆出版集团 (Simon and Schuster/Viacom) 为例。维亚康姆1987年6月资产重组后，通过多次收购兼并、买进卖出，调整集团的业务结构，增强了企业的活力。如1998年以高出自身价值2倍的价格将西门和舒斯特教育出版公司卖给了培生出版集团。1999年又收购了哥伦比亚广播公司（CBS），强化了在广播影视娱乐界的竞争能力。据统计，1999年到2002年维亚康姆出版集团还进行了12次大的并购活动，成为全球股票市场市值最高的传媒公司。维亚康姆集团下属有：派拉蒙电影公司、派拉蒙电视台、派拉蒙主题公司、MTV电视网、尼克罗迪儿童频道、百临门录像带租赁连锁店、斯佩灵电视节目制作者公司、电影时空电影频道、19家电视台，并在美国和欧洲拥有1300家电影院。2001年维亚康姆集团年收入250亿美元。其中电视领域收入占一半以上，广告领域收入占近1/3，娱乐和出版领域收入占7%。

再以美国时代华纳集团（Time Warner）为例。20世纪时，时代华纳就是世界最大的传媒集团之一，辖有美国第二大有线电视CNN 、TNT、卡通等电视台，《时代》等多家杂志、报纸、出版社以及网站，以及华纳音乐、华纳兄弟影业等媒体。2000年1月，代表网络媒体的全球最大ISP美国在线公司以1035亿美元换股并购了时代华纳，成为全球第一家面向互联网世界的综合性大众传播及通信公司，更名为美国在线时代华纳集团（AOL-Time Warner）。美国在线AOL成立于1985年，合并前曾是全球第一大型网络业务集团，拥有世界上最大的窄带拨号网络、网上寻呼等产品，用户达2200家。两公司合并后，2001年美国在线时代华纳集团年收入达382亿美元，成为传媒界的“巨无霸”，主要业务有：出版发行期刊64种，其中《时代》《人物》《体育博览》《财富》是全美5种畅销的前4种。此外还有《娱乐周刊》《金钱》《In Style》；有线电视方面，包括

CNN、TBS、HBO 和 Cinemax、Cartoon Network、TNT 和 WB 电视网络，拥有全美 1/5 家庭电缆资源，向 1280 万户提供有线电视服务；影视娱乐方面，华纳兄弟电影公司是美国好莱坞最大的电影公司之一，故事片、电视、家庭录像、动画生产全球领先。华纳唱片录音公司、音乐公司世界驰名。然而在线时代华纳集团仅仅合并一年，便在 2002 年以后发生巨额亏损，股价大跌。2003 年 9 月，在线时代华纳集团改名为时代华纳集团，美国在线的名字从集团的名称上消失。2003 年 11 月，时代华纳集团又宣布将旗下的音乐制作业务以 26 亿美元出售给埃德加·布朗夫曼为首的投资集团，表示此后将调整业务结构，重点发展持续增长强劲的业务部门。美国时代华纳集团的聚合分离引起传媒界对集团并购的各种议论。

美国传媒界还有一个现象，即国际资本进军出版界和传媒界十分活跃。以默多克新闻集团 (News Corporation) 为例。鲁伯特·默多克 1931 年生于澳大利亚墨尔本。其父经营一家小报《阿德莱德日报》，1953 年默多克在牛津大学毕业后子承父业，1980 年创建新闻集团。20 世纪 50 年代默多克开始事业扩张，先收购澳大利亚《悉尼每日镜报》《悉尼日报》《澳大利亚人报》，后收购英国《世界新闻》周刊和《太阳日报》《泰晤士报》《星期日泰晤士报》。1981 年收购美国《芝加哥日报》，控制华纳通讯公司。1985 年默多克为方便经营传媒业，加入美国国籍。20 世纪 90 年代，在美建立福克斯电视网 (FOX)，同与哥伦 比亚广播公司 (CBS)、全国广播公司 (NBC)、美国广播公司 (ABC) 三大电视网比肩并立。此外，还收购了英国天空广播公司 (BSKYB)、亚洲星空卫视 (STAR TV) 和拉美的卫星电视资产。2004 年，默多克新闻集团总部由澳大利亚迁到美国，成为国际化程度最高的综合性传媒公司之一，其核心业务涵盖电影、电视视节目制作与发行、无线电视、有线电视、卫星电视、广播、报纸、杂志、书籍、数字广播、加密和收视管理系统开发。2007 年，默多克新闻集团提出收购美国道琼斯报业集团旗下的有《华尔街日报》、财经杂志《巴朗》、道琼斯通讯社，并与路透社合办 Factiva 商业互动服务。

在加拿大，1890 年时只有英美一些出版公司在此设立子公司，直至 20 世纪 50 年代，加拿大人还很少开办出版机构。但到 20 世纪 70 年代，加拿大本土出版业大增，分英文、法文出版社两大类，英文出版聚集在安大略省，法文出版集中在魁北克省。目前，最大出版集团是汤姆森出版集团 (Thomson)。该集团为家族资产，约 205 亿美元，掌门人汤姆森 (1923 年 9 月—2005 年 6 月) 为加拿大首富，逐渐从旅游和零售业领域向金融、法律、卫生、科学领域拓展，成为世界电子出版业巨头。据 2007 年 5 月消息披露，该集团将以 77.5 亿美元价格卖掉旗下高等教育、职业教育、图书参考文献等资产 (包括教育书籍和线上资源的 Nelson Canada)，然后与路透集团商讨以 88 亿英镑 (176 亿美元) 的价格将其收购。如果此举成功，这两个全球第二和第三金融资讯提供商合并后，将超过彭博资讯 (Bloomberg L.P.)，跃居全球财经资讯提供商的霸主之位。

当然，在国际出版业中，既有巨无霸的扩张，也有船小好调头的机遇。在全球各国出版业日趋集团化同时，还有众多的中小型出版机构，这些中小型出版机构如同大自然良性的生态生存环境一样，在图书、期刊出版业中扮演着重要角色。传媒界曾形象地说：如果没有中小型出版公司，出版业可能会是一个由数只行动迟缓的巨型恐龙所组成的世界，因而使本应多姿多彩的出版界变得缺乏生机。

小型出版机构的劣势是资金短缺，不能为作者支付巨额预付款，甚至缺乏成套的市场营销策略，但它却有自己独特的优势。如市场响应速度最快、能给予作者以最大限度的关注，在决策中环节少、个人主观因素起关键作用，所以有“船小好调头”的好处。在英国最有说服力的事例莫过于布鲁伯瑞出版公司了。二十年前，这个公司还只是一个无人知晓的小公司。不过它却是小型出版公司当中的佼佼者。正当《哈利·波特》系列读物在许多大型出版集团遭到冷遇和拒绝出版时，布鲁伯瑞公司在选择新作者方面显示了它的远见卓识。由于出版《哈利·波特》系列读物决策正确，给布鲁伯瑞公司带来了过亿英镑的年收入。特别是在《哈利·波特》系列读物在 2007 年、2008 年出完最后两本后，人们对小型出版机构不再忽视，而布鲁伯瑞公司也不再是小型出版商了。

在英国，目前大约有 2500 家小型出版商，有人把年销售收入 400 万英镑的出版商称小型出版商，不过更多的是年销售收入在 10 万至 100 万英镑的出版商，还有的规模更小，雇员不足 5 人，有的甚至兼职运转。英国书业进入门槛低，导致每年产生很多小型出版商，同时也每年有不少小型出版商关门歇业或被人收购。但是由于许多小型出版机构是地区特色文化的重要承载者，或是民族语言的保留发扬者，所以他们给书业带来不可缺少的活力。对此，英国政府，以及苏格兰、威尔士半自治区当局都出台各种政策或给予基金资助，或采取措施提升它们的出版能力。英国这些小型出版商还成立代表自己利益的行会组织——独立出版商联合会，以此来与代表大中型出版商的利益的英国出版商协会相对应。独立出版商联合会大多数成员，是年收入多为几万英镑，雇员不足 10 人的公司，但非常活跃。独立出版商联合会不断为该会员利益到政府游说，还为会员提供行业咨询与帮助，在每年召开的年会上吸引大批著名作者与行业名家为会员出谋划策，还在世界国际图书博展会等书业展会上给会员们设立集体摊位。

在国际出版界，无论是各国大出版集团，还是小型出版商，都精心打造本土的品牌书刊出版物，英国作为世界期刊出版强国，不但出版国际著名的品牌期刊如 *Vogue*（《时尚》）、*Cosmopolitan*（《大都会》）、*Clamour*（《男人装》）、*Wallpaper*（《墙纸》）、*The Economist*（《经济学家》），为本土提供各种类别、不同内容、风格的期刊群，把青年读者吸引回期刊这种纸介质媒体上。由于出版商充分发挥期刊品牌力量并向广播电视、演出、网络媒介延伸，2005 年，英国出版消费者期刊 3366 种，占全国期刊总总数的 39.7%，比 10 年前增长 24%。世界期刊大国美国的本土期刊也呈现繁荣状态。2006

年年底美国共有期刊 19419 种，其中消费类期刊 6734 种，15% 期刊发行量超 100 万份，美国本国的期刊读者不断增长，据调查全美 78% 的青少年喜欢阅读期刊。

第三节　国际书刊市场不同流通体系和版权贸易中心

国际传媒界，各出版大国由于国情不同，书刊市场流通体系和出版物物流网络也不断演变，呈现出自身特色。

在英国和美国这样的出版大国中，书刊销售市场主要流通体系是连锁书店。美国最大的连锁书店是巴诺连锁书店和鲍德斯连锁书店。

巴诺连锁书店是全美最大的连锁书店，在美国拥有 5000 多个分店，分布在全美 48 个州，共经销 10000 余家出版社的书刊，常备品种达 40 万种，销售收入占全国市场总额 13% 以上。巴诺连锁书店规模很大，一般有 2.6 万平方英尺以上，图书品种 15 万种左右，全靠图书丰富的种类来吸引读者。巴诺经营者认为，在图书零售业中，品种就是质量。巴诺连锁书店多数集中在经济文化中心和都市商业区、购物中心，与影院餐饮区比邻，店内设查询台，有人专门帮读者找书，有人还可代读者订图书。连锁店营业时间长，每周七天上午 9 时到晚上 11 时，图书价格有各种优惠，还有特价书柜。

鲍德斯连锁书店是全美第二大连锁书店，但却是注力于全球拓展业务的连锁书店，目前全球拥有 1200 多个分店，雇员 3.2 万人，其中在美国有 25 个连锁店，经营品种除图书期刊外，有音像制品、二手书和文具。鲍德斯连锁书店设有图书追踪系统查询平台，最大优势是和美国在版书目数据库连接，既方便读者购书又获取大量客户信息。鲍德斯是全美唯一在海外发展业务的图书零售商，在英国、澳大利亚、新西兰、新加坡都有分店，鲍德斯海外市场约为美国本土市场的 1/3，总值达 100 亿美元。

英国书刊销售市场也主要是连锁店形式。全英著名连锁书店有 4 家：第一位是 W.H. 史密斯连锁书店，拥有 452 个分店，经营文具、图书与期刊，每年销售图书量为 4000 万册。第二位是瓦特斯通连锁店，拥有 194 个分店。第三位是奥塔卡连锁书店，拥有 140 多个分店。第四位是鲍德斯连锁书店，有 69 个分店。20 世纪末，英国许多超市集团涉足图书零售市场，主要是销售畅销书，很快控制了图书市场总量的 10%，图书排行榜前 10 名的市场 40% 由超市创造，所以业务越做越大。1995 年英国取消图书定价制以后，书店比出版社对书价更有话语权，所以打折销售成为最常用的促销手段，出版商的利润空间相对缩小，但不敢得罪图书零售商，尤其是最大的超市集团。

20 世纪末期，网络销售书刊渐成国际潮流。网上售书业务最早由美国杰夫·. 贝索斯创始。1995 年 7 月，普林斯顿大学电气工程与计算机专业毕业生 34 岁的杰夫·贝索斯（Jeff Bezos）在西雅图开办亚马逊网上书店（Amazon Con）。他年轻时当过图书管理员，妻子是小说写作者，对书籍情有独钟。他认为出版大国美国图书有 130 多万种，每年这个行业销售总额 2600 亿美元，但作为全美第一大连锁店巴诺年销售额也仅仅占到 13%，因此，网上售书发行市场空间很大。亚马逊网上书店开办后，由于图书在网上展示便于选择，因特网又提供了种种交互友好的购买方式，顾客在拿到订货 30 天内如需退货可原价退款，所以售书业务迅速扩展。很快成为全球最大的网上书店。

2005 年，亚马逊网上书店从美国向英国进军十年之后，从仅占英国图书边缘市场份额到全英图书市场的 11% 以上，销售额达 2.8 亿英镑。它紧随瓦斯特通和 W.H. 史密斯两大连锁书店，成为第三大书店，从而亚马逊英国网上书店，成为美国之外的全球最大的图书零售商。它声称拥有 2500 万个图书品种，客户遍及 160 个国家与地区。亚马逊网上书店成功之道，主要优势之一打折营销策略。比如《哈利·波特与混血王子》定价是 16.99 英镑，瓦特斯通打折后售 11.99 英镑，而亚马逊仅售 8.11 英镑。读者很容易从专门的网络服务中对要买的图书进行比较。亚马逊还通过网络将自己庞大的存货数据发送给批发商与专门发行商，在最短的时间内将书送到读者手中，因而从独立书店和图书俱乐部取得市场份额，并开始蚕食连锁书店的市场。2004 年 8 月 20 日亚马逊宣布以 7500 万美元在中国收购卓越网站，成为亚马逊全球第七个站点。2007 年 6 月 5 日，杰夫·贝索斯访华，中国卓越网公告正式更名为“卓越亚马逊”，并同时宣布免费送货上门，成为以社区文化为主的电子商务销售平台。

欧美网上售书业务迅速发展的同时，网上二手书销售业务也悄然兴起。出名的有亚马逊网上书店、加拿大爱贝图书公司。他们在网上创建二手书商用户网络，让二手书商下载数目数据，收取一定费用，并从交易额中获取一定的佣金。亚马逊报价 15% 佣金，声称有 2000 书商成为注册用户，拥有 7000 万图书库存。爱贝公司报价 8% 佣金，声称有 1.2 万个全球用户，拥有 5500 万在销售图书。

日本作为出版业大国，全国有 4000 多家出版社年出书 7 万种、发行 4 亿册。但 2006 年出书超过 6 种的出版社只有 1437 家。其中讲谈社、小学馆、集英社是最大的三家出版社。近年来讲谈社、小学馆、集英馆不满足占领日本漫画市场七成的份额，开始在媒体融合趋势下进行多媒体拓展，如讲谈社 2006 年出版了一部《交响情人梦》漫画，讲述某音乐学校的爱情故事，热销 400 万册时，改编成电影和电视剧互动推销开拓市场，到 2007 年 4 月，《交响情人梦》总销量达 2200 多万册。从以前只做漫画出版的讲谈社，后来进军电影、电视剧的投资制作的事例，说明传媒走复合型之路，以内容投资是世界出版业的一个趋势。

不过，日本出版业有着自身特色：一是民族风格“东洋标准”强烈。如书的价格便宜，多在 1000 日元左右，开本小巧独持，是典型的轻薄短小型图书。二是富有创新能力和想象力。如漫画图书，以无国籍概念取胜，塑造了许多跨国界人民都喜闻乐见的人物形象。三是出版评价激励机制强劲。如日本图书文学奖有 500 多种，有纯文学奖、推理小说奖、纪实文学奖、学术著作奖。获奖作品，先在报刊上连载，随后出单行本成为畅销书。再如日本书评对图书销售影响很大，各大报均设书评委员会，由大学教授、作家组成。出版社把书寄到报社，由书评委员选书作评。日本一些知名大报的把第一版黄金版面也只允许刊登图书广告，而不让别的广告涉足，可见日本特别重视书籍。

在日本，书刊市场比较特殊，也许是因为非英语国家，日本书刊市场内敛而缺乏全球扩张。日本书刊业市场实行定价销售和委托销售制度，流通链由出版社、图书交易公司、书店三者构成。图书交易公司，即所谓“中盘”，全日 70% 的书刊业务由日贩、东贩两大经销公司包揽代理。20 世纪 80 年代末至 90 年代初，日本书刊市场曾畸形发展：书店在许多大城市扩大卖场，发展大型连锁店，许多其他行业也纷纷向图书市场进军，在汽车站、地铁站、机场、码头兴建大型书店，互相攀比着从图书交易公司进货，为倾销图书，大打“价格战”，还用附赠送礼品的办法进行恶性竞争。造成出版社拼命出书，超级图书交易公司如东贩、日贩拼命供货、争夺客户，最后造成了书店大量倒闭，书刊大量退货，出版业不景气的惨状，出版社、中盘、书店陷入“三角债”的深渊。进入 21 世纪以来，日本图书市场经过理性反思成熟阶段，提出出版社、中盘、书店“三赢”的观念，主动协调关系。讲谈社、小学馆免费为书店安装 POS 出纳机、联机实时销售系统，随时科学掌握市场动态。日贩增强与出版社和书店联系，促进出版社做到效率出版、书店做到效率销售，“中盘”自身做到效率批发。东贩实行“无传票退货系统”，使书店退货方便快捷，尽量减少因图书耗损给出版社带来的亏赔。书店则主动配合出版社、中盘，尝试各种销售方式，为终端顾客读者做好服务，从而实现了整个书刊市场的有序良性循环。

俄罗斯是世界五大出版国之一。苏联 1990 年解体前，俄联邦有 133 家出版社，其中，中央出版社 68 家，当时出版图书占原苏联 50%。苏联解体后，俄联邦登记在册的出版机构有 1.2 万家之多，但真正活动的仅 6000 家，其中 30%（2000 家）有出版与销售能力。俄联邦拥有巨大的图书出版销售市场，每年出版 3300 多门类 10 万种图书，总印数达 5 亿多册。莫斯科是全俄出版业中心，聚集在这里的出版机构上千家，这里有多家大型书店与报刊书籍批销中心。俄罗斯由于早已真正实现了十年义务教育，人均受教育水平名列世界前茅。图书用纸量、印制工艺、装帧水平与欧美市场不相上下，但书价均比中国低廉，如用新闻纸印制的 300 页的小说只售 0.5 美元左右。

据统计，全俄 2005 年登记注册的出版社 1300 多家，非国有出版社占主导地位。

目前，私有制出版社是俄罗斯书刊业的基础和主体，它的出版物占全俄出版图书总数的 80%，占全俄年度图书总发行量 90%，其中有代表性的大出版集团有 5 个：奥尔马（Ora）、德罗法（pta）、AST、Obpa3a（教育）、埃克斯摩（AXM），这些大集团垄断全俄图书总发行量 1/3 强。在俄罗斯辽阔的疆土中，出版机构分布不均衡。出版机构集中西部的莫斯科和圣彼得堡，形成出版中心和图书发行中心。俄罗斯 3 万个城市中，全俄 49% 的出版机构集中在莫斯科，11% 的出版机构集中在彼得堡，不足 10% 的出版机构集中在新西伯利亚。全俄图书发行量 90% 集中在莫斯科与彼得堡，全俄图书种类 70% 集中在莫斯科与彼得堡。尤其是莫斯科集中了全俄 2/3 的图书品种和总印数的 80%。全俄出版物总量中，社科类出版物占第一位、文学出版物占第二位、文化教育和社会大众传媒出版物占第三位，而出版物市场发行第一位的是教材和文艺小说。俄罗斯出版立法目前仍沿袭 1993 年 7 月 9 日叶利钦签署和颁布的《俄罗斯联邦著作权及相关权法》，1995 年 7 月 19 日，俄对这部法律作了修改补充，2002 年取消了出版社审批制度。

国际出版物市场的不断发育，使得世界图书博览会和版权贸易活动频繁举行。如法兰克福国际书展、美国书展、伦敦书展、北京国际图书博览会、东京国际图书博览会、莫斯科国际书展等，逐渐形成世界各类图书版权贸易中心。

法兰克福国际书展。法兰克福有“世界出版业的麦加”之谓。每年 10 月第一个星期三至第二个星期一之间。由德国书业协会在此举办法兰克福国际书展。又称版权型书展。从 1949 年开始至今每年一次。届时吸引世界 110 多个国家和地区的 16 万书业界人士参加，为进行图书贸易或寻求出版合作机遇而来，全球约 75% 的版权贸易通过这次书展达成。另外每年还约有 30 万人的参观者，一睹世界图书盛会的丰采。2006 年，中国出版界在这次书展上签订版权输出协议 615 项，输出与引进图书比例为 1:1.43。2007 年 10 月 10—14 日是 2007 法兰克福国际书展期，此次书展延续以往一贯传统，依然以多元文化交流和对话作为重点。根据惯例，每年都要挑选一个国家或地区作为特别嘉宾，为创造一个展现该国家或地区当代文学和文化的机会。2007 年法兰克福国际书展的主宾国是加泰罗尼亚文化。书展特别组织了加泰罗尼亚书展，在西班牙展馆一侧为加泰罗尼亚出版物辟出一块展域，并竖有加泰罗尼亚语图书市场规模的标准：“2006 年，出版加泰罗尼亚语图书 8882 种”。加泰罗尼亚语曾被西班牙弗朗哥政府禁止使用，但至今全球仍有 1300 万人口使用该语言，主要集中西班牙加泰罗尼亚地区、安道尔共和国和法国一些地方。其中加泰罗尼亚语是安道尔共和国唯一的官方语言。说到加泰罗尼亚文化，人们自然会联想到它的代表人物达利、高迪、米罗等艺术家。正如《钟点》（*O Clock*）的作者、海明威作品的翻译 Monzo 先生所说：“尽管历史和政治没有眷顾加泰罗尼亚文化，但是加泰罗尼亚文化却是欧洲文化的一块基石。”2007 法兰克福国际书展的中心议题还有“图书与数字化”。初一看，图书和数字化似乎是一对矛盾，但法兰克福国际书展传出这样信息：一方面，出版行业宣布数字化正在加快步伐，参加法兰克福国际书展的 30% 图书都是数字形式，数字化是目前出版界面临的最严重的挑战；另一方面，市场调研和行业协会报告，纸质图书重要性不可忽视，德国出版商和书商联盟预测，动态的图像、语音等不会削减纸质文本的重要性，而只会为纸质读本增光添彩。

美国书展。原名美国书商协会大会与贸易展销会，是美国出版商和书商举办的图书订货会。由美国书商联合会及美国出版商联合会主办，是美国书界最盛大的一项活动，也是全球版权贸易盛会之一，创办于 1947 年，1966 年更名为美国书展，演变为全球最大的英文图书展销会，主要内容是版权贸易和图书零售。书展举办的地点并不固定在美国的某一城市。2006 年美国书展在华盛顿举办，有 2.3 万人参展。书展组织者是美国里德展览公司承办。书展以图书类别开设不同展区，并许诺以举办各种活动为特色。如专题研讨、座谈、文学沙龙、新书发布以及主题活动。书展还展示新的出版技术，如 2006 年美国书展上谷歌 (Google) 和亚马逊展台空前规模盛大，两公司竞相在书展中发布其升级项目，诱导参观者买了印刷版还可买电子版，并给出版商提供资助，招徕按需印刷项目。微软公司展示了最先进的视窗图书检索技术，读者运用它实现在线阅读和购书指南。

伦敦书展，又称伦敦图书博览会，每年 3 月在英国伦敦举办。约有 100 多国家和地区 2 万余名出版界精英聚集于此，1500 余家出版公司在这里商讨书业大计，并吸引 500 多家传媒机构关注书展的主题活动、产品以及贸易成果。早期伦敦图书博览会主要是国内专业出版商展览会 (Specialist Publishers　Exhibition)，英国出版商可以向英国书商和图书馆展示自己即将出版物。伦敦书展开始举办规模很小，经几十年发展为全球出版业的国际活动。伦敦书展现在也由里德·爱思唯尔集团的一个公司里德展览 (Reed Exhibitions) 承办。如同法兰克福图书博览会一样，每年都以某一特定国际市场为特色。如 2004 年的特定市场是刚加入欧盟的中东欧国家，2005 年是澳大利亚和新西兰。伦敦图书博览会重心是出版商展位和国际版权中心，博览会有数百个供版权经理见面谈判的联系点，大多参展者是出版商、批发商、图书贸易服务商、贸易组织以及官方组织。伦敦书展除日益增加的国际特色外，同时关注英国国内图书贸易市场，每年有 350 多书商参展，小型独立出版商也有机会向亚马逊、水磨房之类大零售商展示自己的书目。

北京国际图书博览会，被认为是与法兰克福国际书展、美国书展、伦敦书展齐名的世界第四大图书博览会，有“东方法兰克福书展”之誉。2007 年 8 月 30 日—9 月 9 日，第 14 届北京国际图书博览会 (2007 BIBF) 举行，德国是这次图书博览会的主宾国。德国文化部部长诺伊曼、法兰克福国际书展主席尤根·博思参加主宾国开幕仪式，还拉开了“德国在中国”的大型文化活动序幕。国际性书展大多兼具行业交易平台和文化盛会的双重功能。外国出版商如兰登书屋、哈珀·珂林斯、里德·爱思唯尔、培生等齐聚北京，对中国市场充满新的期待，而意大利、西班牙、韩国、日本等越来越多的国家中小出版社，也对中国图书市场有着浓厚的兴趣。

东京国际图书博览会。每年 4 月举办。日本人均图书消费比率占世界第一，东京是世界最大出版市场之一。东京书展为世界出版进入日本出版市场创造了良好机遇。

莫斯科国际书展。莫斯科是欧洲出版中心之一。每年 9 月，有欧洲及全世界 70 多个国家一千余家出版社参展。除开展版权贸易外还在展会现场销售图书。

博罗尼亚儿童书展。每年在意大利博罗尼亚举办，有 1400 多家参展商云集这里，成为全面了解世界童书出版动态的大看台。展览中心成为世界童书版商洽谈业务的重要场所，同时也吸引着世界各国的插图画家。此外，还有爱丁堡国际书展、波哥大国际书展、开罗书展、希腊书展、悉尼书展等。

思考题：

1. 20 世纪 60 年代以来，国际传媒业发展的新特点是什么？
2. 用案例分析法解剖一个国际传媒集团的编辑出版行业变化。
3. 目前有哪些国际书展成为版权贸易中心？

第3章

中国传媒业和书刊出版现状

第一节 中国出版传媒集团的组建

中国出版业源远流长，创造了三千余年辉煌史册的中华典籍。到了近代，曾涌现像商务印书馆和中华书局那样大的出版集团，书刊出版物蜚声海内外。

20 世纪 50 年代以后，在计划经济条件下中国出版社大多是不大不小的事业单位，出版社一般 200—300 人，利润 500 万—1000 万元，中国出版企业的功能被割裂，编辑、印刷、发行三个环节被人为地分离开来。

1978 年以来，中国出版业改革一直以划小核算单位，缩小经营规模为取向，打破了单位内“大锅饭”，增强了企业活力。但同时问题也显现出来：出版组织规模偏小、结构单一、资金实力不大、经营管理水平不高。2001 年中国有出版社 562 家，到 2004 年增加了 11 家，同时出书总品种从 15 万册增至 20 万册，增幅超三成。一方面体现读者需求多样化，要求图书品种细分；另一方面也反映出版质量良莠不齐、重复出版的现象。因此，出版业改革进一步呼唤创新机制建立。

2001 年中国正式加入世贸组织（WTO），出版业国际化的潮流，对中国出版业压力加大，国外大出版集团目光投入中国出版市场。中国出版业要巩固已有国内市场，进而扬帆出海参与国际市场竞争，组建出版集团，走规模化、集团化、集约化道路成为应对之举。在这样一个背景下，在 20 世纪 80 年代中国，最先出现的出版集团初级形成——出版发行联合体。20 世纪 90 年代初，以行政区域为基础的紧密型出版发行集团又成为主要形式。20 世纪 90 年代末，按照母子公司模式组建集团成为出版发行集团的改制方向。到2000年12月底，我国已组建全国试点出版集团6个，全国试点发行集团3个，全国试点报业集团16个，各省非试点集团多达数十个。如1999年建立的上海世纪出版集团、广东省出版集团、辽宁出版集团；2000年建立中国科学出版集团、北京出版社出版集团、山东出版集团，以及1998年建立的江苏新华发行集团、广东新华发行集团、四川新华发行集团。进入21世纪以后，又一批实力雄厚的大出版传媒集团相继成立。如2003年由江苏出版集团更名而来的凤凰出版传媒集团、2004年春国务院授权成立的超大型出版集团中国出版集团等。中国组建这些出版传媒集团的目的是，提高出版产业集约化经营能力，增强国有经济在出版物市场的控制力，迎接入世后竞争与挑战。

以中国出版集团为例。2004年3月25日，为适应出版业改革发展的需要，经党中央、国务院批准，国务院授权成立中国出版集团公司，在国家相应计划中实行单列，对原中国出版集团所属成员单位行使出资人权利，承担国有资产保值增值责任。2002年4月9日这个国家级大型出版发行机构宣布成立。它是全国文化体制改革试点单位和国有资产管理体制改革试点单位，接受中央宣传部的领导、新闻出版总署的行业管理和财政部对其国有资产的监督管理。

中国出版集团以中国出版集团公司为母公司，由人民文学出版社、商务印书馆、中华书局、中国大百科全书出版社、中国美术出版总社、人民音乐出版社、生活·读书·新知三联书店、中国对外翻译出版公司、东方出版中心、新华书店总店、中国出版对外贸易总公司、中国图书进出口总公司等十二家子公司，以及新华发行集团总公司、现代教育出版社、中国图书商报社、中新联公司、中版联公司、中版通公司、中版信公司等控股公司、参股公司、关联公司组成。

中国出版集团拥有一、二级出版社26家，国内连锁书店和卖场220家，海外连锁书店和办事机构23家。现有员工7600人。集团以出版物生产和销售为主业，是集各种介质出版物的出版和销售、连锁经营、进出口贸易、版权贸易、印刷复制、信息技术服务、科技开发、金融融资于一体的，经营多元化的大型企业集团。每年出版图书6500多种，出版音像制品和电子出版物1500种；期刊44种，报纸3种；每年从事书刊版权贸易2000多种；每年进出口各类出版物20多万种。

中国出版集团的宗旨是：以马列主义、毛泽东思想、邓小平理论和“三个代表”重要思想为指导，坚持“二为”方向和“双百”方针，宣传党的路线方针政策，弘扬民族文化，传播先进文化，提高民族素质，培育民族精神。集团的主要任务是：实施国家重大文化工程，出版更多更好的优秀作品，加强国际文化交流与合作，为满足人民群众的精神文化需求、构建和谐社会和祖国的和平崛起做出贡献；依靠科技进步、深化企业改革，优化资源配置、提高集约水平，强化经营管理、增强竞争能力，增值国有资产、提升企业实力，为繁荣出版事业和发展出版产业做出贡献。集团的战略目标是：成为我

国出版物生产、发行和进出口的主要基地，成为社会主义精神文明建设的重要阵地，成为对外文化交流的重要窗口，成为出版品种全、精品多、队伍强、效益好的，充满内在活力和国际竞争力的大型文化企业。

再以江苏凤凰出版传媒集团有限公司为例。2003 年，该集团由江苏出版集团有限公司更名而来，2004 年年收入 82.96 亿元，位于全国同行前列。凤凰集团融图书、报刊和电子音像等出版物出版、进出口、印刷（复制）、光盘制作、发行、物资供应等于一体，是全国规模较大、实力较强的文化产业集团。经过几年努力，凤凰集团的出版能力跃居全国第一。2007 年初，新闻出版署图书司对我国已批准成立的 25 家出版集团和 14 家年销售额在 2 亿元以上的在京出版单位的各项主要经济指标进行问卷调查，并由出版专家组成课题组进行了详尽分析：凤凰集团以 88.94 亿光的资产规模为第一；净资产、销售收入、利润总额、税前利润、造货码洋均为第一；发货码洋 31.91 亿元，为第二；为了增强以上名次的客观性、多面性、权威性，专家课题组又对全国出版集团的出版竞争力进行了分析、评估和排名。新闻出版署所界定的出版能力即出版竞争力，它的指数是生产力、销售力、资源力、盈利力、影响力、组织力等 6 方面综合考量。在出版能力指数划分的这 6 大板块中，出版能力指数在 0.5 以上的有江苏凤凰和上海世纪两个出版集团，江苏凤凰 0.739 能力指数高于上海世纪 0.558；在成长性排行榜中，凤凰以 40.98% 的增长率居第一；在以码洋结构划分的排名中，凤凰以图书造货码洋起 20 亿元稳居第一方阵的 6 家出版集团之首。

21 世纪以来，中国相继成立一些大型期刊出版集团，如以《知音》为核心的知音出版集团有限公司、以《家庭》为核心的家庭出版集团有限公司、以《读者》为核心的读者出版集团有限公司。

以读者出版集团为例。由读者杂志社编辑出版、甘肃人民出版社主办的《读者》（半月刊）是中国享有良好声誉的综合类期刊。自 1981 年创刊后，《读者》经过几代出版人的努力，月发行量由最初的 3 万册，达到 2006 年月平均发行量 898 万册，居中国期刊排名第一，亚洲期刊排名第一，世界综合性期刊排名第四，取得了突出的社会效益和经济效益，走出了一条中国期刊发展的成功之路。

《读者》以弘扬优秀文化为己任，坚持正确的舆论导向，始终不渝地坚持“博采中外、荟萃精华、启迪思想、开阔眼界”的办刊宗旨，遵循“选择《读者》，就是选择了优秀的文化”这一办刊理念，发掘人性中的真善美，体现深刻的人文关怀；融思想性、知识性、趣味性为一体，在刊物内容及形式方面以渐变适应不断变化的社会生活，与时俱进；追求高品位、高质量，赢得了海内外各个年龄段和不同阶层读者的喜爱，被誉为“中国人的心灵读本”。为不断满足人民群众日益增长的物质文化需要，努力构建社会主义和谐社会，创造有中国特色的社会主义新文化发挥了积极的作用。

进入21世纪以来，《读者》积极调整办刊思路，适时整合刊物内容，在市场营销和品牌经营方面加大力度，改革创新，在国内期刊种数快速增长而期刊总印数并未同步增长、许多大众刊物发行量下滑、市场竞争激烈的情况下，《读者》发行量稳步攀升，2006年4月达到创纪录的1003万册，已连续6年稳居全国期刊月发行量首位，占有国内期刊市场1/30的份额。《读者》行销全球80多个国家和地区，累计发行近百万册，品牌影响力大大增强。

《读者》努力不断挖掘开发自身品牌的价值链，陆续创办有《读者》(半月刊)、《读者》(乡土人文版)、《读者欣赏》、《读者》(原创版)、《读者》(繁体字版)、《读者》(盲文版)(与盲文出版社合作)、《读者》(维文版)(与新疆人民出版社合作)等系列杂志及《读者》(精华本)、《读者》(合订本)、《读者丛书》及多媒体光盘、明信片等相关文化产品。

《读者》杂志的成功得到了政府、社会各界及广大读者的认可和赞誉。1998至2001年连续获国家新闻出版总署颁发的第一、第二届全国百种重点社科期刊奖，1999年获首届"国家期刊奖"(中国期刊界·最高奖)，2001年被国家新闻出版总署认定为"双高"(高知名度、高学术水平)期刊，2003年再获第二届"国家期刊奖"，2005年又获第三届"国家期刊奖"。2006年1月18日，以甘肃人民出版社为基础、以《读者》为核心的读者出版集团有限公司成立，标志着《读者》正在向做强做大的目标坚实迈进。

世界出版业历史证明，现代企业制度的完善，必然带动内容产业由产业经营向资本经营转变，出版从业人员则向职业经理人转变。2007年3月以来，中国传媒出版集团纷纷上市。如北青传媒(Beijing Media)在香港上市，上海新华传媒借壳在A股上市(上海交易所代码：600825)，四川新华文轩在香港H股上市(香港交易所代码：0811)。

2007年10月17日，时任新闻出版署署长柳斌杰接收《金融时报》等中外媒体时透露：辽宁出版集团公司将很快上市，这将是中国内地第一家上市的出版企业。柳斌杰还确认，该出版集团将整体上市。他说，以前考虑把集团的经营性部分剥离出来上市，现在辽宁出版集团公司不再剥离，实行整体上市，其中就包括几个出版社。他还说，政府对出版业上市给予了政策倾斜。按相关法规规定，一般企业IPO必须经过最近三年连续盈利考核，但国家对出版企业上市给予特别政策，豁免了三年盈利的规定，优先支持文化企业上市。另外，出版企业成立股份公司以后最短一年就可上市。据报道，计划上市的辽宁出版传媒包括6家出版社，如集中了集团全部教材出版业务的辽海出版社、辽宁美术出版社、辽宁科技出版社、万卷出版公司(原辽宁画报出版社)、辽宁电子出版社、辽宁音像出版社和所有印刷、发行、零售业务；但承担了一定政策出版任务的辽宁人民出版社、辽宁教育出版社、春风文艺出版社、辽宁少年儿童出版社和辽宁民族出版社则未有纳入上市公司范畴。担任辽宁出版传媒上市的发行保荐人(主承销商)平安证券表示，5家出版社未被纳入上市公司主要是政策原因，如果未来条件成熟，不排除继续将

其注入上市公司的可能。有关媒体分析称，允许新闻出版传媒整体上市，而不是局限于过去将报纸的采编业务与广告等商业经营剥离开来的做法意义重大。媒体援引柳斌杰谈话说，有关部门对出版企业上市经历了一个深化认识和探索的过程。以前，考虑到意识形态和文化安全，将编辑业务剥离分拆出上市公司，但影响了上市企业的核心竞争力，增加了投资者风险。出版企业的核心竞争力在于出书，而不是围绕出书进行的发行、印刷等服务，出版企业整体上市，能体现产业的整体性，减少关联交易，避免股市同质竞争。不过，整体上市的前提条件是，出版单位完成了企业改制和股份制改造，成为规范的公司，具备了上市的资格。而股市的共同规则，上市出版企业也要完全遵循。

辽宁出版集团转企改制股份上市，将为出版企业进行证券市场直接融资提供宝贵经验和典型案例，其探索历程已有 7 年之久。2003 年 3 月该公司组建，全国出版界第一家实现政企分开和政事分开，获得国有资产授权经营；2004 年该公司完成整体公司首次亮相。辽宁出版传媒上市后，将遵照资本市场的规律和意识形态的规律，把握出版导向和文化转制，进行身份转换、人员分流、不良资产剥离。按中央文化体制改革试点工作精神，规范推进经营性资产上市工作。在 2006 年年初的北京图书订货会上，以进入资本市场为目标、重组改制设立的辽宁出版传媒股份有限安全，确保国有资本绝对控股，把法人治理结构与党委领导相结合。据新闻出版署统计，辽宁出版集团转企改制股份上市后，中国很快有十几家出版集团陆续做好上市前的准备工作。

经过《国家“十一五”时期文化发展规划纲要》《国家“十二五”时期文化发展规划纲要》推动，我国新闻出版发行集团经营整体良好。2013 年主营业务收入、资产总额均超过 100 亿元的“双百亿”集团有 6 家，分别是：江苏凤凰出版集团、湖南出版投资控股集团、安徽出版集团、山东出版集团、江西出版集团、安徽新华发行控股有限公司。2014 年 7 月 16 日江苏凤凰出版集团与美国出版国际公司在芝加哥总部举行资产交割仪式，凤凰传媒以 8000 万美元收购了美国出版国际公司童书业务及其位于德国、法国、澳大利亚、墨西哥等海外子公司的全部股权和资产，通过并购获得了该公司遍布四大洲 20 多个国家的分销体系，拥有了迪士尼等国际一流品牌的形象授权。这是中国出版业历史上至今最大的一起跨国并购案。

第二节　中国图书期刊出版社的机制创新

20 世纪以来，中国书刊出版单位转企改革工作正在纵深发展。按照中央关于深化文化体制改革精神，中国现有573家出版社除保留少数公益出版机构，如少数民族出版、盲文出版和代表国家学术水准的学术性专著类出版物出版机构，或由于承担特殊任务，不宜和不能进入市场的，按事业单位进行改制外，其他绝大多数非公益性的出版机构，逐步摆脱事业性质，在条件成熟时，分批分次向企业化转制。如人民出版社被确定为公益性文化事业单位，属国家新闻出版署管理。作为党和国家重要的意识形态部门，人民出版社将在尝试建立既符合中央规定的公益性文化事业单位的总体要求，又具有市场活力的创新型发展模式上探索发展。对于多数非公益性的出版机构的改制，国家进行了一系列改制试点单位。这些原来作为事业单位实行转企改制的试点单位，承担着建立现代出版企业制度、完善法人治理机构、确保舆论导向正确和国有资产保值增值的重大任务。

以邮电出版有限责任公司为例，它是我国中央直属部门出版社由事业单位转为企业单位的第一家。

2006年8月，作为全国文化体制改革试点单位，原本是事业单位的人民邮电出版社在新闻出版总署和原信息产业部的指导下，积极推进转制试点改革，率先实行企业化改制，成立了邮电出版有限责任公司。人民邮电出版社是1953年成立的一个历史悠久出版单位。50多年来，虽然累计出版图书2万种2.3亿元，期刊23种6亿册，音像电子出版物3000种，但过去发展不快。2008年以后，经过一年多来改革使出版社获得了长足发展。

邮电出版有限责任公司在出版业务方面，以内容创新为突破口，走出了一条特色发展之路。通过深入研究国内外相关领域的技术发展趋势，研究读者的阅读需求变化，针对市场不断分化和多元化的倾向，立足市场、立足需求，把组织好选题、把握好内容作为编辑工作的首要任务，形成了一套选题论证和质量保证制度，从而使一大批高质量、符合读者需求的出版物得以出版，产品结构不断优化，市场规模不断扩大。2007年，出版品种和码洋都有明显提高。同时，图书结构比例更趋合理，重印率明显提高。

邮电出版有限责任公司在市场营销方面，采取多种措施，全力进行市场开拓工作。公司并通过改善客户关系、挖掘卖场资源、加强专题促销等手段的综合使用，在激烈的市场竞争中取得显著成效。2007年，公司图书在全国图书零售市场综合排名第四，计算机图书零售市场稳居 。公司还深入挖掘二级市场，率先举办了每年两次的二级市场展销活动，与各相关图书网站建立了密切的联系，公司通过有效的信息传递、各种专题营销活动与读者进行互动，有效地提高了品牌影响力，大大促进了销售。在当当网、互动出版网和卓越网的销售持续高速增长，2007年在这几大网站的销售额超过2000万元，后来，又在淘宝网上建立了公司旗舰店。

邮电出版有限责任公司在社内运行机制方面加大改革力度，2008年全面推行从目标管理到绩效管理的转变。绩效管理的最大特点，一是按照出版物的出版规律进行分类

管理，二是加大了日常考核力度，三是各岗位的薪酬进一步面向市场，四是着力推动员工与出版社共同成长。公司遵循分类管理与关键业绩指标考核两大原则：将现有部门及下属全资公司分为以利润考核为中心的业务部门、以成本考核为中心的业务支撑部门和以管理职能考核为中心的职能部门三大类，分别实行不同的管理和考核方式；既充分考虑业务发展需求，又充分考虑以人为本的激励需要，既强调系统需求，做到责、权、利明确，又强调整体监督与控制。

邮电出版有限责任公司通过一系列的改革措施，是使出版物市场化进程不断加快，使员工的思想观念不断更新，市场意识、经营意识、发展意识不断增强。转制工作取得了实质性进展。首先，经济实力进一步增强，2006年出版物销售码洋达到5亿，营业利润较转制前一年增长90%；2007年出版物销售码洋达到6亿，同比前一年增长20%，净资产增长27%以上。净资产两年来增长的数额占2007年该社净资产总额的35%。同时，市场占有率稳步提升，市场竞争力不断增强。根据开卷的统计数据，2007年该社图书在全国图书零售市场的占有率为1.7%，排名由2004年的第五位上升到第四位；计算机图书零售市场的占有率为22.2%，稳居第一；通信电子类图书排名也稳定在第二位；经管类、少儿类图书的市场占有率有大幅提升；180种教材入选普通高等教育国家级“十一五”规划教材。

邮电出版有限责任公司为了积极应对新技术、新媒体带来的冲击，改变目前期刊以售刊收入为主的单一化经营现状，加强市场化运作并创新发展，使得同门类期刊在发行、广告、活动、图书、网站等方面实现综合性、多元化、整体化的运作，做强做大期刊业务，进一步提高为行业和广大读者服务的能力。

邮电出版有限责任公司出版14种期刊，分服务行业的通信类与面向大众的非通信类两大板块。2006年改制以后，将5种通信类期刊整合后成立了信通传媒公司，负责通信类期刊和通信世界网的编辑出版及经营业务，同时明确各通信类期刊的定位并进行调整，使产品线的布局进一步趋于合理，搭建了书、刊、网互动的媒体平台，提升了面向通信行业的综合信息服务水平。通过整合，总体经营成本显著下降，整体竞争力和影响力明显提高。形成了集图书、期刊、音像电子、网络出版为一体的立体出版格局，成为我国出版业内有广泛影响的出版单位之一。

邮电出版有限责任公司在2007年年初成立了期刊发行部，非通信类期刊的整合尚在进行中。他们把发行工作放到统一的平台上，加强各个期刊社的横向联系和沟通。相关的组织结构调整、内容改版和定位调整等正在着手推进。他们还探索书刊互动、整合模式，利用作者资源为行业发展服务，使行业的技术发展水平得以提升；同时为企业服务，使企业的优秀产品得以展现。人民邮电出版有限责任公司制订了五年发展规划，进一步明确了业务方向；同时推动业务的重组和调整。在坚持出版专业化的基础上，确立

4–3–2–1 业务战略：即确立计算机图书、教材、少儿出版和期刊为四大核心业务；确立经营类图书、数字出版和新版块图书为三大潜力业务；确立通信类图书和电子电工类图书为品牌业务；确立非出版业务为辅导业务。在这一业务布局下，增强原创出版，确保优势产品的市场领先地位，同时不断强化"走出去"的力度，从整体上实现出版社竞争能力的提升。公司总体发展方向是：立足信息产业，面向现代社会；以出版为核心，以专业和专业教育为主要出版领域，以数字出版为未来发展方向，成为专业特色明显，集图书、期刊、数字出版等多媒体、多元化出版业务为一体的，国内著名、国际知名的出版集团公司。

再以北京市卓众出版有限公司为例，它是我国科技期刊出版单位由事业单位向企业单位整体转制的第一家公司。

2007 年 9 月 27 日，经新闻出版署批准、北京市工商行政管理局注册登记，中国农业机械化科学研究院报刊社媒体整体转制成为北京市卓众出版有限公司，并举行了揭牌仪式。它标志着一个集报刊主办、出版、经营于一体的独立的、完整的市场主体产生。该公司旗下拥有 10 本科技期刊，分三大刊群：一是汽车刊群，计有《车主之友》《汽车导购》《汽车驾驶与维修》《越玩越野》《商用汽车》；二是工程机械刊群，计有《今日工程机械》《工程机械与维修》；三是农机刊群，计有《农业机械》《粮油加工》，另外还有类期刊《数码摄影》。北京卓众出版有限公司的期刊品种中科技期刊占 90% 以上的比重，其中大部期刊经过多年来的市场发展，在国内同类刊物中具有较大的影响力。北京市卓众出版有限公司 转制后运营良好。

在《国家"十一五"时期文化发展规划纲要》《国家"十二五"时期文化发展规划纲要》推动下，中国书刊出版单位转企改革工作不断地纵深发展。2013 年 12 月 18 日，工信部旗下的两大出版集团人民邮电出版社、电子工业出版社等重组中国工信出版集团，并进行股份制改造，打造市场主体，资产总额超 20 亿元，年出版新书 6000 多种，年销售码洋 21 亿元。这是继中国出版传媒集团、中国教育出版集团、中国科技出版集团、中国财经出版集团之后，中央部级出版社转制改企成立的第五家"国"字头出版传媒集团。

第三节　中国图书期刊流通市场的改革开放

发行是新闻出版工作的关键环节，书刊发行也是我国文化体制改革工作的前沿阵地和突破口。中国现在的图书流通市场中还没有名副其实的发行中盘，中国应该有自己

民族的发行渠道，包括发行的“中盘”和终端连锁体系。只有这样，才能保证制造内容的企业占领终端市场。

中国图书发行流通市场体制的改革有两个方面：一是新华书店系统的改制重组，二是民营发行业崛起和境外资本进入发行领域。

关于新华书店系统的改制重组。1937 年 4 月 24 日，中共中央在延安清凉山创建了新华书店。近 80 年来已成为中国图书发行的主力军。它为促进国中国出版业发展和图书市场繁荣、传播社会主义先进文化做出了巨大贡献。目前，新华书店协会注册的新华书店商标被国家工商管理局商标评审委员会认定为中国驰名商标。这一金字招牌的旗下拥有从中央到地方 3100 余家独立核算的法人单位及所属的 1.4 万多图书销售网点，从业人员 15 万人。2002 年 7 月 25 日，新闻出版署转发了《关于新华书店（发行集团）股份制改造的若干意见》，指导各地新华书店进行股改，三年内实行现代化企业，增强国有发行企业竞争力，确保在出版市场中的主导地位。之后，四川、浙江、江苏、辽宁、福建、上海等试点发行集团率先完成。2006 年 10 月 17 日，上海新华传媒作为中国国内图书发行企业第一家股上市公司在上海证券交易所正式交易。它标志着上海新华书店系统由国有独资，到国有多元投资混合所有制，再到核心业务整体上市，其股改整体工作顺利完成。

上海新华传媒股份有限公司（简称“新华传媒”），是由原上海新华发行集团经过改制三步走，实现成功上市的文化传媒类企业。上海新华发行集团通过资本运作，成功借壳“华联超市”（其前身是上海时装股份，证券代码：600825），使之成为我国出版发行第一股。2006 年 10 月 17 日“华联超市”更名为“新华传媒”，开始复牌交易。

新华传媒有职工近 4000 人，下设书城连锁、新华连锁、中盘、文音、电子商务、新媒体等事业部和物流、订单、财务、信息、行政、人力资源、投资管理等部门。主营业务为文化传媒市场运作，其中，出版物的批发和零售是主营业务的重要部分。经中国新华书店协会批准，新华传媒是上海地区唯一使用“新华书店”集体商标的企业。公司拥有大型书城、中小型新华书店门市以及超市卖场售书点等大中小不同类型的售书网点 2000 余家，图书零售总量占上海零售总量的 65%以上。公司还拥有上海文庙书刊交易市场、上海书刊交易市场和沪太路新华书店批销中心三家不同类型的出版物批发交易场所。同时经营《上海新书报》《新华书摘报》两张行业报，合作并主办《上海财经报》；投资了上海炫动卡通卫视传媒有限公司、上海故事会文化传媒有限公司、上海东方书报刊有限公司、上海贝塔斯曼文化实业有限公司、上海东方出版交易中心有限公司、上海联合书业会展有限公司等，在文化传媒界具有广泛的影响。公司在做强做大出版物发行主业的基础上，将根据市场和产业发展的要求，致力于开发电子商务、出版信息、动漫产品、平面供稿、报刊发行等新媒体业务。公司还将通过渠道整合、产品整合和管理整合，实施跨媒体、跨区域的多元化经营，实现产业链的上下延伸和关联产品的业务联动。公司将通过业务运作和资本运作，努力打造成一个集图书、报刊、数字多媒体、影印、视听等产品于一体，中盘批发、连锁经营、平面媒体、互联网络横向融合，跨地区发展，具有强大竞争力、市场运作能力和文化产业影响力的优秀的出版物发行经销商和依附于出版物的广告运营商。

新华传媒可为读者提供购书咨询、新书预订、电话购书等服务；改版重组了“新华淘书网”，备有各类图书 40 万种，是全国品种最全和发展最快的购书网站；书香俱乐部为会员提供多项增值服务，拥有会员已超过 50 万人。

《国家“十一五”时期文化发展规划纲要》指出，支持出版物发行企业开展跨地区、跨行业跨所有制经营，重点发展连锁经营、现代物流和网络书店等现代出版物流通系统，形成若干大型发行集团，建设全国统一、开放、竞争、有序的出版物市场。

围绕建立覆盖全中国出版物流通市场的“中盘”议题，新华系一线集团如四川新华、江苏新华、浙江新华等，市场拓展都出现跨越式发展，书业分销渠道未来的路径日渐清晰，历史形成的分销市场行政地域壁垒开始打破。2007 年 5 月 30 日，四川文轩连锁股份有限公司在香港联合交易所主板挂牌上市，募资 23.3 亿港元。4 个月后，10 月 12 日宣布将与新华书店总店（新华出版物流通有限公司）订立框架协议，将收购新华书店总店旗下的新华出版物况通公司部分股权，进行业务重组，拓展“中盘”业务至北京及全国各地。根据协议，此次股权转让完成，四川文轩将持有新华流通 45% 的股权，新华书店总店及其他股有东有 55% 的股权。在全国大“中盘”缺位的情况下，新华书店总店和四川文轩利用双方优势，实现跨区域的资本合作。2008 年 5 月 8 日，由海南省新华书店集团有限公司与江苏省新华书店集团有限公司整体重组的海南凤凰新华发行有限公司隆重成立。江苏海南两省新华书店系统重组后，江苏新华省店将在完成股份改造后的海南省店中控股 51%，海南省新华书店集团用全部净资产占 49% 股权。海南凤凰新华发行有限公司的建立，是新华系一线集团跨地区会作提高出版产业学中度建立大型化企业集团的探索，它在图书发行业务上双方实现了市场对接、资源互补，有利于两省国有书店连锁，直接打通苏版图书到海南、琼版图书到江苏的市场通道，为中国出版发行业跨地区全方位整合资源发挥了示范作用。

同时，新华系一线集团重组后实力大增。中国最大图书物流中心已于 2006 年投入运营。位于成都的西部出版物物流配送中心是我国现代化程度最高、系统集成能力最强的出版物配送枢纽。该中心由四川新华发行集团投资 1.5 亿元人民币兴建。立体储存面积 10 万平方米，每天可收货 1 万个品次，可拣选 3.5 万个品次，加工处理 3.5 万个运输包件，可为 500 家连锁网点提供配送服务。中心一改过去人工找书、录入信息等传统作业模式，运用无线射频手持终端机和电子标签拣配货系统，新书送达成都市内各书店只

需 3 小时至 6 小时，异地书店只需 1 天时间，误差率极低。

另外，新华集团的跨产业链发展也有所突破，深圳新华发行集团宣布将海天出版社纳入旗下，这是第一个经政府批准的新华发行集团进入上游出版环节的案例。而此前上市的上海新华传媒与四川新华文轩都将进入上游出版内容产业作为募集资金的投向之一。有传媒称，这是多年形成的出版专业分工开始破冰之旅。

民营发行业繁荣和境外资本进入发行领域。据统计，21 世纪初，全国共有图书发行网点 7 万余处，其中民营的集体、个体书店（摊）有 3.6 万多处，占全部网点数的 50% 以上；我国图书发行全行业总计销售图书 160.6 亿册、993.93 亿元，其中民营书店总销售册数占 50.13%，金额占 56.94%。据 2008 年统计，中国民营书业的从业人员约有 40 万人，北京地区约 10 万人，全国各地已经开始出现一批具有较大规模的民营书业。据调查，现在全国各地至少有 40—50 家年经营图书回款额上亿元的民营书业企业（而在北京地区注册的占其中 80% 以上，其业务以北京为集散地的民营书业公司则占到全国总数的 95% 以上），其中大多数是兼营图书出版策划与发行的民营公司。

我国每年出版的 17 万种图书中，由 2000 多家文化公司（工作室）和民营发行公司（其中 90% 以上在北京地区）进行选题策划或组稿、编辑出版的品种已经占到 30% 的比例，我国每年 1500 多亿的图书销售额中，由新华书店单方面垄断发行的教材占去 60% 多，而其余的 500 亿左右的一般图书真正靠实力拼市场的民营公司占去近 50% 的份额。

以世纪天鸿书业有限公司为例。1995 年世纪天鸿书业有限公司成立于山东淄博，2006 年图书销售额达 12 亿元，是全国规模最大的教辅图书发行企业。1997 年开始与民营渠道代理商合作，建立民营渠道合作发展联盟体，十多年来公司业务迅速做大。目前在 29 个省市自治区与 100 多家区域民营图书发行机构联盟，整合了 1500 余家地县级民营图书发行机构，使公司的图书发行触角遥伸至全国 1 万余家民营书店。1997 年天鸿书业在开发民营渠道的同时，启动了全国直营战略，以邮购客户资源为基础，建立起一支直接面向学校的直营团队。2001 年天鸿书业为解决民营渠道与直销队伍，提出“争而不夺，利益共享”的双赢解决方案，缓冲了民营与直销市场之争。2003 年天鸿书业在全国市场的大区和省区中心建立起一支服务民营的渠道经理队伍，加强了和民营代理商的沟通与服务。2004 年天鸿书业推行渠道专营模式，从源头上解决民营与直销的冲突。2007 年天鸿书业又提出以民营渠道为核心，建立直营团队服务民营规道的新双赢模式的战略方向。2005 年天鸿书业与新华书店渠道合作，在民营代理商相对力量单薄的省份，把分散的民营渠道向统一正规的新华渠道转型，并研发新华渠道专营产品对民营渠道不能覆盖的地方进行市场开拓，解决了民营和新华渠道的矛盾。天鸿书业十余年通过全国铺点直营、与民营伙伴结盟、同新华系统联手等创新务实的运行机制，实现了全国书业市场突破，成为覆盖29省市100个地区拥有10000余家民营书店的教辅图书发行集团。

2001年12月11日，中国正式加入世贸组织，成为第143个成员方。承诺1年内允许外国投资者从事书刊报零售业务，3年内从事批发业务。2004年3月17日，新闻出版署与对外贸易经济合作部联合发布《外商投资图书、报纸、期刊分销企业管理办法》。

2005年，我国第一个国有、民营、外资共同组建的中央一级的混合所有制图书批发公司——新华出版物流通有限公司成立。全面接手了新华书店总店几十年来构筑的全国销售网络、仓储物流运输网络、资金结算网络、信息支持系统，注册资本3亿元人民币。成立之初，新华书店总店为第一大股东，北京博恒投资和英国派可多投资分别占30.67%和27%的股份，其余股份由商务印书馆等7家出版社持有，管理层全部来自新华书店总店。2005年1至2月，经新闻出版署和商务部批准，广东联合图书有限公司成立，它是香港联合出版集团全资拥有的子公司，其经营范围包括经销内地版图书、报纸、期刊、电子出版物的批发与零售业务。广东联合图书有限公司是非内地资本投入图书发行业全资控股的第一家公司。此外，由上海季风书园与台湾联经出版公司合作成立了上海书店，在台北市商业区开业，经营面积500平方米，图书品种30000种、68000册，是台湾经营大陆简体书最大的书店，由上海季风书园负责供货采购，台湾联经出版公司管理销售。

经过《国家"十一五"时期文化发展规划纲要》《国家"十二五"时期文化发展规划纲要》推动，我国出版业界全面落实新闻出版署《关于支持民间资本参与出版经营活动实施细则》。2013年11月，湖北新闻出版广电局向武汉三新书业、武汉亿童颁发出版物经营许可证，授予民营企业武汉三新书业出版物全国总发行权；支持武汉亿童成功登陆新三板市场，成为湖北民营出版业上市第一股。我国还倡导民间资本在国内外开设实体书店。2013年，民间书业遵义西西弗第18家书店开到深圳、四川。民营书业昆明新知集团在马来亚吉隆坡、缅甸曼德勒、斯里兰卡科隆开设了3家华文书局。

第四节　中国版权立法与对外版权贸易

中国最早的版权立法是封建统治者的意志，早在宋代就有朝廷的官报"定本"制度，但民间小报仍有出现，到了明清，民间报坊刊行的京报得到统治者的允许而流传。

公元1779年（清乾隆四十三年），清王朝颁布《大清律例》：禁止编印买卖危及皇室统治的“妖书”，对编印、传看“妖书”，煽动百姓闹事者，处以死刑。而对刊印“淫词小说”者，杖一百，流三千里，市卖者杖一百，徙三年，买看者，杖一百。

1904年，清王朝宣布废科举、兴学校“新政”，1906年（光绪三十二年）颁布《大清印刷物专律》《报章应守规律》，1907年颁布《大清报律》。虽也宣称学习西方立宪民主，但目的是加强思想统治，限制出版自由。

1908年，清王朝派驻柏林的代办和商务参赞，以观察员身份参加了国际版权公约《保护文学艺术作品伯尔尼公约》成员国在柏林修订公约的大会。1910年（宣统二年）颁布了中国第一部版权法《大清著作权律》。该法共五章五十五条。规定文艺、图画、贴本、照片、雕刻、模型都有著作权，但须由本人到衙门登记注册，发给批注执照。著作权归著作人终身所有，著作人亡故后可有继承人继续专有其利30年。对侵犯版权者也作了比较详细的处罚规定。

1915年、1928年，中国又产生了两部更新的版权法。前者是北洋政府的版权法，后者是国民政府的版权法。对于后者，1944年、1949年曾重新出了修订版。但在1949年中华人民共和国成立一直到1991年没有颁布过版权法。

1991年中国政府出台《中华人民共和国著作权法》，并附有“实施条例”。该法规定，著作权保护期限是作者终生及死亡后50年，版权拥有者不能签名转让著作权，但可以允许他人使用10年。该法宣布保护1991年6月1日之后创作的中国作品，中国加入国际版权公约后，外国人的作品也列入保护范围。中国出版机构将有一年时间处理以前库存的未授权作品相关事宜。

此后，中国版权法逐步走向国际化。1992年10月15日中国加入《伯尔尼版权公约》，1992年10月30日加入《世界版权公约》。

2001年6月，在全球拥有270家专业出版物的国际数据公司IDG董事长麦戈文表示：在未来的7年中，他将在中国投资10亿美元发展出版业。早在20世纪70年代末80年代初，中国对外开放之始，国际传媒集团进入中国专业技术期刊市场，当时在全球拥有270家专业出版物的国际数据公司IDG在中国合作出版了《计算机世界》等12种刊物。

2001年10月，《中华人民共和国著作版权法》和实施条例修正案在全国人大高票通过，使中国开始与关税和贸易总协定下的TRIPS（与贸易有关的知识产权）规定接轨。2001年12月11日，中国加入世贸组织（WTO），2007年3月9日，成为世界知识产权组织(WIPO)的成员。中国版权法正式与世界接轨，不过与欧美相比，中国版权保护期为作者死后50年，欧美国家版权保护期为作者死后70年。

1992年中国出版市场向西方出版业开放。最初由于中国出版界对授权程序不熟悉和费用方面的担心，要求西方出版商对中国的学术出版免费提供许可权。原因是与西方相比中国图书市场定价太低。当时版权输入多数做法是让翻译者直接与国外作者联系，免费提供作品在中国的出版使用权。西方出版商则不了解中国情况，希望通过台海的代理机构帮助处理中文发行权。

20 世纪 90 年代末，中国和欧美摸索建立了一种较完美的版权贸易形式。即多数教育与学术出版商，如培生教育集团、麦克米伦出版公司、牛津大学出版社、剑桥大学出版社直接与中国的一些出版社，如中国外语教研社等语言教学出版社建立长期合作关系，主要采用合作出版方式，用共同商议的定数来预付版权使用费。由于共同商议的预定出版数较少，图书定价很高。遇到畅销重印时，中方出版社会与外方约定，重印本可以支付 7%—10% 的版税。

进入 21 世纪的最初 4 年，输入中国的版权量达到高峰。如中国出版社从海外购买了 10950 种图书 540 种期刊的版权，其中 1 / 2 买自美国出版商、1 / 4 买自英国出版商，余者买自德、韩、日等国出版商。此时，中国输入的版权量很大，尤其是向英语国家购买的版权最多，而中国输出的版权数却很少，外国出版商与中国签订的版权购进合同只有 2025 项，其中大多数还是与中国香港、台湾出版商签订的。根据国家版权局的统计，2000 年至 2005 年，全国版权引进品种总计 51.935 种；版权输出品种总计 6.096 种。随着中国对国际市版权引进与输出品种的数据显示；版权贸易引进与输出之比约为 8.5:1。因此，“十五”期间，我国版权贸易依然呈现出“进口多、出口少、逆差大”的局面，这与我国文化、经济的资源和地位很不相称。而且，我国出版输出的品种依然集中在中国传统文化领域，如古籍、绘画书法、中医药类版权，输出地区也大多集中在同源文化区域，即中国香港、中国台湾、日本、韩国、新加坡、马来西亚等“大中华文化圈”地区。其中，港台地区是我国版权输出的主要地区。

鉴于此中版权贸易不平衡状况，为落实中共中央、国务院《关于深化文化体制改革的若干意见》，我国新闻出版总署采取一系列措施，让改革为发展插上翅膀，增强我国的文化竞争力和综合国力，把中国文化影响力、感召力、魅力展现出来，使中国文化价值观具有国际普遍意义。

2005 年中国新闻出版署开始降低版权贸易逆差活动：2005 年 7 月，国务院新闻办和出版总署联合发布《中国图书对外推广计划实施方法》，国家对购买和获赠国内出版机构版权进行出版的国外出版机构提供翻译费资助。2005 年选择了国内 52 家出版社近千种中国传统文化、中国文学方面同国外推荐，用提供资助的方式帮助国内出版社走向世界。同年，北京国际书展开始制作《中国图书对外推广计划书目》，目标是到 2010 年将版权出口增加到 3900 项。2006 年新闻出版署与国务院新闻办发起中国图书对外推广计划，鼓励中国出版物走出国门，并为外国出版商看中的中文图书提供 3000—5000 元人民币的翻译补贴费等。

随着国际出版商在中国书刊市场日益活跃。虽然中国向外投资者只开放书业部分领域，外国的图书、期刊仍然只能通过政府指定的国家渠道进入中国，外国出版商还不能在中国建立出版机构，也不允许直接投资中国出版社，但西方语言教材和科学专业出版社却纷纷在中国开设办公室或分支机构，如企鹅出版集团在中国开设办公室、哈珀斯·柯林斯和兰登书屋在中国设立分支机构，推销图书或代表母公司开展合作出版业务。

2005 年在法兰克福书展上，培生教育出版集团、麦克米伦教育集团、牛津大学出版社都宣布与中国外研社开展中文教学教材合作计划；企鹅出版集团从中国买进了姜戎畅销小说《狼图腾》的出版权，签订后预付 10 万美元；兰登书屋、哈珀·柯林斯也与中国合作伙伴合作出版中文成人和儿童小说。

经过《国家“十一五”时期文化发展规划纲要》《国家“十二五”时期文化发展规划纲要》推动，我国新闻出版国际传播力进一步加强，“走出去”全球布局初显成效。2013 年在法兰克福书展上，我国输出版权 2628 项，引进版权 1431 项。2013 年 9 月，在第 20 届北京国际图书博览会期间，我国与各国出版机构达成版权贸易协议 3667 项，达成版权输出与合作出版协议 2091 项，达成引进版权贸易协议 1576 项。引进与输出之比为 1:1.33。这说明，中国图书版权输出成果进一步扩大，北京国际图书博览会已成为世界出版业贸易重要平台。2013 年 11 月，首届上海国际童书展 CCBF 开幕，中方举办了 100 多场国际童书版权贸易洽谈、中国作家推介、阅读推广活动，扩大了中国童书在国外的影响力。更加可喜的是，盘点 2013 年全球出版业 50 强排行榜时，中国出版集团、凤凰出版集团均被收入 2013 年全球出版业 50 强排行榜。这是中国出版集团走向世界的里程碑。

思考题：

1. 改革开放以来，我国传媒业出版业有哪些新的发展变化？
2. 详细论述 40 年来我国传媒业集团化、企业化、市场化的改革措施。

第4章

中国标准书号和图书出版

第一节　中国标准书号与条形码

中华人民共和国成立之前，中国图书出版没有全国统一书号。1956 年 4 月，文化部出版事业管理局颁布了全国统一书号方案，要求全国出版单位执行。当时的全国统一书号由三部分号码组成：分类号、出版社代号、本类书在该出版社已出多少种（次）书的顺序号。1986 年 1 月 16 日，国家标准局批准颁布了《中华人民共和国国家标准——中国标准书号》，编号为 GB/T5795–1986，要求全国出版社从 1987 年 1 月 1 日开始实施。1987 年国家新闻出版署恢复，7 月新闻出版署发出《关于实施中国标准书号的补充通知》，通知规定，1987 年一年为过渡期，中国标准书号和全国统一书号并存，到 1988 年中国标准书号全部取代全国统一书号，中国标准书号按规定印刷在图书封底右下角和主书名页（版权页）上。2002 年 1 月 4 日，中华人民共和国国家质量监督检验检疫总局又发布了《中华人民共和国国家标准——中国标准书号》，编号为 GB/T5795–2002，EQV ISO 2108：1992。这一文件前言称：本标准等效采用国际标准 ISO2108：1992《国际标准书号（ISBN）》，对 GB/T5795–1986《中国标准书号》进行了修订。这次修订的主要内容是删除了 GB/T5795–1986 中的“分类及分类种次号”部分。文件正文宣布，由此文件代替 GB/T5795–1986 文件。

ISO（国际标准化组织）是一个由各国标准化组织（TSO 成员国）组成的世界性联合体。国际标准的制定由 ISO 技术委员会来执行。国际标准 ISO2108 是由 ISO/TC46/

SC9(国际标准化组织信息与文献标准化技术委员会文献的著录标识和描述分技术委员会）制定的。本次修订为标准第 3 版，是根据标准的第 2 版 ISO2108：1978 修订的，其适用范围扩展至包括专题论文等非印刷形式的出版物。

《中华人民共和国国家标准——中国标准书号》GB/T5795–2002 文本指出了文件的范围：本标准规定了中国标准书号的结构及其印刷位置，为在中国的合法出版者所出版的每一出版物及每一版本提供唯一确定的、国际通用的编号标识方法。本标准适用于各种介质的图书；不适用于连续出版物。

文本指出了文件的定义，中国标准书号（China Standard Book Numbering）是标识在中国国家出版管理部门注册的出版者所出版的每种出版物的每个版本的国际性的唯一代码。采用国际标准书号 International Standard Book Numbering（ISBN）作为中国标准书号。

文本描述国际标准书号的结构：由标识符 ISBN 和 10 位数字组成。10 位数字又分为以下四部分：组号、出版者号、书名号、校验码。书写或印刷国际标准书号时，标识符 ISBN 使用大写英文字母，其后留半个汉字空，数字各部分应以半字线连接，格式为 ISBN 组号 – 出版者号 – 书名号 – 校验码。其中组号以国家、地区、语言及其他社会集团划分，由国际 ISBN 中心分配，分配给中国 ISBN 中心管理的组号为一位数字“7”；出版者号，则由中国 ISBN 中心设置和分配的出版者号，其长度为 2 至 7 位数字，取决于出版者的出版量；书名号，是图书书名的代号，由出版者管理和分配，书名号的长度取决于组号和出版者号的长度；校验码，是一位数字。文件规定了中国标准书号的印刷位置，书号应印制在图书封底（或护封）右下角和图书在版编目数据中，其他介质出版物应印制在显著位置上。

《中华人民共和国国家标准——中国标准书号》还附录了《中国标准书号的管理》中国 ISBN 中心按本标准对每一个出版者分配一个与其出版量相适应的出版者号；出版者应为出版的每一种图书分配一个书名号。书名号必须顺序使用，不得将一个书名号分配给两种或两种以上的图书；一个出版者号下的书名号用完时，可再向中国 ISBN 中心申请一个新的出版者号。

图书出版使用中国标准书号同时，还必须使用中国标准书号条码。早在 1993 年 8 月 9 日，新闻出版署发出《关于在出版物上全面推广和使用条码的通知》。指出，条码技术已被广泛应用于发达国家的新闻出版业，没有条码的商品很难在国际市场上立足。随着我国社会主义市场经济体制的发育和改革开放事业的不断发展，在出版物上全面推广使用条码技术的时机和条件已逐渐成熟。为此决定：1994 年 1 月 1 日以后出版的所有使用 ISBN 号的图书都必须印有 978 前缀的条码。同时，为确保条码制作质量及正确使用，切实受到加强出版管理的效果，所有条码软片一律由新闻出版署条码中心负责制作。

条码是由一组粗细不同、黑白相间的条与空组成的二进制图形。条由二进制的 1 组成，空由二进制的 0 组成。这些条与空、粗与细的排列是有一定规则的，当一束激光扫过这些排列有一定规律的条与空时，光被构成条的深颜色所吸收，被构成空的白颜色所反射。其吸收与反射量的大小，经过光电扫描识读设备转译成这些条与空所代表的信息，这些条与空的组合，就是我们所说的条码，它是一种利用光电扫描阅读设备识读并实现数据输入计算机的特殊代码。

中国出版物采用 EAN 码。EAN 是欧洲物品编码协会（European Article Numbering Association）的英文缩写。该协会成立于 1977 年。1981 年 EAN 组织成为国际物品编码协会（International Article Numbering Association），考虑到过去 EAN 组织的重大影响，仍保留了 EAN 的简称。EAN 的条码标准成了国际标准，许多欧洲以外的国家也纷纷加入 EAN 组织。早在 1980 年，国际 ISBN 机构与 EAN 组织签署协议，向该组织缴纳一定费用后，以图书作为一个整体获取了 EAN 码的使用权。中国是国际 ISBN 机构的成员，于是也获得了中国标准书号条码使用权。

中国标准书号条码（Bar Code for China Standard Book Number）代码结构有两种形式：第一种形式是由 13 位数字（EAN-13）组成，第二种形式由主代码（EAN-13）与附加码组成。

第一种形式中，前者即前缀码（978）十数据码（xxxxxxxxx）十校验码（C）。后者即前缀码 978 十数据码（xxxxxxxxx）十校验码（C）十附加码（S_1 S_2）。其中，前缀码 978 是国际物品编码协会（EAN international）指定给国际标准书号（ISBN）系统专用的前缀码；数据码，由 9 位数字 x_1—x_9 组成，是中国标准书号（ISBN 号）；校验码 C，由规定的方法计算得出。

中国标准书号条码印刷的位置也有标准规定。图书上的条码印制优选位置为封 4（或护封）的左下角（如图 4–1、图 4–2）。非纸封面的精装书的条码印刷在图封 2 的左上角（如图 4–3、图 4–4）。条码符号的方向应与装订线平行。

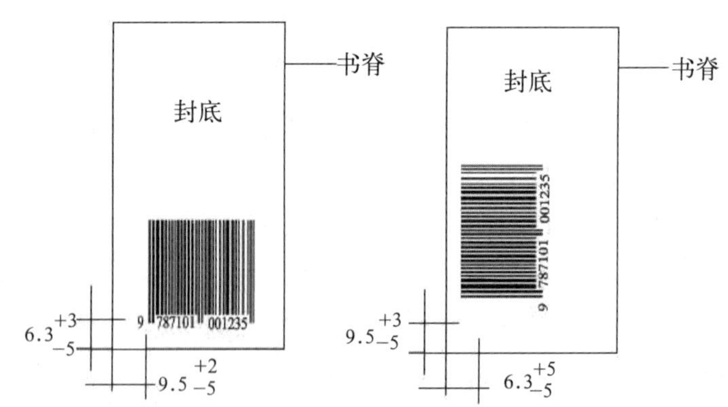

图4–1　条码位于封底左下角，条的方向与书脊平行

图4–2　条码位于封底左下角，条的方向与书脊垂直

第二种形式由主代码（EAN-13）加附加码组成。附加码由 2 位数字 SS 组成，用于区别使用同一标准书号的出版物的价格变化。这种形

式的出现，是针对不少出版机构的图书在重印过程中价格作了改变，条码却未加改动。为了不破坏书号和条码的唯一性，2000 年 3 月新闻出版署发出《关于使用图书条码附加码的通知》，具体要求是：为解决图书重印时变价问题，特增加图书条码附加码，附加码只表示该书的价格变化次数，以确保书号相同价格不同的图书其书号和条码在计算机数据库中的唯一性。如人民出版社《邓小平文选（第二卷）》，书号为 ISBN 7–01–002069–6。重印时，如果第一次变价 ，申请条码时就应该在该书号后面注明 01，以示该书价格发生了第一次变化，条码具体表示为（图 4–5）；如再次重印，价格又有改变，是在初版基础上的第二次变价，申请条码时就要在书号后注明 02，以示第二次变价，条码具体表示为（图 4–6）。

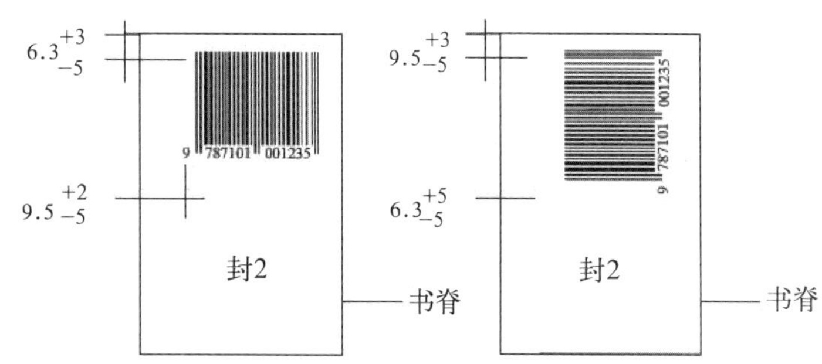

图4–3　条码位于封2左上角，条的方向与书脊平行

图4–4　条码位于封2左下角，条的方向与书脊垂直

图 4–5　第一次变价后的条码

图 4–6　第二次变价后的条码

图书出版在使用中国标准书号、中国标准书号条码同时，还必须由出版者向新闻出版署申请领取、图书在版编目数据。

图书在版编目（CIP）数据是指在图书出版过程中编制，并印制在图书上的书目数据。

图书在版编目数据（简称 CIP，是 Cataloguing in Publication 的缩写），编号 GB12451–90，国家技术监督局 1990 年 7 月发布，也是我国的一项国家标准。图书在版编目数据由出版社在出版每种图书之前，按国家标准将填好的 CIP 数据交国家指定的 CIP 管理机构审核、生成。出版社将 CIP 管理机构审核生成的数据印在图书版权页。图书在版编目数据项目中有一项是该图书的图书分类号，是依据《中国图书馆图书分类法》进行分类的。图书馆的图书分类，则是按照知识门类（学课）分类的。

第二节　申领图书在版编目数据和制作图书版权页

在中国出版机构，一种图书的产生必须首先领取书号与条形码，目前是由出版社总编室向中国版本图书馆（国家新闻出版广电总局出版物数据中心）在线申领书号，在此基础上制作该图书的版权页。如下图：

图书在版编目（CIP）数据

中国网络视频史 / 陆地，靳戈著. — 北京 ： 中国广播影视出版社，2017.8
ISBN 978-7-5043-7937-5

Ⅰ.①中… Ⅱ.①陆… ②靳… Ⅲ. ①计算机网络—视频系统—历史—中国 Ⅳ. ①TN941.3-092 ②TN919.8-092

中国版本图书馆CIP数据核字(2017)第148253号

中国网络视频史
陆地　靳戈 著

责任编辑　余潜飞
封面设计　成晟视觉
责任校对　张　哲

出版发行　中国广播影视出版社
电　　话　010－86093580　010－86093583
社　　址　北京市西城区真武庙二条9号
邮　　编　100045
网　　址　www.crtp.com.cn
电子信箱　crtp8@sina.com

经　　销　全国各地新华书店
印　　刷　三河市人民印务有限公司

开　　本　710毫米×1000毫米　1/16
字　　数　240(千)字
印　　张　17.5
版　　次　2017年8月第1版　2017年8月第1次印刷

书　　号　ISBN 978–7–5043–7937–5
定　　价　43.00 元

图书在版编目数据（CIP）与图书版权说明、图书版本记录作为图书版权页（又称版本记录页）印在图书主书名页背后，构成图书出版时的必要组成部分。

图书版权页（又称版本记录页）的内容有三：图书的版权说明、图书在版编目数据与版本记录。

版权说明是对本图书著作权的归属做出明示。一般以版权符合开头，后列著作权人名称和首次出版年份，也可再标注本版的出版年份，还可加注诸如“版权所有，未经许可不得以任何方式使用”字样。版权说明排印在版本记录页上部位置。

图书在版编目数据，又称“CIP”数据，是指依据一定的标准，在图书出版过程中编制并印在图书上的数目数据。图书在版编目数据应置于版本记录页的中部位置，分为四个阶段：第一段落为标题，标明“图书在版编目（CIP）数据”；第二段落为著录数据；第三段落为检索数据；第四段落为其他注记，内容按编目工作需要而定。各段落之间均空一行。通常中国版本图书馆 CIP 数据中心在核发图书在版编目数据时，对其数据项目和具体格式会根据国家标准《图书在版编目数据》（GB / T12451–2001）的规定设定。

版本记录置于版本记录页的下部位置，应该提供图书在版编目数据未包含的出版责任人记录、出版发行者说明、载体形态记录、印刷发行记录等项目。出版责任人记录包括责任编辑、装帧设计、责任校对和其他有关责任人。出版发行者说明包括出版者、排版印刷和装订者、发行者，其名称均应用全称；出版者名下应注明详细地址及邮政编码，也可加注电话号码、电子信箱地址或因特网网址。载体形态记录包括图书开本及其幅面尺寸、印张数、字数、附件的类型与数量（如“附光盘 1 张”）。印刷发行记录包括第一版、本版、本次印刷的时间，印数和定价。除了国家标准规定的这些项目外，出版工作实践中常有把书名、并列书名、作者名、中国标准书号也列入版本记录的。

为保护读者利益，不少出版单位还在版权页上标明因印刷装订存在质量问题而退换图书的联系方式。

中国标准书号和中国标准书号条码使用、CIP 版本数据库 [图书在版编目（CIP）数据] 的建立，对中国出版业有着重大意义。

它是社会主义改革开放的产物，它使中国图书市场开始与国际图书市场接轨迈出了第一步，中国图书市场从根本上改变了过去保守封闭的局面，伟大的中华文化以高度自信的心态开始走向世界多元文明的巨大舞台，逐渐地展现自己的辉煌与绚丽。

它为中国图书业建立良好出版秩序提供了根本性保障。它不仅是给出版管理机构提供了对出版物进行有效管理的先进手段，遏制了各种非法出版活动，更重要的是彻底扭转了以往出版机构各自为政、浪费资源，分割市场和状况，使建立一个全国统一高效的社会主义图书市场体系成为可能。此后，各出版社的发行部门陆续建立了全国范围内的发行信息网络，逐步能够及时全面地掌握更加丰富的图书市场信息，迅速、准确地处理订货、发货，提高库存监督和周转效率，防止资金滞压。图书的销售网点使用条码技术，也增加了库存、订货和营业活动的管理，结账快速准确，为顾客可以提供优质服务；同时，也方便了图书馆、大专院校等文化单位的对书刊出版物进行计算机管理。

中国标准书号和条码使用，尤其是CIP版本数据库的建立，还有一个非常巨大的好处，正在日益显现。在当今信息化的社会中，建立一个海量统一的书刊信息库意义非常深远。对出版机构而言，有针对性地开发书刊资源，预测图书销售的现状和趋势，将对出版机构进行图书选题策划、科学决策、改善经营管理、优化资源组合、制定营销策略，增强其出版物在国际、国内市场的竞争力，有着无可估量的资讯价值。对政府部门而言，加强对书刊业的宏观引导、政策扶持，增加中华民族的软实力，在世界范围内和平崛起，也将能提供真实可靠的决策数据。

中国标准书号和条码实施过程以及CIP版本数据库的建立，经历了一个不断完善和规范的过程。

一是禁止中国标准书号的“一号多用”。20世纪末期的一个时期，少数出版社不按中国标准书号使用的有关规定使用书号，出现了一个书号多次使用，即“一号多用”现象。1994年下半年，新闻出版署在对各出版社的书号总量核定时，发现有些出版社为了多出书，“一号多用”现象比较严重，其表现在主要有两种：其一，多种图书使用同一个书号，即“一号多用”；其二，多卷本的从套书（含上、中、下册图书）在分卷册分别给予定价、进入市场发行的情况下，全套书使用一个书号。

ISBN的原则是每一个ISBN号都是唯一的。如果失去唯一性，就会造成计算机管理的混乱，减弱计算机管理效率，导致出版管理、市场销售、馆藏书目的无序，也从根本上失去了使用ISBN号的意义。对此，新闻出版署出台《关于禁止中国标准书号“一号多用”的规定》，重申并补充有关中国标准书号的使用规定：其一、对每一种不同形式的图书应分别使用一个ISBN编号。以下情况应单独使用书号：1. 同一种图书的不同装帧形式（精装、平装等）；2. 同一种图书的不相同版本（修订版、年度版）；3. 相同内容的不同开本图书；4. 相同内容的不同文字类别的图书。其二、多卷本的从套书（含上、中、下册图书）的ISBN编号应根据定价，即从套书的每分卷册分别定价，可分册销售，每分卷册应分别给予ISBN编号，分别统计品种；若从套书的各分卷册不分别定价，全套书只有一个总定价，不能分册销售，可作为一个品种分配一个ISBN编号。其三、重印或再版没有ISBN编号的库存图书，必须补编ISBN编号。

二是禁止“买卖书号”的不正之风。20世纪末的一段时间，一些出版社以收取管理费、版费或其他费用的名义出卖书号，将国家赋予出版社的编辑、印刷、发行图书的权利，出让给其他单位或个人，这种“买卖书号”的非法行为，严重损害了社会主义精神文明建设，破坏了出版工作的正常秩序；使一些严重政治错误、宣扬色情淫秽内容，或

格调不高，质量低劣的作品得以出版；导致无照经营、漏税、牟取暴利，严重损害了国家和人民利益。为禁止这种出版行业不正之风和腐败现象，新闻出版管理部提出出版社要强调“两个效益”，即社会效益和经济效益，且始终把社会效益放在第一位。出版工作者要执行出版法规，遵守职业道德，维护出版秩序，自觉抵制“买卖书号”不正之风。出版社要对图书的编辑、印制、发行等出版的各个环节负全部责任。要严格图书初审、复审、终审三级审查，建立健全内部管理制度，不得委托社外人员代为行使图书出版终审权。严禁任何单位、任何个人以任何形式购买书号。购买书号出版的图书属非法出版物，坚决予以取缔。

经过一段时期的努力，图书出版行业的“一号多用”“买卖书号”的现象得以遏制，维护了中国标准书号、中国标准书号条码以及 CIP 版本数据的严肃性、科学性，从而从根本上保证了图书出版业有健康有序快速发展。

第三节　图书选题策划

在图书编辑出版过程中，选题策划是图书产品的最先选择，是诞生图书的出发点。

古语说：凡事预则立，不预则废。兵法云：运筹帷幄之中，决胜千里之外。就是说，人们要想把一件事办得漂亮，须预先有好的策划创意，然后进行周密布置实施，才能保证最终成功。图书出版也是如此。出版社的最终产品是图书，出什么书，才能受到读者欢迎？并能顺利实现市场利润？使出版社收到社会效益和经济效益的统一？这是出版人首先要考虑的。好的图书产品来源于好的选题策划。书业界常说，对于一个出版社而言，好的选题策划如同是发展企业的“金点子”，有了它就是成功的一半。有人还认为，选题策划是出版社生存发展的生命线，好的选题可以催生一家出版企业。

好的选题策划从哪里来呢？出版人常说：“实施精品战略，打造品牌形象”。实践证明，出版人必须树立高度的精品意识，持久不懈地打造内容与形式臻于完美的上乘之作，才能获得读者的高度信任，使出版社赢得好品牌美誉。因此，好的选题策划不仅是一个出版工作良好的开端，也是对这个出版社在市场上的最终检验。只有一系列精心策划的精品图书面世，积以时日，才有可能获得被社会大众认可的品牌形象。

成功的选题策划有以下几个要求：

1. 高度的政治责任心

孙中山先生说，政治是管理众人之事。政治是很高的境界。孔子编辑《春秋》怀有很高的政治责任心，司马光编辑《资治通鉴》持有鲜明的政治态度。中国历代的伟大编辑家都有治世济民的崇高政治责任心。在社会主义中国今天，图书出版是影响世道人心的重要文化产业，它的职责首先是给人奉献健康向上的精神食粮。因此我国出版管理部门对全国出版社的选题建设十分重视。它要求每家出版社的本年度选题出版计划，应在上一年第四季度订出，先由主管部门审核批准，再送交所在省级 新闻出版局审核同意后，报新闻出版总署备案。出版社如在年度计划已经审核备案后还要增补选题，须在发稿前一个月将选题计划报送新闻出版局审核。特殊急件可随报随批。实施出版机构年度出版计划备案，不仅是国家出版行政管理宏观调控的手段，更重要的是它从选题计划上保证了每个出版机构的科学工作秩序。对出版机构规划中长期和短期发展进程有先机前瞻和风险预警作用。国家出版行政管理部门要求，对一些重大选题，如图书内容涉及国家安全、社会安定等方面，对国家政治、经济、文化、军事等将产生较大影响的选题，必须预先到上一级备案。1997 年新闻出版署颁布了《图书、期刊、音像制品、电子出版物重大选题备案办法》规定，需报备案的选题范围有：

(1) 有关党和国家的重要文件、文献选题。

(2) 有关党和国家曾任和现任主要领导人的著作、文章以及有关其生活和工作情况的选题。

(3) 涉及党和国家秘密的选题。

(4) 集中介绍政府机构设置和党政领导干部情况的选题。

(5) 涉及民族问题和宗教问题的选题。

(6) 涉及我国国防建设及我军各个历史时期的战役、战斗、工作、生活和重要人物的选题。

(7) 涉及“文化大革命”的选题。

(8) 涉及中共党史上的重大历史事件和重要历史人物的选题。

(9) 涉及国民党上层人物和其他上层统战对象的选题。

(10) 涉及苏联、东欧以及其他兄弟党和国家重大事件和主要领导人的选题。

(11) 涉及中国国界的各类地图选题。

(12) 涉及香港特别行政区、澳门特别行政区和台湾地区图书的选题。

(13) 大型古籍白话今译的选题（指 500 万字以及 500 万字以上的项目）。

(14) 引进版动画读物的选题。

(15) 以单位名称、通讯地址等为内容的各类“名录”的选题。

1997 年之后，新闻出版署又发出《加强和改进重大选题的备案工作的通知》等文件，强调凡内容涉及中国共产党党史、中华人民共和国国史、中国人民解放军军史、重大革命和历史题材以及外交方面的选题，都要履行备案手续。

出版机构申请重大选题备案时，要填写有关登记表、申请报告，选题名称、书稿、图片或样片带，附上出版社主管单位或党委宣传部门的审核意见，新闻出版署自决定受理备案之日起 30 日内予以回复。

在图书选题策划中还有一些特殊选题，需要向出版行政管理部门单独报批。如新闻出版署 1989 年发布的《关于严格控制人体美术图书出版的通知》、1991 年发布的《关于贯彻执行国务院〈法规汇编编辑出版管理的规定〉的通知》、1997 年发布的《关于引进版图书加强管理的规定》指出：对人体美术、法规汇编、国外境外引进版图书等类型图书出版，均需进行特殊选题专项报批。其中引进图书选题获准后，还要把出版合同报版权行政管理部门审核登记。

2. 富有特色的原创性

出版机构的选题策划应以初版图书品种为主。如同传媒追求独家新闻一样，图书的选题策划以求新为主。每年策划选题大都与以前选题不宜雷同。改革开放以来的中国出版界，综合图书出版社多了，它们的图书出版领域几乎涵盖了所有的学科和所有方面。即使是专业出版社也在专业图书出版领城中，不断开发新的品种。因此只有在图书市场的海量品种之中，显出你的选题卓尔不群，方能使人感到你的策划选题高人一筹。与别的传媒产品相比，图书出版周期较长、市场周转历时较久，易于造成读者市场心理的视觉疲劳，所以图书选题策划在照顾到本社以往开发的品种和涵盖领域应有的必然联系，以体现出版社的整体形象外，必须树立以追求特色创新为图书选题策划的最高理念，不断推出令人耳目一新的原创产品。在策划趋时的短线产品选题同时，还应策划一些大型图书工程的长线产品选题立项，起震撼人心的效应。出版社要充分了解自己，在选题策划中利用本身拥有资源优势，发挥编辑团队的特长，结合市场实际，优化出书结构。做到重点书和一般书、大型书和中小型书、初版再版和重印书比例协调，根据财力量力而行地确定出书规模。

以中国文史出版社为例，它所依托的全国政协文史委员会拥有亚洲最大的近现代中国史料储存库。该库由周恩来总理 1962 年倡导建立。当时，周恩来总理提出 60 岁以上的全国政协委员都要把自己亲身经历的重大历史事件写出记录下来，以便将来存史、资政、育人。由于全国政协委员地位高、界别多，都是晚清以后到中华人民共和国成立时期的社会名流、各党派的主要人物。他们的亲身经历见证了中国近现代史的风云变幻，而许多人本身又是重大历史事件的当事人。他们提供的资料，从各个角度反映了中华民族由半封建半殖民地旧中国向社会主义新中国过渡的历史全貌。这一资料库是开掘近现代中国历史图书选题的富矿资源。为此，中国文史出版社高度珍惜自身资源优势，经多年选题策划，终于在 21 世纪初出版了大型精品系列图书《文史资料存稿选编》（大 16 开本）1—50 册，容量 3500 万字，成为该出版社的品牌图书。之后又对这一优势资源进行了系列再开发，其中《中华民国史》受到了海峡两岸众多读者和海外华人的重视和赞誉。

3. 读者需求的前瞻性

图书既有商品经济属性的一面，就要讲产销对路。出版界有长销书、畅销书之称。一般说来，判断长销书和畅销书的标准，均以市场销售量为主要依据，并以能否为出版社赢得多大的利润为考核主要标准。所谓长销书，是指该出版所出版的图书，在市场上有超越时空的相对长久的价值。虽然可能没有大紫大红、轰动一时的效应，但经常拥有一定规模的读者，久销不衰。所谓畅销书，本来是国外图书市场的一个概念，是指某图书在市场上十分走俏，购买者如痴如醉，一时趋之若鹜，在极短时间内给作者和出版社带来巨大经济效益。近年来，畅销书也成为我国图书市场中的热点词，一些传媒纷纷推出畅销书排行榜推波助澜，渐成风气。这一现象在市场经济条件下，有其形成的原因和规律。现在出版界有了一个共识，在选题策划中要正确认识长销书和畅销书的关系，不能有所偏废。有的出版社甚至认为，长销书是出版社的长线生产项目，是出版社的基本赢利之源，是出版社真正意义上的安身立命的生命线。

经过近 40 年的改革开放，我国图书市场已由品种短缺为特征的卖方市场，进入品种丰富为特征的买方市场。读者对图书的选择品位越来越高，读者的需求就是市场的需求。因此选题策划必须以读者为核心进行。无论长销书还是畅销书，都由读者群说了算，都有一定的市场规律。读者就是市场。拥有最广大的读者群就是畅销书，拥有最稳定持久的读者群就是长销书。读者需求就是它们的共同规律。如有实用价值的工具书、教科书、生活类用书、经典名著、科普读物等，就可能成为历久不衰的长销书。1963 年外研社出版的《许国璋英语》，行销 40 多年至今仍受读者欢迎。国内外经典名著的长销一直与我国出版业相伴相生都证明了这一点。2008 年年初，江苏新华集团一次买断了上海世纪出版集团出版的《沈从文全集》专销权。该集团负责人坦言，尽管该书价格不菲，但就是看中了该图书的长销不衰。现代大众传播学认为，公众的文化视野和阅读情趣与传播媒介宣传有密切的相生互动关系。畅销书的形成与社会舆论热点、名人特殊效应、媒体炒作推动有直接原因。2006 年年末至 2007 年上半年，央视“百家论坛”的热播使得于丹、易中天等文化人一夜成名，灵活的讲述加上电视悬念等特殊手段的运用，拉近了这些文化人与普通民众的距离，他们撰写的图书也突然变成了出版社争夺的重点。中华书局印行《于丹〈论语〉心得》取得 480 万册市场成功后，中国民主法制出版社以首印量 100 万册获得《于丹〈庄子〉心得》出版权。这种图书市场现象要求出版机构在图书选题策划中必须认真研究对待，增加对读者需求图书的前瞻性。

4. 彰显中华文化的民族性

民族性就是世界性。世界文明由多元文化构成。取消了富有个性特色的民族文化

也就否定了整体世界文化。拥有 5000 年历史的中华文化和现代独具个性特色的中国文化，是世界多彩文化的一枝奇葩。出版机构在图书策划中应充分开拓彰显民族文化的各种选题，包括挖掘中国古代优秀传统文化的选题，反映近现代中国进步文化的选题，表现改革开放的中国当代文化的选题。中国是世界古代典籍出版成果保存最好的国家之一。17 世纪至 18 世纪初，西方天主教耶稣会士东来，导致中华古代典籍西传，曾为欧洲文艺复兴时期的资产阶级文明开启，提供了丰富的思想材料。翻过近代中华民族饱受西方列强欺凌的历史屈辱一页，中国随着 40 年来改革开放，经济起飞，正在和平崛起。海外出现新一轮的“中国文化热”，国内出现方兴未艾的“国学热”，正说明了国内外民众对中华文化无比珍爱的诉求。

2007 年 1 月 12 日，我国国务院新闻办召开主题为“向世界说明中国——汉英对照《大中华文库》全球首发式”新闻发布会，向世界隆重推出这套基本涵盖了中国 5000 年文化精华、共选辑中华典籍 51 种 92 册的鸿篇钜制，立即受到世界出版界的注目。这一重大选题策划是我国酝酿已久的重大出版工程。《大中华文库》(英汉对照）工作委员会网罗了我国第一流专家学者、翻译家、语言学家，以严谨求实的学术精神，精选了我国在文学、历史、哲学、政治、经济、军事、科技等各领域最具代表性的经典性古籍百余部，对选题、版本一一加以认真论证和细致的校勘整理，先由古文译成白话文，再由白话文译成英文。该书整体筹划周全、版本选择权威、英译准确传神、体例妥当完善，代表了中国学术、出版、翻译水平，浓缩了中华文明 5000 年，可以向世界说明中国。该书选题策划完全是中国出版界的典范。

5. 引进世界先进科技文化

社会主义要赢得比资本主义相比较的优势，就必须大胆地吸收和借鉴人类社会创造的一切文明成果，吸收和借鉴当今世界各国包括资本主义发达国家一切反映现代化生产规律的先进经营方式、管理方式。科学技术是第一生产力。改革开放以来，我国出版界与国际出版机构合作，引进许多优秀图书，成为选题策划的重要组成部分。如我国科学出版社等出版机构与爱思唯尔出版公司培生集团旗下的 DK 出版公司、进行版权贸易和合作出版，引进了许多反映现代国际水平的科普系列图书与科技百科全书，促进了我国科技进步。我国社会科学类图书出版社也开发了不少选题策划资源，引进能代表国外先进文化的优秀图书。

6. 图书出版与网络文化的结合，进行资源交互配置、多向开发选题

纸图书的选题策划应及时吸取新传媒的文化养分。近年来，网络出物读物渐成畅销书的重要选题来源。许多出版社在图书选题策划时已经充分关注到了这一现象。

网络出版兴起之初，有人曾经惊呼纸质图书出版将面临终结时代。但实际情况却恰好相反。曾几何时，网络出版一改前些年作为书刊的翻版的面孔，以十分丰富的原创内容出现，竟成为书刊选题的内容供应者。早在1999年年底，痞子蔡（蔡智恒）的网络文学《第一次的亲密接触》引进大陆后，不久便成为畅销读物。此后他又推出数部网络小说，在这些读物热销带动下，出版商纷纷把网络小说转化为纸图书，在图书市场竟然走红。直至2006年年底，网络连载的“鬼吹灯”系列故事，把“先网络后纸本书”的模式路数推向极致。这些图书作者多数并非职业作家，大多为青年写手，一开始写作凭兴趣出发，作品先在网络上流传，随后很快成名，出版界闻风而动迅速跟进，纸本书的选题策划快速实施出版，很快引起洛阳纸贵的效应。此种图书从内容到形式具有鲜明的时尚性，读者群体主要是追捧青春文学的年轻人。

图书出版机构在选题策划中不仅要注意吸收好的网络选题，以丰富纸本书的品种；还要努力把自己的图书由纸介质变为多种介质，比如说图书上网、在线阅读，还有捆绑在手机上的PDA之类。

7. 选题数据库的建设

目前出版业的信息化建设进展缓慢，主要表现在选题数据库的滞后，不少出版社对选题信息的保存还停留在落后的文档技术层面上，选题信息与其他图书编辑信息、图书印制信息、图书发行信息等之间成了独立的信息孤岛，没有建立共享机制，导致了不少重复劳动，不利于对选题资源的挖掘和开发利用。

选题数据库的缺失，影响了出版社网站的效率。有的出版社虽然建立了自己的网站，但由于缺乏有力的数据库的支撑，既不能进行网上交易，也不能为读者提供检索、查询等多种服务，网站仅仅成了展示出版社形象的窗口，几乎成了一种摆设。

选题信息作为出版社最基本的信息，成了构成数据库的基本要素，出版社的其他信息，如新书、重印书、获奖书、重点书、可供书等，都是选题信息的延伸和拓展、出版社的编辑出版运作流程，也是围绕着选题展开的，因此，选题信息成了出版社的核心信息和基础信息。

信息与数据是两个不同的概念，原始信息只有在一定应用软件的界面中，才能转化为有效的数据。有的出版社虽然在多年的出版实践中积累了大量的选题信息，但由于没有把信息转化为数据，没有建立选题数据库，选题操作还处在手工阶段，没法对众多选题进行归类统计，更不能进行任意查找和检索，给挖掘、开发选题资源带来了障碍，在一定程度上浪费了宝贵的选题资源。

不少出版社的成功实践表明，选题资源作为再生性的资源，能在多重开发中实践重复增值，而选题数据库作为对选题资源进行多重开发的平台，能在创造性的整合中生成新的价值。

采集信息要多渠道，建立信息网络。出版机构与国内外扩大同行交往，如参加国内外书市、书展、考察和学术活动，社会调研，都应形成工作制度，提供信息存储待

查，要利用因特网，要与国家权威信息中心连接和国际知名书业网站形成局域网和运程网，及时交流信息，实现资源共享。

图书信息采集与选题数据库的建设和选题策划关系甚大。信息采集是图书编辑工作的起点，也是图书选题策划的选题之源。它包括两个方面，一是从狭义上讲，进入编辑流程的稿件中包含的信息，是作者的情况和他所提供的稿件的相关信息。二是从广义上讲，编辑部需要获得的出版物机构有关国内出版机构动态、出版产业链业务走向、国家对图书政策导向、图书市场行情预测、社会和读者对图书需求，出版物销售缺口等综合信息的采集。出版机构要建立一个编辑出版信息库，也就是国内外的出版业资讯库。把信息采集作为一项经常性的基本建设工作来抓，能做好编辑工作。出版社要有一支专门机构队伍，运用先进的科技手段，收集、存储、运用信息，为策划、论证选题和对整个出版工作科学决策服务。

采集信息面要宽，本机构拥有何种优良资源？本社编辑队伍素质优势在哪里？已经拥有怎样的作者队伍？本社已出版了哪些成功出版物？在国内外图书市场中占有哪些份额？国内外同行编辑出版信息，有关科研、著述及作者信息，图书信息、社会调查统计资料、优秀图书编辑出版信息、专家对本社出版图书评价及读者需求信息。总之，一切为编辑工作所需信息，都要收集、存储、及时补充，不断完善，不断筛选。要对各种数据进行比较核实，去伪存真，去旧续新。

2005 年 9 月 8 日，新闻出版署组织的《图书流通信息交换规则》课题工作组在京举行第五次工作会议，传出了出版物发行标准化的实施工作开始进入扩大试点阶段的信息。一度滞后的书业信息化，首次获得了强劲的行业性推动力。

信息化包括上游出版社和下游书店各自内部信息系统的建设，图书产品信息和市场信息的双向畅通流动，而标准则为双方系统的对接和信息交换，提供了一个通用的"接口"，就如同为使用不同母语的人们提供一门可以对话的共同语言。

据统计，2004 年全国出版图书（初版、再版、重印）20 万种，其中新书 12 万种，平均每天出 330 种。为方便工作，书店编目费用平均每条 10 元，图书馆编目费用平均每条50元，算下来全行业每年花费7000万元，还未包括出版社电话、传真、上网费用，以及信息不准引发的发货差错、决策失误等损失。

书业信息化不足、信息不标准、落后社会其他服务业。书店落后图书馆、出版社又落后于书店，造成了书业信息交换和共享困难。国家新闻出版署为解决"一号多用"，实行书号实名制，CIP 数据转化为有效的可供书目数据，2006 年年底开通中国在版书目网站等措施，很大程度上扭转了选题重复、图书同质化和浪费各种资源的一系列弊端。

8. 选题策划中的科学决策

选题策划需要一个科学决策过程。有的出版机构采取集体论证制度来保证。因为任何个人的眼界、信息、知识范围和判断力都是有限的，采用集体论证制度，有利于集思广益、群策群力，以民主和集中相结合的方法，保证选题质量。一般出版机构每年都要开两次集体选题论证会，编辑、发行、财务以及全社人员集中起来，畅所欲言，相互启发，对选题确定、市场预测、风险成本诸多因素进行系统考量，展开有效的选题论证。有的出版机构，对一些大型的选题项目拿不准，还聘请社会上的专家来专门论证、评估，然后慎重决策，也收到好的效果。

一些出版机构对选题策划实行目标管理制度。把图书选题策划过程看作图书出版具体项目计划审定过程。首先确定选题项目及项目负责人或项目组，确定出版详细计划和阶段目标，确定实施选题项目所需的基本条件。然后选题策划项目负责人认领任务后，带领项目组成员反复进行选题项目实施研讨、论证与评估，写出选题论证书，包括书名确定、作者的选择、交稿日期、成本、利润、责任编辑、出版周期、图书宣传、市场营销策略、发行推广计划等，都收到良好出版效果。

图书出版提案

标题 / 副标题	
作者	
当前的工作或联系	
之前的出版作品	
要获得的权利：	
图书出版权	
附属性权利	
版税率	预付款
建议出版日期	建议定价
建议开本、装帧、长度、插图、颜色和特殊制作	
三年的计划销售量	
国内市场	出口市场
特殊销售（图书俱乐部等）	
计划首次印数和定价	
首次印刷的毛利和纯利	重印的毛利和纯利
保本点	
附属权利的潜在销售收入	
市场营销计划概要	
竞争状况分析	独特销售计划或有竞争力的优势（USP）
顾问报告	
风险分析	
深入评价	

图书重印申报单样张

编辑　　　　　　　　　　　　　　　　　　　　第　　　号

<table>
<tr><td colspan="2" rowspan="2">书 名</td><td colspan="2">开本</td><td>书号</td></tr>
<tr><td colspan="2">字数</td><td>定价</td></tr>
<tr><td colspan="2" rowspan="2">作 者
署 名</td><td colspan="3">作者单位：</td></tr>
<tr><td colspan="3">通讯地址：</td></tr>
<tr><td colspan="5">挖改单　　张，共挖改　　处，串版、串行　　处，重排　　页</td></tr>
<tr><td colspan="3" rowspan="2">增补　　页，约　　万字，修订　　页，约　　万字</td><td colspan="2">本次发稿约　　万字</td></tr>
<tr><td colspan="2">本次书号为</td></tr>
<tr><td colspan="5">重新设　　　重新绘
共　　件，　　　　共　　幅，本次发稿应为　版　次印刷
计封面　　　制插图</td></tr>
<tr><td colspan="5">再版理由及要求：

责任编辑　　　年　月　日</td></tr>
<tr><td rowspan="2">室主任
意见</td><td>室内需样本数　　　　册</td><td rowspan="2">总编辑
意见</td><td colspan="2" rowspan="2"></td></tr>
<tr><td></td></tr>
</table>

注：1. 发再版稿必须用最新版本的样本。2. 存档材料附后。

第四节　三级审稿责任制度和责任编辑职责

三级审稿责任制度，是我国长期以来行之有效的审稿制度。它是由一审（初审）、二审（复审）和三审（终审）组成的审稿制度。早在 1952 年 10 月，出版总署在《关于国营出版社编辑机构及工作制度的规定》中规定："一切采用的书稿应实行编辑初审、编辑室主任复审、总编辑终审和社长批准的编审制度。"在图书出版机构，这种三级审稿责任制度一直长期坚持下来。1997 年新闻出版署发布的《图书质量保障体系》中仍然明确重申："坚持稿件三审责任制度"。

三级审稿责任制的具体要求为：初稿，应由具有编辑职称或具备一定条件的助理人员担任。复审，应由具有正、副编审职称的编辑室主任一级的人员担任。终审，应由具有正、副编审职称的社长、总编辑（副社长、副总编辑）或由社长、总编辑指定的具有正、副编审职称的人员担任（非社长、总编辑终审的书稿意见，要经过社长、总编辑审核）。三级审稿责任制度还要求，初审复审、终审三个环节缺一不可。三审环节中，任何两个环节的审稿工作不能同时一人担任。

审稿过程分为三级进行，依照初审—复审—终审的次序循序递进，一级对一级负责，互为监督，上下制约，不同审读者对书稿的意见可以补充借鉴，集思广益，从而使审读意见更全面、更科学，只有通过三审之后，出版机构才能对书稿正式做出处理。三个审级的具体任务是：

初审是三审制的第一个级次的审稿。初审者应通读全稿，对稿件的政治导向是否正确、思想倾向是否健康、稿件质量是否具有出版价值，提出明确意见。同时对稿件的内容、体例、结构、形式、文字进行全面审查，具体提出稿件优缺点，并对出版可产生的社会效益和经济效益进行预估，最后在一审“审稿意见”栏内签署具体处理意见，如可否采用，是否需要退改，如何退改，是否需送外审等。初审工作量最大，任务最重，一审提出的处理意见是后两个层次分析判断的可靠基础。

复审是三审制中的第二级审稿。复审者同样要通读全稿，对初审者提出的处理意见进行审核判断，表明是否认同，或反对，或存疑。对初审中提出的原则性问题，必须明确表态。如果与初审意见分歧较大，复审要充分说明自己的理由，对初审要明白指出不妥之处，并提出弥补措施。对初审提出的对稿件退回修改或退稿不用的意见，也要表明自己的观点。如果初审质量不合格者，复审者可以将初审意见退回要求返工重审。

一般而言，复审者由出版机构中层环节干部充任，认识水平和编辑经验比初审者要高，所以复审的意见是终审者采取决断的重要依据。

终审又称“决审”，是三审制的最终环节。除在政治思想上严格把关外，还必须从本单位的出版范围、品牌营造、经济效益考虑。终审者一般是社长、总编辑，或约请指定有正高职称者代审，但代审的意见也必须由社长总编辑最终同意。只有这样，终审者才能对稿件处理做出决定性意见。

终审者对于前两个层次的不同意见，应高度重视。必须时可召集一、二审者或编辑人员会审，或决定外审，最终达成共识。但外审不能代替本社三审中任何一个审级。

图书稿件通过三审后，应由出版社指定本社一名负责该图书出版全过程的责任编辑，一般由稿件组织者或初审者担任。责任编辑必须是由获得出版专业中级职业资格证书的人员担任，没有此种资格证书的人员不能担任责任编辑。

责任编辑一经确定，要对图书出版进行全程跟踪，除负责初审外，还要负责稿件加工整理、校样通读，负责对图书的整体设计、排版、校对、印刷等环节的质量监督。

出版社对每本图书问世都要求责任编辑在该书的明显处署名，以昭示责任编辑对该书的质量保证义务。

一般而言，出版社实行的是一书一责编。为保证图书质量，可根据实际情况，适当增加责任编辑的人数。近年来，有许多出版机构，实行图书质量奖惩措施，事实上已经将责任编辑的职责延伸到出版社对图书市场的完全价值实现。如果在市场上发现某图书的问题，又确系编辑部的疏漏所造成，那么，出版社对责任编辑也要实行追究问责。

思考题：

1. 图书选题策划的重要性表现在哪几个方面？提交一份图书策划提案。
2. 什么是图书策划的精品意识？什么是畅销书？什么是长销书？
3. 什么是图书三审制度？什么是图书责任编辑制度？
4. 填写一份出版社的图书审读报告。

第5章

图书出版合同与知识产权保护

第一节 《中华人民共和国著作权法》和知识产权的保护

人的出版活动的前提，是有作者创作的作品。出版机构生产出版物，是以出版的方式使用了作者的作品。因此出版活动经常涉及和著作权相关的问题，这就需要根据著作权法做出妥善处理。

著作权又叫版权，知识产权，是指文学、艺术和科学作品的创作者对其所创作的作品依法享有的权利。著作权包括人身权和财产权。此外，有作品的传播者（如表演者、录音制品制作者、出版者、广播组织者）所享有的邻接权，一般也属于广义的著作权范围，也受著作权保护。著作权，属于一种知识产权，具有无形性、专有性、时间性和地域性特征。

著作权法各国不尽相同。是确定作者对其创作的文学、艺术和科学作品享有著作权并提供保护，调整因创作、传播、使用作品而产生的各种利益关系的法律规范总和。

《中华人民共和国著作权法》于 1990 年 9 月 7 日经全国人大常委会通过、1991 年 6 月 1 日实施。之后经过两次修订。第一次修订是 2001 年 10 月 27 日，第二次修订是 2010 年 2 月 26 日。第一次修订经全国人大常委会通过，当日起施行。第二次修订经全国人大常委会通过，于 2010 年 4 月 1 日起施行。首先与其配套的是国务院 2002 年 8 月 2 日发布的行政法规《中华人民共和国著作权法实施条例》，从 2002 年 9 月 15 日起施行

的。此外，与其配套的尚有四个行政法规：《计算机软件保护条例》（国务院 1991 年 6 月 4 日发布、同年 10 月 1 日施行，2001 年 12 月 20 日修订发布、2002 年 1 月 1 日施行）；《著作权集体管理条例》（国务院 2004 年 12 月 28 日发布、2005 年 3 月日施行）；《信息网络传播权保护条例》（国务院 2006 年 5 月 18 日发布、2006 年 7 月 1 日实施）；《广播电台电视台播放录音制品支付报酬暂行办法》（国务院 2009 年 11 月 10 日发布、2010 年 1 月 1 日实施）。

著作权法保护作品，并非任何作品都能受到我国著作权法保护。对于一部作品是否保护，主要看其是否有独创性。对于外国人作品是否保护，要根据具体情况看作品、作者、国籍出版地等条件。我国著作权法保护的作品有：(1) 文字作品。指小说、诗词、散文、论文等以文字形式表现的作品。(2) 口述作品。指即兴演说、授课、法庭辩论等以口头语言形式表现的作品。(3) 音乐、戏剧、曲艺、舞蹈、杂技艺术作品。(4) 美术建筑作品。(5) 摄影作品。(6) 电影作品和以类似摄制电影的方法创作的作品。(7) 图形作品和模型作品。(8) 计算机软件。(9) 法律、行政法规规定的其他作品。不适用著作权保护的有：(1) 立法、行政、司法性质的文件。(2) 时事新闻。指通过报纸、期刊、广播电台、电视台等媒体报道的单纯事实消息。但是，根据时事新闻撰写的通讯、报道、综述、特写等文章可享受著作权法保护。(3) 历法、通用数表、通用表格和公式。

著作权权利通常分人身权、财产权两大类。人身权，主要是发表署名权、发表权。著作权的财产权，又称经济权利，是作者因授权他人使用其作品而获得经济报酬的权利。具体有与出版活动关系密切的 12 项财产权：(1) 复制权。指以印刷、复印、拓印、录音、录像、翻录、翻拍等方式将作品制作一份或多份的权利。复制权是财产权中最基本的权利。(2) 发行权。指以出售或赠予方式向公众提供作品原件或者复制件的权利。但发行范围很重要，如果作者只同意把在中国的发行权授予出版者，那么出版者就不可以把该出版物向中国以外的国家或地区发行。(3) 信息网络传播权。指通过互联网、其他有线或无线的信息传播网络实施“向公众提供作品，让公众可以在其个人选定的时间和地点获得作品”的权利。与一般的播放（如广播）不同，网络传播使得公众可以在个人选定的时间和地点获得著作权人提供的相应作品，如在互联网上阅读作品、观看影片、欣赏音乐等。信息网络传播权属于著作权人，这就意味着未经许可而将他人作品传到网上向公众传播，无论是不是盈利，都是侵权行为。(4) 改编权。指改变原作品而有独创性的新作品的权利。注意改编作品以不改变原作品基本思想内容为前提。(5) 翻译权，指把作品的表现形式从一种语言文字转换成另一种语言文字的权利。(6) 汇编权。汇编权又叫编辑权，指将作品或作品的片段通过选择或者编排汇集成新作品的权利。汇编并不改变作品本身，只是为了一定目的将作品汇编成集，在选择或编排上体现独创性，其所形成的作品在整体上成为新作品，但不是所汇编的作品都应是新作品。如文集，有的可能是未发表过的新作品，有的可能是已经发表过的作品。

著作权的许可使用与限制，是指著作权中的财产权而言，和人身权无关。因为人身权与人格、身份有关，不能用于获取经济利益。财产权则可以给权利人带来经济利益，而它们要真正转化成物化了的财产，要通过许可使用的途径。著作权人虽然 享有财产权，但“许可使用”也受法律一定限制。

何谓“许可使用”？“许可使用”是指著作权人暂时、有偿地允许他人使用一项或多项财产权。被许可人以支付一定的财产通常是货币为代价，按照与著作权人所签订的合同约定的方式、地域范围和期限使用有关财产权，并通过自己经营来获取利益。被许可人未经著作权人许可，不能将其获得的使用权再许可第三人使用。

最为常见的著作权许可使用方式，就是著作权人允许出版单位使用其复印权和发行权，把作品制作成出版物发行，而出版单位向著作权人支付报酬。出版单位对作品做一系列编辑工作，目的是为了对作品把关、提升、优化。这项权利是国家赋予的，并不属于“许可使用”范围，如果这种修改超出一定范围，就需要著作权人授予代行修改的权利。

著作权“许可使用”合同。除报纸、期刊等出版单位使用作品不必与著作权人签订书面的“许可使用”合同之外（因为投稿给编辑部即视为“许可使用”），各种出版机构以出版方式使用作品，都必须和著作权人订立书面的“许可使用”合同——出版合同。该合同包含：(1)“许可使用”权利种类。(2)“许可使用”是不是专有。(3) 地域范围、时间。(4) 付酬标准和办法。(5) 违约责任。(6) 双方认为需要约定的事宜。

第二节　图书出版合同的主要内容

图书稿件经过三审后，出版社决定接受作者书稿出版，应按照著作权法的规定与著作者签订图书出版合同，明确约定双方的权利和义务，以保证稿件顺利出版和依法保障出版社与图书作者的双方合法权益。

1999 年 3 月，国家版权局颁布了图书出版合同标准样式。此后，我国各出版社一般参照此合同样式与作者签订图书出版合同。图书出版合同须包括的主要内容有：

(1) 作者与出版社签约双方的真实名称、地址、联系方式，签约的日期，作品的名称；

(2) 作者对合法享有该作品著作权的保证；

(3) 作者转让的图书专有出版权所涉及的文字种类、期限、出版与发行地域；

(4) 作者审读校样的责任；

(5) 出版者向作者支付报酬的方式、数量和期限；

(6) 图书出版权再转让所获利益的分配；

(7) 作者是否转让翻译权及其他从属权利；

(8) 出版社、重印、再版的条件与报酬；

(9) 作者样书的赠送办法和作者的优惠购书条件；

(10) 涉及双方废约和违反合同的责任；

(11) 对一旦发生纠纷时所采用的解决方式的约定；

(12) 双方认为需要约定的其他内容等。

图书出版合同是知识产权保护的一种形式，是体现作者和出版社二者权利的一种契约。这一契约依照《中华人民共和国著作权法》而具体化。图书出版合同虽然最终由出版社的法人代表与作品作者签订，但编辑在具体负责和参与出版该图书过程中，无不渗透着知识产权保护意识和法律责任。因此，编辑和出版社全体人员都必须熟知《中华人民共和国著作权法》的内容，即掌握版权基本知识。

根据《中华人民共和国著作权法》规定，著作权包括：发表权、署名权、修改权、保护作品完整权、复制权、发行权、出租权、展览权、表演权、放映权、广播权、信息网络传播权、摄制权、改编权、翻译权、汇编权。这些权中，有作者本权，又有出版社的邻接权。

一、明确依法保护作者的图书著作权

《中华人民共和国著作权法》规定：著作权，又称版权，是指文学、艺术和科学作品的创作者及其他著作权人依法对这些作品享有的人身权利和财产权利的总和。

著作权和版权系同一含义。许多国家的相关法律及保护著作权的国际合同中使用的都是“版权”一词，在我国《民法通则》以及《中华人民共和国著作权法》中都把二者并列相待，明确规定版权和著作权系同义语。

“版权”最早指翻印权和出版权，即主要是指出版商的权利。经过历史演变，版权从出版权中分离出来，并具有了现在的含义，成为主要是针对著作人的权利。

什么是作品？

作品，指文学、艺术和科学领域内，具有独创性并能以某种有形形式复制的智力成果，作品是著作权法律关系的客体，是保护的对象。

作品的两大要素：一是特定的内容，即表达的思想、情感、观点或事物。二是客观形式，即指用何种方式表达上述内容，从而使人通过感官可以觉察到它的存在，如小说、诗歌、戏剧等方式，而这种方式须固定在某种有形的载体上，如纸张、磁带、光盘等，可以复制与传播。

作品应具有独创性、可感知性、可复制性的法律特征。

作品的类型如果按著作权法意义上的作品划分，它们是：文字作品、口述作品、音乐戏剧曲艺、舞蹈杂技艺术作品、美术摄影作品（指绘画、书法、雕塑、建筑等以线条色彩等构成的造型艺术）、电影作品和类似摄制电影的方法创作的作品、工程设计、产品设计图纸及说明、地图示意图等图形作品（地图线路图，解剖图等反映地理现象，说明事物原理或结构的图形或模型）、计算机软件（程序与文档）、民间艺术作品。

如果按其他方式划分，作品有原创作品、演绎作品（词典、期刊、年鉴、教材）；职务作品、非职务作品；合作作品、独创作品；自创作品、委托作品。

不受《中华人民共和国著作权法》保护的作品是：依法禁止传播的作品、保护期满的作品（署名权一直保护）进入公有领域、不适用《中华人民共和国著作权法》的作品（法律、法规、政府文件、时事新闻、历法、通用数表、通用表格、公式）。

作品的作者即著作权人。依法享受著作权的人，既可以是作者，也可以是从作者手中受让著作权的其他人，既可以是自然人，也可是法人，在一定条件下，国家也可成为著作权的主体。著作权主体分：原始主体、继受主体（继承、遗赠、合同取得、国家）、特殊作品著作权主体（演绎作品、合作作品、编辑作品、影视作品、职务作品、委托作品、美术作品、匿名作品）。

作品的作者即著作权人，享有著作人身权和著作财产权。

著作人身权，又称精神权利，指作者对其作品所享有的各种与人身相联系而又无直接财产内容的权利。其法律特征为恒久性和专属性，即作者专有，通常不得转让、继承和放弃，而且该权利除发表权外都没有保护期限。人身权包含：发表权、署名权、修改权、保护作品完整权四项权利。

著作人财产权包含：使用权、获得报酬权。与编辑工作密切的复制权、发行权、翻译权、注释权、整理权、编辑权，都必须经著作权人许可并付酬。

在图书出版过程中，出版人必须正确了解什么是著作权的许可使用、质押著作权的继承和转让著作权的许可使用，这是我国大多数著作权人实现其著作财产权的方式。它指著作权人将自己作品以一定的方式在一定的地域和期限内许可他人使用的行为。

许可人与被许可人以合同的形式明确双方的权利、义务关系，许可人（著作权人）将著作财产权中的一项或多项权利许可他人使用，同时，向被许可人收取一定数额的著作权使用费，这种形式被称为著作权许可证贸易。

著作权许可使用特征是：著作权许可使用不改变著作权归属；被许可人的权利受

合同制约；被许可人对第三人侵权行为不能以自己名义向侵权人提起诉讼（专有使用权可以）。

著作权的许可使用分专有许可使用权和非专有许可使用权。专有许可使用权是指：著作权人授权他人在一定地域和期限内以特定的方式独占使用作品，著作权人发出专有许可证后，任何人（包括著作权人）都无权以许可证所列举的方式使用作品。图书作品出版即如此。非专有许可使用权是指：著作权授权他人在一定期限和范围内以特定方式非独占地使用作品。

著作权许可使用必须签订合同，是专有许可使用权，应采取书面形式，报社期刊刊用作品除外，合同主要条款应含：许可使用权利种类；系专有还是非专有使用权；许可使用地域、时间；付酬标准和办法；违约责任；双方需要约定的其他内容。

在图书编辑出版中，出版人应高度注意著作权法规定的 11 种侵权行为：

(1) 未经著作权人许可，发表其作品；

(2) 未经合作者许可，将合作创作作品当作单独创作作品发表；

(3) 未参加创作，在他人作品上署名；

(4) 歪曲篡改他人作品；剽窃他人作品；

(5) 未经著作权人许可，以展览、摄制电影和类似摄制电影方法使用作品，或者以改编、翻译、注释等方式使用作品；

(6) 应支付而不支付稿酬；

(7) 未经电影作品和以类似摄制电影的方法创作的作品、计算机软件、录音录像制品的著作权人或著作权有关的权利人许可，出租其作品或录音录像作品；

(8) 未经出版者许可，使用其出版的图书、期刊的版式设计；

(9) 未经表演者许可，从现场直播或公开传送其现场表演，或录制其表演；

(10) 其他侵犯著作权以及与著作权有关的权益行为。

如果认定有以上侵犯著作权行为，应承担侵权行为的责任。承担责任的形式有三种。

承担民事责任：要停止侵害、消除影响，公开道歉，赔偿损失。承担行政责任：要没收非法所得，罚款、包括警告、停止等处罚。承担刑事责任：据《中华人民共和国刑法》第 217 条规定，根据违法所得数额或情节处以 3 年以下有期徒刑或拘役、罚金或 3 年以上 7 年以下有期徒刑、罚金。

《中华人民共和国著作权法》公布已经多年了，但由于原因多样，情况复杂，围绕著作权产生矛盾和争议的知识产权纠纷很多，有关图书出版案件层出不穷，怎样才能有效地解决著作权纠纷呢？一般采取三种方法：(1) 调解。(2) 仲裁。(3) 诉讼。

一旦出现纠纷，一要积极主动，二要充分取证。三要化解矛盾。下面的案例说明了这一点：2002 年，某出版社出版署名代某的《武则天攻略》一书不久，就接到来信，揭发该署名者严重剽窃陕西师范大学某教授的《武则天传》，该书已于几年前出版。为此，有关方面强烈要求迅速向原著作者登报道歉，并赔偿经济损失数十万元。出版社对此高度重视，在一周之内认真调查取证，走访原创作者，证明情况属实，查证书稿来源代某为剽窃者，事发前逃逸。出版社当机立断：主动与作者进行调解，告知缘由，争取谅解，承担应负责任，登报道歉，合理赔偿经济损失，并对剽窃者另案法律处理。为此，出版社也开展知识产权教育：

1. 在签订图书出版合同时，要认真审验著作者的身份，履历以及提供书稿的真正能力，有的出版社将作者身份证复印件附后在合同之后，也是必要的。如果书稿著作者是两个以上的多人，还须有每个合作者的签署的该图书合同的委托书，表明他或他们的真实意愿。

2. 在签订出版合同中，要充分注意作品的署名。作者的署名一般要求为真实姓名，印制在图书封面、扉页和版权页上，署名表明该作品为作者自己的劳动成果，并得到社会所承认，又表明署名者对该作品负有政治、学术、科学、法律上的责任，作者署名的方式应落实在合同中，出版社以合同为依据，图书编辑无权擅自更改作品的署名。作者如系多人，署名者应是主要作者，即应是直接参加作品的全部和主要部分工作而做出贡献者。不够署名条件但又对作品有贡献者，可在辅文表示致谢。作品如系多人共同编写，应在前言中说明。

3. 作品的署名，还包括对作者对该作品著作权的认定。署“著”者，意味着作品超过 70% 的内容是作者自己的原创；署“编著”者，意味着作者原创内容超过 30%；署“编”者，指作者独创成果少，主要劳动体现在作品重构体系和其他贡献上。图书作者不得以任何方式侵犯他人著作权，引用公开发表的资料，必须说明出处，并且引用量不得超过规定。引用未公开发表的资料，必须征得作者同意，且向出版社提交证明。一旦发生著作权争执，由作者或译者本人负责。但不得引用保密资料。

通过这次教育，使编辑们在组织、接触书稿中，进一步懂得：如何审验著作者的身份，分清何为合理引用，什么为过度引用，什么为剽窃。

二、依法保护出版社的图书出版权

《中华人民共和国著作权法》在规定保护作品著作人的权利外，还同时规定了出版者的权利。图书编辑应该了解和维护此种权利。出版社的权利，是与著作权有关以及相邻接的知识产权内容。邻接权，也称作品传播者权，指作品的传播者享有的权利。以上主要讲的是作品著作权人的权利，在签订图书出版合同中，我们还必须了解《中华人民共和国著作权法》规定的出版者的权利。

出版者的权利，是与著作权有关以及相邻接的知识产权内容。邻接权，指作品的传播者所享有的权利。如出版者对其出版的图书报刊的权利，表演者对表演享有的权利，录音录像制作者对其录音录像作品享有的权利；广播电台、电视台对其制作者的广播、电视节目享有的权利。

图书出版社依法享有哪些出版权利?

1. 出版者的出版权

指出版者与著作权人通过合同约定或经著作权人许可，在一定期限内，对其出版的图书、期刊、报纸的版式、装帧设计所享有的权利。在中国，书报刊必须有出版单位出版。按《出版管理条例》规定，设立出版单位实行审批制，出版单位包括：图书出版社、杂志社、报社、音像出版社和电子出版物出版社等。图书出版社、报社、期刊社应设法人，不能把仅仅设立的报纸编辑部、期刊编辑部视为出版单位。因此，在中国，自然人和非出版单位都不能出版书刊等正式出版物。

出版是使用作品的一种方式，出版权由著作权人授予出版社的复制权和发行权（对于互联网出版单位而言还包括信息网络传播权）结合而成。

出版权分成“非专有出版权”和“专有出版权”。享有某作品的非专有出版权，意味着仅仅有权将该作品复制后发行，但无权禁止他人出版该作品。享有某作品的专有出版权，则不但意味着有权将该作品复制后发行，而且还意味着有权排除包括著作权在内的任何人以同样方式出版该作品。因此，专有出版权是出版社的重要权利，这不单是因为要将作品转化成出版物，编辑、复制和发行三个要素不能缺一，而且还因为这可以确保没有其他任何机构再以同样方式出版该作品。

专有出版权是出版社与著作权人约定并签订出版合同后取得的。专有出版权的具体内容应在合同中明确约定。如无明确约定，视为出版社享有在合同有效期限内和在合同约定的地域范围内以同种文字的原版、修订版复制和发行出版物的专有权利。

2. 修改、删节权

为保证出版物的质量，出版社经作者许可，可以对作品修改、删节，但不能歪曲、篡改作品。这项权利也是作者授予的，所以也必须在出版合同中把修改（删节实际上也是修改的形式之一）的范围、方式、程序作明确约定。

3. 重印、再版权

图书出版者有权根据市场需求决定重印、再版图书，但应当通知著作权人，并支付报酬。如果图书脱销后，出版者拒绝重印、再版，著作权人就有权终止合同。判断图书是否脱销的标准是：著作权人寄给出版者的两份订单在六个月内未能得到履行，即视为图书脱销。

重印、再版是与初版相对而言。初版为第一次印刷。重印是图书第一次印刷后，没有改动或改动甚少的印制。图书重印时，开本、书号、版式均不变，但封面、扉页可以重新设计；图书的中国标准书号条码一般也不变，但若定价有调整，则必须在原来的条码后加上附加码（整个条码需重新申请制作）。重印书应在版本记录中标明印次，每重印一次记录一次，逐次累计。

再版是对原书做较大修改后重新排版印制。再版虽以原书为基础但要进行较大的修改，有时甚至的脱胎换骨的改造。所以操作时完全按照生产新品种的程序进行，制作成本并不低于或仅稍稍低于初版书。再版的书（修订本），不可再用原书号，必须用新的书号；除书名外，其他如封面装帧、开本、版式等都可以重新设计。再版的照原样再印或做略小的改动再印，称为再版书的重印。再版仅指同一个出版单位的出版行为。在出版单位，重印和再版有规定的程序

重印的程序是：市场调查确需重印、确认出版合同的有效期未满。如果合同有效期已过，出版单位必须先与作者签订新的出版合同，否则重印即违约；如果在合同有效期内，也应先征求作者意见，询问有无修改之处。重印书也要坚持三审责任制，填写重印书审读报告，说明审读情况和结果，明确有无修改，如有修改要一一说明并提供修正的样本，以便出版科安排进行相应修改；如果责任编辑的审读意见与作者的修改意见不一致，应该说明责任编辑取舍的情况和理由。并明确提出重印数量及要求出书的时间。然后再填写重印书征订单（订单的写法与初版书差不多，可以加上初版书的良好销售成绩内容，以增加图书销售的号召力）、填写封面装帧设计单（重印书如果要重新设计封面、扉页、护封等，应当由责任编辑重新填写装帧设计单，交美术编辑室办理）、填写重印书发稿单（发稿单经三级审读者签发后，连同以上的所有材料交总编办公室（或相应部门）登记后发出版科。出版科按照要求进行（或通知印刷厂进行）印刷前制作处理后安排印制。

再版的程序与出版初版书的程序大同小异。大同主要是就自审稿起各个编辑环节而言，小异主要存在于审稿之前的各个环节。由于再版书是在已有图书的基础上进行的，因此选题策划就不能脱离原书的基本框架结构，而只是根据采集到的新信息对原书作适当调整。修订工作一般由原书写作者承担（某些著作权不属于写作者个人的图书也可由著作权人委托其他人修订），编辑应该及时与修订者共同研究和制订修订方案，确定修订的原则、范围和重点，经过集体论证后开始实施。出版单位收到再版书稿件后，应该按照初版书的要求审稿、加工和发稿。

出版单位很讲究重版率。重版率是全年出书种数中重印书与再版书种数之和所占的比例。重印和再版的书越多（重印书的品种往往比再版书多得多），重版率越高。重版率的高低是衡量一个出版单位办得好坏的重要标志之一。重版率高，就意味着出版单位所出的书质量好、社会效益高。重版率也反映了出版单位的经济效益状况。好的出版

单位重版率都在 50% 以上，而利润的大部分都来自重印书。

4. 版式设计权

按照《中华人民共和国著作权法》第三十六条的规定，出版者有权许可或禁止他人使用其出版的书刊的版式设计。

版式设计是出版者的劳动成果，并需投入资金，故应予以保护。版式设计权的保护范围比较狭小，一般仅仅表现为专有复制权。其保护期为十年。

版式设计不包括图书外部（封面）装帧的美术设计，因为这些设计本身就是一种美术作品，与其他艺术作品一样享有著作权保护。

第三节　版权贸易在图书编辑工作中的运用

随着图书出版工作中与国际交往越来越多。编辑必须具备版权贸易知识。

1. 什么是版权贸易

版权贸易又称“著作权贸易”，指我国出版单位和国外境外出版机构或著作权人，就作品著作权的转让或使用许可，所进行的交易活动。著作权是一种因作品的创作而产生的无形的知识产权。与一般民事权利不同，著作权既包含有经济（财产）权利，又包含含有精神（人身）权利。精神权利永远归作者所有，不能“买卖”转移，能够进行“贸易”而发生转移的只能是经济权利。所以版权贸易只是一种约定俗成的不完整不准确的说法。

2. 版权贸易的必然性

由于经济全球化进展和世界科技文化交流，现代出版出现了世界大市场和跨国经营，因此版权贸易成为各国出版机构经营重要一环，出版社从选题策划起就开始考虑国内和国际图书市场需求，本民族语言和其他语种的版本，平装本、精装本和读书俱乐部版本，纸制出版物和其他载体（如光盘等）出版物结合在一起同时策划，以最大限度利用和合理配置选题资源和著作权资源，获取最大效益，也是作者或者其他著作权人利用著作权取得经济收入的途径之一。对国外优秀图书，引进版权某种程度上也等于引进了出版材料、手段、经营方式。

3. 西方出版业的著作权转让、合作出版和联合出版

现代著作权概念起源于欧洲资产阶级革命时期，在大陆法系国家，认为著作权是天赋人权，不能“买卖”，但在实践中还是可以通过“贸易”的形式，实现著作权转移。

西方出版业一般把本国出版机构与外国出版机构的这类“贸易”合作活动分三类：

(1) 直接的著作权转让或作品的授权（许可）使用，即通过签订合同，有条件地从国外的出版机构获得某一作品的部分著作权（财产权）或其使用权，或者反向有偿输出。这种合作活动形式最多。

(2) 合作出版 (Co-publishing)，即先由一家出版社提出选题并组织编辑成稿，再通过推销，在其他国外境外出版社参与下才开始印刷，同时推出不同版本。

(3) 联合出版 (Joint-publishing)，或称合资出版，即同其他出版机构合资出版、共担风险、分享利润。这种合作，可以是按约定比例分担所有成本并分享利润，也可以是按约定分别承担项目不同部分或不同阶段的成本并分享约定的相应比例的利润。

版权贸易是一种涉外的经营活动，一般具体操作是：

(1) 首先了解本国和外国关于版权贸易的产业政策。

(2) 和海外出版机构建立联系，定期通报信息，推荐选题，建议版权贸易。

(3) 参加国际书刊展，在展会上进行版权贸易。

(4) 借助版权代理公司做版权贸易。著名的版权代理公司有：美国约翰·布洛克曼科普图书版权代理公司、中华版权代理公司、上海版权代理公司、台湾大苹果版权代理公司等。

(5) 目前，活跃在版权贸易工作中的是出版经纪人 (Literary Agent)，又称作家经纪人 (Author Agent)，介于著作者和出版机构之间，代理出版、设计、选题、协助组稿、代办版权贸易等，从中收取佣金。经纪人的佣金收费标准一般在国内市场是贸易额的 10%—15%，对来自国外或非印刷品收入如电影电视的收入，佣金为贸易额的 17.5%—20%。

思考题：

1. 你对《中华人民共和国著作权法》及《中华人民共和国著作权法实施条例》有哪些了解？

2. 新闻出版总署《图书出版合同》主要内容是什么？

第6章

图书整体形态设计和数字出版新业态

第一节 图书整体形态设计是对图书生命认识的飞跃

图书外观形态，主要表现在以封面、封底为核心的装帧设计。内容结构主要分为正本和辅文两部分，以及表现它们的内文版式设计。

外观形态，首先是纸和开本的选择。开本是以印刷纸的全张为计算单位，用全张印刷纸开切成的若干等份，来表示图书跗面的大小而称号的，每全张纸切成多少的小张，就成多少开本。由于造纸业的不断发展变化，纸的品种渐趋繁多，全纸张的幅面也不尽相同，同样的开本，实际上尺寸也会有所不同，所以在版权页上要注明全张纸的幅面尺寸。中国印书业使用的纸张幅面规格主要有 787mm × 1092mm 和 850mm × 1168mm 两种。在印刷厂内，全张纸的开切法有几何级开切法、直线开切法、纵横混合开切法之别。为了便于折叠和装订，传统的印刷书籍用纸，多为 2 的几何级数裁切。

图书设计的第一项选择就是用什么开本、用什么纸。开本决定一本书的大小和面积，而纸张决定一本书的体积与重量。确定了开本的大小后，才能根据出版者的意图确定内文版心、版面版式设计、图文安排以及封面构思等，而确定了书籍选定的纸张，才能根据出版者的意图确定书籍的厚度、页码、色调以及封面用料等。总之，开本及纸张质量的选择要从一本书的整体设计考虑；要从图书的性质和内容考虑，要从图文容量和用途考虑，要从读者对象和书的价格考虑，要从市场流行的款式潮流考虑。常见的传统的开本有：用 787mm × 1092mm 纸张开切的开本尺寸有 8 开本 271mm × 390mm、16 开本 195mm × 271mm、24 开本 175mm × 186mm、32 开本 130mm × 186mm、64 开本 92mm × 129mm；

用850mm×1168mm纸张开切成的开本尺寸有大16开本206mm×283mm、大32开本141mm×203m、大64开本102mm×138mm。应该指出的是，随着图书市场的演变，异型开本的图书越来越多。由于中国图书业与国际市场接轨，中国图书的大小规格大有仿效国际流行开本的潮流。

常见的传统图书用纸质量品种有：50g—60g书版纸、白报纸、新闻纸，且有重量标志。而摄影作品、画册则用铜版纸。近年来流行不同颜色轻型纸，由于使用图书重量大为减轻，阅读色调柔和，博得老年人以及各种读者的追捧。

图书设计是对图书载体的艺术性、工艺性设计，它包括图书外部装帧设计和内文版式设计。图书设计的目的，是试图使图书具有最佳视觉效果。它要求在有限的空间（封面、版面）里，按照造型艺术的原理，把构成图书的各种要素组合成既与书稿的内容、性质相匹配，又与印制工艺相适应的设计方案。优秀的整体设计，能保证顺利展现工艺效果，能增加图书吸引读者的艺术魅力并保证其长期流传。

图书整体设计包括外部装帧设计、内文版式设计。外部装帧设计又包括图书形态设计（开本选择、图书结构、装订样式）、图书美术设计（封面、护封、环衬、扉页、插页）、图书装帧制作工艺设计（印刷工艺应用、材料选择）。

图书设计的理念首先是美术编辑要读懂书的内容，把握书的性格，然后才能谈得上给书设计封面。封面又称书衣。书穿什么衣服实属大事。出版界曾流传着一个笑话，有人为黄裳的《银鱼集》设计封面，想当然地画了六七条鲜活的鱼。殊不知银鱼是书的蠹蛀虫蠹，古曰脉望，结果闹出了笑话。封面设计有很多流派，诸如简洁派，主张色调淡雅，推崇“减法”之妙。如文化和学术类图书，封面设计色彩只要两色，最多不过三色。如果色彩多了，那种五颜六色会给人以令人目眩的浮躁之感。图书设计讲究整体效果。整体效果来源于总体设计，只考虑封面是不够的。

整体设计除封面外还要包括护封、扉页、书脊、底封、环衬等，乃至版式标题尾花，都须统筹安排。巴金《随想录》在生活·读书·新知三联书店出版时，担任社领导的出版家兼书籍装帧设计家范用亲自设计封面、包封和版式，亲自选用纸张，出版后巴金很满意，给范用写信说：“真是第一流的纸张，第一流的装帧！是你们用辉煌的灯火把我这部多灾多难的小书引进‘文明’书市的。” 再如生活·读书·新知三联书店的月刊《读书》于1979年4月创刊，为32开本。是以书为中心的综合性文化思想评论刊物。由陈翰伯、陈原、范用、倪子明、冯亦代、丁聪等人创办。范用设计封面，丁聪画版式，而且漫画家丁聪给《读书》画版式近三十年。这充分下说明书刊整体设计的极其重要性。

图书整体形态包括两部分：一是图书的外部装帧形态，二是图书的内文版式形态。图书的整体设计正是包含着以上两部分形态的设计，即图书外部（封面）装帧的美术设计和内文版式设计。图书的整体设计指的是不同的设计人员对图书这一纸传媒载体所进

行的艺术性与工艺性的完全设计。

根据《中华人民共和国著作权法》规定：图书整体设计的以上两部分都受知识产权保护。其中按著作权法第三条规定，图书外部（封面）装帧的美术设计，本身就是一种美术作品，所以与其他艺术作品一样受到享有著作权法的保护。同时，按著作权法第三十六条规定，图书出版者享有所出版图书的版式设计专用使用权，图书出版者有权许可或者禁止他人使用其出版的图书的版式设计。因为版式设计是出版者劳动成果，并需投入资金，故应予以保护。不过，版式设计权的保护范围比较狭小，一般仅仅表现为专用复制权，保护期限为10年，截至使用该版式的图书首次出版后第十年的12月31日。

在一般出版机构，图书外部（封面）装帧的美术设计由美术编辑或外请专业装帧设计人员、图文设计公司专门工作者担当。图书内文版式设计则由出版社的专业的技术编辑类人员承担。内部设计包括何种文体、字级，版心大小，文字排式，图文在版面上的样式。

出版社的技术编辑类专业技术职务分初级、中级两种，即技术设计员（初级）、助理技术编辑（初级）、技术编辑（中级），这一系列的高级专业技术职务归入编辑类，统称“副编审”。按岗位规定，技术设计员和助理技术编辑的职责分别为：技术设计员的重要职责，是在技术编辑指导下，承担一般书稿的技术设计、印制设计，或插图、制图等工作。助理技术编辑的重要职责是：承担书稿，尤其是重要或复杂书稿的技术设计工作；研究选择特殊书稿的设计方案；解决有关疑难问题，指导助理技术编辑、技术设计进行工作。至于技术编辑类的“副编审”，是在技术编辑工作中发挥和行使高级专业技术职务的应有的职能。

新闻出版署还在《图书质量保障体系》中规定：出版社每出一种书，都要指定一名具有相应专业职称的编辑为责任设计编辑，主要负责提出图书的整体设计方案、具体设计或对委托他人设计的方案和设计的成品质量进行把关。图书的整体设计也要严格执行责任设计编辑、编辑室主任、社长或总编辑（副社长或副总编辑）三级审核制度。

图书整体设计中的外部装帧设计，包括图书形态设计（即开本选择、图书结构和装订样式的确定）、图书美术设计（即封面、护封、环衬、扉页、插页等设计）、图书装帧制作工艺（即印刷工艺运用和材料选择）。

图书整体设计中的内文版式设计，包括字体、字级的选择、版心确定、文字排式以及图文在版面上的编排等。

应该指出，树立科学的图书整体形态设计观念，是现代书籍装帧艺术的重要标志。先进的书籍装帧设计是指图书的整体形式，而我国有些出版机构只指封面设计，这是历史形成的片面认识。图书整体形态的概念形成有一个过程，但这个过程是对图书生命认识的飞跃。

第二节　图书整体形态的外部装帧设计

1. 纸、开本和装订样式的选择

纸张的选择：一千九百多年以前，中国发明了纸，取代了简牍、丝帛等贵重而不实用的书写载体，使纸成为无可取代的人类文明传承工具。在历史上，中国曾经以传统手工造纸闻名于世，但在19世纪的世界工业文明浪潮中落后了。20世纪90年代，中国纸业生产与消费均以11%的年递增速度飞跃发展，纸业市场形成了生产与消费两旺的局面。目前，纸业在世界上与电信、制造业、汽车业并称四大产业。中国造纸产量仅仅次于美国和日本，占世界第三位。纸张和纸制品的消费占世界第二位。国际先进地区造纸浆料采用木浆，基本不存草浆，但是由于各种原因，中国的造纸业原料中草浆占重大比例，草浆以及草木混浆纸在市场占绝对统治地位，目前中国仍是国际纸浆贸易最大进口国。为了减少环境污染，使中国纸业走可持续发展之路，近年来关停整顿了众多的中小纸厂，根据国情，实行造纸企业“草木并举”的方针。中国造纸业提出发展林、浆、纸一体化的循环经济的方向，将原来分离的林、浆、纸三个环节整合在一起，让造纸业负担造林，自己解决原料，发展生态造纸，形成以纸养林、以林促纸，实现纸业“绿色革命”，走环境保护、节约资源、经济利益三赢的可持续发展道路。

纸介质是图书的载体，在某种意义上讲，是纸的艺术。因此必须重视纸张的选择，不同的读者群的图书应有不同纸张的选择。

目前，我国市场用纸以重量为标志。常见的传统图书用纸品种有：50g—69g书版纸、白报纸、新闻纸。摄影作品、画册则用铜版纸。近年来，纸品中出现一种新型纸张，称轻质纸。这种纸质量奶白色、米白色、谷白色，色泽柔和。它主要以机械浆作为原料，纸品质量比较轻，用它印制的图书比用普通纸印制的图书重量约减轻1/4到1/3。由于阅读色调柔和不刺激眼睛，携带方便，便于各种姿势阅读，所以受到读者追捧。

开本的选择：指书和期刊的版系大小，它以一张全张纸为计算单位，每张纸裁剪和折叠多少小张就称多少开本。我国习惯对开本命名是按几何级数命名，分别为整平、对开、4开、8开、16开、32开、64开不等。开本的选择：开本是用全张印刷纸开切的若干等份，表示图书幅面的大小。全张纸的开切法：几何级开切法；直线开切法；纵横混合开切法。开本的类型和规格：类型（大、中、小、异），大型本12开以上；中型本16—32开；小型本为36开以下。开本的选择要考虑：图书性质种类，字图容量和用途。

国内生产的纸张主要大小有：第一种，787mm × 1092mm，是我国当前文化用纸的主要品种，它适合我国造纸设备与印刷机械使用，但在世界其他地区很少使用这种规格的纸张了。第二种，850mm × 1168mm，是在上一种纸张大小的基础上，为适应比较大的开本需要而生产的，通常说的大 32 开。第三种，889mm × 1194mm，这种规格的纸张是目前国际上比较通用的一种纸张规格，比其他同样开本的尺寸都要大，因此印刷时纸的利用率高，印出的书籍外观上比较美观大方。

2. 图书装帧样式的选择

平装：现行的彩印压膜板，四色彩色设计方案，印刷在 128g 或 157g、200g 铜板纸上，再压特制超薄、透明塑料膜（亚光或亚光膜）然后直接装订在成品书上。此形式为保证所压膜不反卷、脱落并加强切口（书的右翻书处）强度。在封 1、封 4 各加一个 55mm—60mm 宽的勒口，勒口上加上附作者照片或简介。

精装：将封面设计方案压或印在硬质材料上（硬卡纸、艺术布）做成的封面上，通常配前后环衬，此形式用于有分量的学术专著，可做成纸面精装，胶化纸精装，漆布精装。硬卡纸彩印精装，还可以套上彩色护封。

假精装：介于两者装订形式之间，简便精装，此形式将四色彩印铜版纸平装封面的勒口之下，在加一硬卡纸衬底，使封面较平装有强度，此形式也可配前后环衬，勒口上加上附作者简介和作品文字。

毛边书，是平装书的初级形式，也称“毛装本”：书芯在印刷厂经过折页、订书、包本等工序后，除书脊升的三面不切边，使书口不齐，保留书的朴素自然美，读者在阅读时自己一边裁开一边阅读，增加书的亲切感。毛边书既是中国古来有之的，也是舶来品，早年外国文艺书籍为快速出版节约一道切书工序而为，后演变了书籍装帧一种艺术。鲁迅是毛边书的爱好者，也是新文学毛边书的始作者，他的《域外小说集》初版就是毛边装，鲁迅自称“毛边党”，他在给曹聚仁的信中说：“《集外集》付印装订时，可否给我留十本不切装的，三面任其自然。我是十年前的毛边党，至今脾气还没有改。”

由于鲁迅的先锋作用，亲手设计百余种书刊封面，还团结扶助一批青年艺术家为新文艺书籍装帧打开局面，这些装帧在吸取西方先进印刷术和书籍装帧术同时，继承发扬中国古书雕版印刷的工艺，形成新文学书刊的独特风格，展现巨大艺术魅力，同时成为书家藏品。唐弢说：“我之爱毛边书，只为完美——一种参差的美，错综的美。也许是我的偏见吧：我觉得看蓬头的艺术家，总比看油头的小白脸来的舒服。”

鲁迅的《呐喊》《桃色的云》等书均为毛边本，与他关系密切的《莽原》（半月刊）、《朝花旬刊》也都是毛边本，成为 20 世纪 30 年代新文学出版物的风尚。

线装本：是我国传统书籍装订方式，当今出版的图书尤其是古籍类采用线装。它的制作方法是把书页连同封皮一起打眼用线穿装订，订眼通常为四眼或六眼，还有的在书背上下两角处用绢、绫“包角”，起保护和装饰功能。

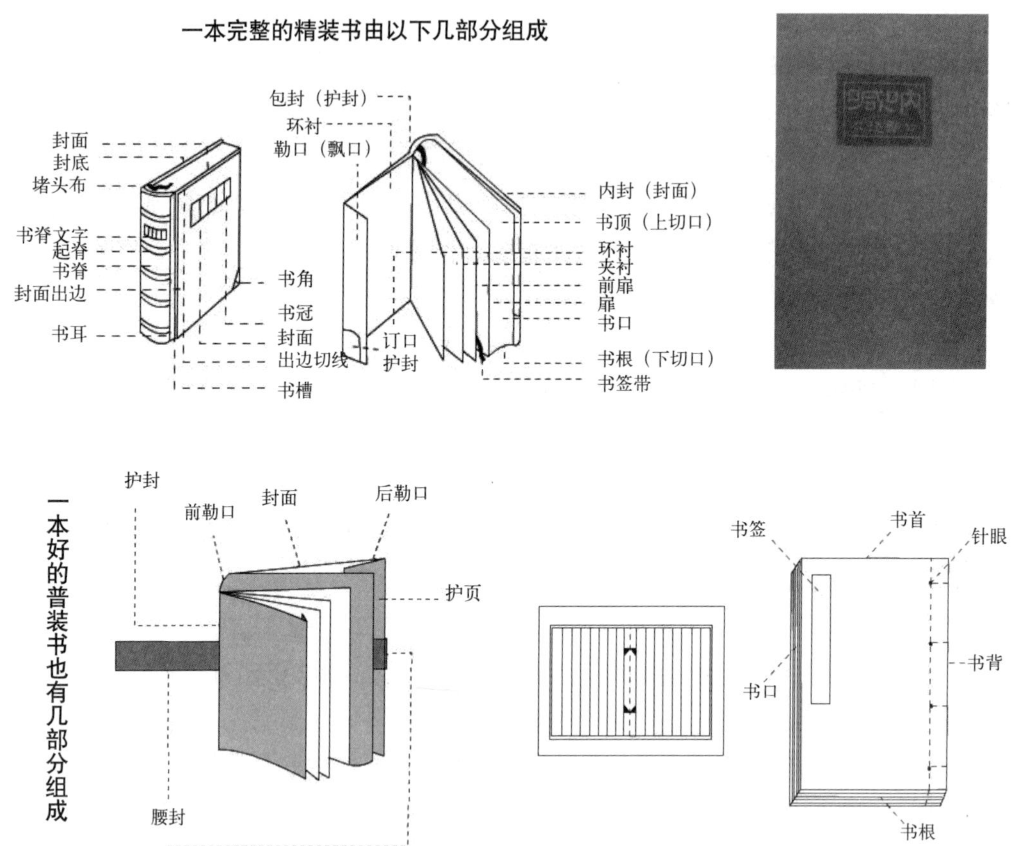

外形装帧 平装 精装 线装 线装内文版式图

3. 图书装帧材料和印制工艺的选择

书籍设计是艺术和技术的统一，是文字和印刷术的统一，它不仅体现人的智力创新，还展示了印刷新材料和印刷新工艺的实际中运用。

近年来，装帧工艺新材料不断花样翻新。市场集中在对织物材料的开拓和特种纸张的开拓。织物材料有棉织物、麻织物、丝织物与化纤织物等。特种纸张有丝光铜版纸、轻质纸系列、幻彩特种纸系列、花纹纸系列等。

新材料的多样性选择：丰富了设计师的艺术创新理念，也开拓了设计师的艺术目光。因为不同装帧设计材料的选择呈现出不同的图书外貌特征，设计师们称为特殊“肌理”，即各种材料表现出的不同质感，使人产生不同的视觉效果，可以充分传达出书籍

内涵品质，因此，在图书市场上图书装帧产品呈现出流光溢彩的繁荣景象，也受到各种读者群的青睐。

图书印后工艺新技术则集中在对书籍的上光、覆膜以及压痕工艺上。近年来被设计师们称道的主要是 UV 技术和凹凸烫印。

UV 技术又称“UV 上光”。UV 是英文 Ultra-Violet Ray 的缩略形式，是光固化工艺的一种，即紫外线光固化工艺。这是一种新的印刷品印后加工工艺，其工艺流程采用了特种印刷技术和紫外烘干技术，将特种光油涂布在印刷品表面并使其固化成膜，所以称之为“紫外线（UV）上光技术”。这种技术的涂布范围分全面 UV 或局部 UV。全面 UV 类似书刊覆膜作用，局部 UV 是在印品特定部位如文字、图形上涂布光油，增加印品装饰性。局部 UV 还可分为亮光 UV、磨砂 UV、发泡 UV、夜光 UV、香味 UV、折皱 UV、七彩 UV、专色 UV 等。UV 工艺丰富了书籍的设计语言。如增加了页面的色彩层次，用光的折射，随着读者视角位转，产生时空变换感；增加页面的触觉效果，使书籍产生模拟实物质感，如毛发、雪地、水流等成为特殊的肌理语言；增加了页面嗅觉效果，UV 工艺中有多种带香味的辅料，产生“香书”，是多种设计语言的延伸。

凹凸烫印，又称三维烫印。也是一种新的印刷品印后加工工艺。它利用现代电子雕刻技术，制作上下配合的阴模与阳模，达到一般腐蚀法制作模具难以实现的立体浮雕效果，使图书烫印压凹凸工艺一次完，从而拓展书籍设计意识的多层次要素，丰富人的感官刺激，使图书设计增值。对于以上这些新的装帧设计材料和工艺技术，设计师充分了解、准确预测它们和创作手法结合后图书印制出来的社会效果。

4. 图书外部装帧美术设计与实施

图书的外部装帧形态，实际上是广义的封面形态。它包括封面、书脊、封底、前勒口、后勒口以及环衬和扉页的设计与实施。有的图书还设计了藏书票，插入书内或镶嵌在扉页前面的卷首页上，也别有情趣。

封面是图书的“脸”，优秀的封面设计会给人以一种强烈的吸引力和震撼力，甚至产生购买欲望。封面又是一本书整体设计的艺术起点，其他书脊、封底、前后勒口等不过是封面设计的延伸与拓展。封面的一般由色彩、图形、文字诸元素构成。它的运用有夺人眼球、先入为主的第一印象。

封面的文字首先是书名，书名是封面的眼睛。然后则是从书名、作者名与出版社社名，从而形成一条突出的信息传达通道。

封面还应该创造并使用一幅好的构图形态。可以是具体形象，如照片、速写，也可以是纯抽象的组合，还可以是具象与抽象的配合。

封面色彩至关重要，而色彩又与光的运用密不可分。色彩是单色，还是多色，十分讲究对比与映衬，而封面的底色又似乎传递着作品内容的主调信息。

封面设计的理念首先是美术编辑要读懂书的内容，把握书的性格，然后才能谈得上给书设计封面。封面又称书衣。书穿什么衣服实属大事。

书脊，是封面与封底的链接与过渡，既要强调其与整个书籍的统一性，又要充分展现它的个性。书脊摆在书架上具有特殊的立体空间中的视角功能。虽然是一个狭长的“小”长方形，但小中可以见“大”，唯其小，才能更集中地吸引人的目光，产生强烈视觉冲击力，书脊要突出书名与作者名，便于人们寻找。注意色彩分割、切忌晦暗，以免喧宾夺主，掩盖书名。

封底，是封面的延伸。它可以扩大封面的创意。封底所以能形成与封面的呼应，是因为它能再形成一个相对独立的空间，深层次地展示书籍的特有个性魅力。可惜在设计实施中，封底空间很少有创意的开拓。令人生厌的自我炫耀的广告词多，准确传达图书信息者居少。缺乏与封面的关联性统一性，多有虎头蛇尾泄气之相。封底还有印书号、条码、书的定价等位置，应规范、协调安排。

勒口设计要大器，重点图书勒口可以与封面一样大，或有封面的2/3，一般也要有5mm—8mm。封面、封底的图形、色彩可以延伸到此。勒口上如有图像和文字，切忌呆板、拥挤。

环衬，应看作是图书外部装帧形态与图书内文版式的一个不可或缺的过渡。它的功能在于图书打开之后的优美视觉补充，不致使人的视觉产生断裂或突兀缺失，是封面认知的强化，视觉效果仅次于封面，是一种曲径通幽的层次感，是封面的衬托、回味。

图书装帧设计是一门独立的艺术，而且根据设计家的气质素养表现出不同的美学品貌。20世纪20年代鲁迅和陶元庆由于书籍封面设计结成的友谊佳话，深刻地反映了图书装帧艺术的真谛。陶元庆早年曾在上海《时报》工作，结识了康有为的弟子、报业家狄楚青，饱览狄氏家藏古代名画，以及日本印度东方图案画，后来又向丰子恺学西洋画。由于陶元庆对中国传统绘画、东方图案画、西洋绘画有不俗的见识与修养，所以有深厚的书籍装帧美学基础和敏锐的艺术目光。陶元庆为鲁迅设计的第一个图书封面，是鲁迅翻译日本文艺理论家厨川白村的《苦闷的象征》。陶元庆在设计这一封面时，根据作品的内容，用夸张、变形、象征的手法，在红、黑、灰线条相交织的图案中画了一个抽象的裸女，披着长长的黑发。她的脚趾夹着一种叫镗钗的尖刀，并用温柔的舌去舐那染了鲜血的镗钗，忧郁的线条藏着无尽的悲哀，表现了生命力受到压抑之后的挣扎与战斗。鲁迅看了这个封面很满意，肯定了这幅多色鲜明强烈的新文艺书籍的封面画。此后，陶元庆又为鲁迅的《彷徨》《坟》《朝花夕拾》等创作封面画。陶元庆在《彷徨》的封面设计上，底色铺满橘红色，三个并列的单色人物坐在一起看落日，预感天之将晚想有所行动，但缺乏果敢决心，依然坐着不动，有徘徊彷徨之意。封面上下有两条横线，上阔下狭，有中国书籍版式特点。书名和作者名用铅字排在右上，笔法富有金石气。书籍封面线条粗犷，块面分割鲜明，木刻画风浓郁。《坟》的封面色调低沉、肃穆，饱含死亡气息。书的扉页是一只猫头鹰站在方形的墓志边上，为鲁迅自己所画。《朝花夕拾》的封面则是用亭园草木衬以古装仕女，颇具中国风格的封面图案精巧灵动，赫然有宋词之风。综观陶元庆书籍封面设计色彩平淡，线条简洁，常用装饰变形人物，又融国画、西画、图案于一炉，既有中华民族传统气质，又有西方几何形体结构装饰风格，寓意抽象，常有出格破规之举。鲁迅评论陶的绘画说："内外两面都和世界和时代思潮合流，而又未梏亡中国的民族性。"鲁迅先生的这段话正是图书设计强调世界性与民族性完美结合的最高艺术境界。

第三节　图书内文版式设计与实施

什么是版面？版面泛指书、报、刊一页纸或单面的幅面，它由版心、白边、页码、书眉、文字、线条以及图片构成。图书的版面，则由书心、天头、地脚、切口、订口、页码、书眉、线条、图案等构成，传统图书的版面一般变化不大。但随着图书杂志化的和国际图书的影响，日趋变化多端。传统的中国图书有是以文字为主的，大多图随文走，以图片为主的，则文随图走，版式强调庄重典雅，有书卷气息。现代中国图书版面，有报章杂志化趋势，强调夸张、幽默、视觉冲击。排版也讲究乖巧、变形装饰，版式有传统解构式、几何图案式等。

图书内芯是由正文和各种散页、插页有机组成的合成信息流。对它们进行有序的逻辑设计安排至关重要。这种被称为内文设计安排大体要注意三点。

1. 图书内芯正文的版式设计和组合安排

图书内芯正文是图书著作者的原创作品，是图书的主体。书籍的每页正文由若干要素构成，如在单个页面上，有版心、天头、地脚、翻口、订口、栏、页码、页眉。

版心，是页面的核心，它指图形、文字等正文在页面上所占的面积。常规的版心形式主要有居中式、天头式、靠订口式等。中国图书版心位置多用居中式，这种版式的版心位于页面中央位置，庄重严肃，方便阅读。书心，又称版心，指图书翻开后，两页成对的双页上被印刷（文字图片）的面积。

版心的四边空白处分别称天头、地脚、书口、订口。书心上边的空白叫天头，下边的空白叫地脚，靠近手翻的空白叫书口，靠近装订线的部分叫订口。

天头，指每个页面的图文上端空白处。地脚，指每个页面图文下端空白处。订口，指每个页面图文至装订的内侧空白处。书口，指每个页面图文至切口的外侧翻书空白处。

版心大小的设计要合乎页面比例。图书版心的天头、地脚、翻口、订口要留得宽一些。天头大于地脚的设计是一般的传统版式，但如果地脚太小，则使人感到窘迫。如果是画册，刊登照片时，可以放大版心，直至切口、翻口，如果是纯文字页面，却一定不能扩大版心，缩小边口。

版心中刊登图书正文可以分栏，有横排，也可竖排。竖排是中国传统式，目前，港澳台以及国际唐人街出版物还沿袭这种排版式，字体用繁体中文。由于阅读方式从左到右，所以在左侧。中华人民共和国成立后，我国大陆已运用简体字横排法。版心横排法便于从左向右阅读习惯，每页一般只有一栏，也有两栏的。近年来，由于图书开本扩大，版心也有分三栏的，还有的突破单页，使用横跨两个页面的。在多数情况下，各栏是等分的，但也有不规则分割版面的。从中国传统美学讲，单页版心通栏横排的格调最高，是以作者作品为中心的正规版式，给人以稳定宁静之感。如果开本扩大，那就要看版心的大小是否要分栏了。

优秀的版面设计强调中正协调，强调适宜人的眼球视觉正常感官。

页眉，指排在版心上部的书名、章节名。书眉，是印在书心以外空白处的书刊名、篇名，书眉一般印在横排书的正文上面有线条相隔，但也有印在切口处的。一般便于检索篇章。

页码，在版心正文之下，通常在切口一侧，排有图书页码序数。

图书内芯正文设计的最高理念应当是“一切为了阅读”。它主要体现为内文版式的宁静，版心、字体、行距须经设计者以苦心推敲，给人以赏心悦目之感。近年来，随着图书装帧趋于豪华，一种过度装饰心态也蔓延到图书内芯，特别是版心的正文版式设计上，如随意破栏，在页眉、页码上装饰许多令人莫名其妙的点缀物，破坏了版面生态秩序、平稳气息。另一种是滥用电脑设计，破坏传统网格设计，让版心随意扩张，在本来强调对称的图书相邻页上自由驰骋，损害了图书和合面的和谐美，是不应该的。

2. 正文版式设计中的字体、字号、插图、线条运用十分重要

汉字是象形文字的演变，是线条的艺术，品种多样、表现力丰富。因此，图书选用什么字体，应该十分考究，应讲究美学情趣。目前常见的字体有宋体、仿宋体、楷体、黑体、隶书、魏碑等。图书在选择字体时，一定要从该本图书的整体设计考虑，与读者对象和市场需求考虑。

宋体字：字形典型、线条潇洒、风格庄重，中国传统书籍的正文经常采用，也适

用于标题、注释等采用。

仿宋：字形清爽、风骨秀美、线条瞩目。日常用于标题、序言、后记、引文。

楷体：字形圆润、线条畅达与汉字正楷相似，常用标题、引文、注释、附录。

黑体：字体粗重、肃穆庄严、视觉冲击力强。适用于大小标题、特别提示。

隶书、魏碑：由汉字传统书法演变而来，均可按板式要求予以采用，有可以解除读者的视觉疲劳之功效。

图书选用什么字体，也应该十分考究。字号即图书字符的大小，中国传统书刊报版面设计使用时，字号规格采用以号制称谓，近年来，由于国际通用印刷计量单位称“点”，又称“磅”，由英文“Point”翻译而来，缩写字母“P”来表示。所以书刊报版面字号大小设置用国际“磅”相称的，但无论中外称谓字符大小不同，但既是中文印制书籍，终须由民族风格版式为第一要义。

图书正文版式，应注意版心中文字间的行距及字距大小、疏密关系。一般情况下，书籍开本大，版式中的文字行距可以适当放大，使阅读视觉舒适轻松，减少拥挤感。字距过于紧密的版面会使人望而生畏，从一开始就失去阅读兴趣。相反，如果开本小，字的行距太大，又显得松散，也使人觉得阅读所获的信息量有限，会引起读者不满。

书籍内容和作品体裁不同，字距与行距也应有所不同。譬如教科书、学术专著，以传达各种知识为主，需要大的信息量，行距就不宜太大。但是儿童读物、散文诗歌行距及字距应自由宽松，使阅读者有一种愉悦感，甚至留有想象的空间。

在图书设计中，图片使用应与正文配合得当。图形具有人类高度视觉认知统一功能，功能使图书突破不同文化背景以及语言障碍，在版面中具有不可替代的地位，随着多媒体的出现，出版界有一种“读图时代”到来的说法，有一定的道理。图书编辑不仅要掌握传统的图文并茂、图随文走、文随图走的版式技巧，还要用新思维办好诸如画传一类新的图书品种。

用好线条也是图书版式设计的一种无声语言。人们不仅要重视线条对版面的分割、突现的作用，还要研究线条所含有的丰富情感元素，它可以激活、流动版面。使人产生无穷联想，起到画外之音、言外之意的效果。

3. 图书内芯中正文页面与零散单页插页组合设计编排

打开一本图书，人们常常会看到一些与图书的正文相对应的零散页、插页，其中包括扉页、主书名页、附书名页、版权页、题词页、口号页、献词页、出版说明、内容提要、作者简要、目录、图片插页、附录、跋等，虽大多属于书芯部分，但又与作品有相对的独立意义，所以需单独列项，逐面认真进行版式设计，科学进行组合编排。

图书内芯中与正文页面相对应的是一些零散单页、插页。

口号页：类似一般经典著作在封二后印有“全世界无产者，联合起来！”字样的单页。

献词页：类似印有“献给 ×××”之类字样的单页。

扉页：又称内封，又称封二，指封面、环衬后或空页后的一页，所载文字信息与封面类似，但应较为详细，也称主书名页，一般背面印有附书名页，如无附书名页，背面一般印着该图书的版权记录和图书在版编目数据（CIP），俗称版权页。

出版说明（内容提要）：简明扼要介绍本书出版目的内容和读者对象。便于读者选择。

凡例（例言）：介绍著作编纂体例和使用方法。一般多用与辞典及工具书。

序（叙、引）：跋（后记）；由他人或自己所做的附在著作正文之前或之后的文章。主要是述说作品写作意图、出版经过，或对作品进行评价。俗称“序跋文体”。也有一种代序，设立独立的文章题目，标题后括号内有“代序”二字，有代序则不应该自序或他序。

目录（目次）：一般图书在序文之后，正文之前，为便于阅读检索之需，把正文中的标题按部（卷、册）篇、章、节的顺序（或按编辑体例）列出、注明页码。

辑封：也称篇章页、隔页。只能用在诗集、文集分辑之首页，单页使用。标明辑、篇，间有简单装饰。

附录：附加在书籍正文之后的有关文章、资料、图表、系年（年谱）、对照表等。

插页：夹印在书中正文前、正文中相对独立的与正文内容有关联的地图、照片、墨迹等，不编页码，纸质特殊。有黑白插，也有彩插，并在插页上标有文字说明。

注释：注解，对图书正文中的引文、词句、内容的来源或含义作进一步解释的一种说明。有文内注，即用括号括起。有文后注，即一章或全书完后，统一列出序号注释。有每页“脚下注”。正文需注处只列序号，并在该文所在页的地脚处标出。目前，流行脚下注，已被普遍采用。

在书籍内芯的设计中，要处理好以上这些散页、插页与正文的关系，只有按一定规则把它们处理好了，诸如各种散页文章体裁的选择、篇幅的长短、字体字号的变化，以及采用不同颜色块印刷等，才能使作品产生众星捧月的效果，使图书产生丰富的层次感，真正使书籍成为一种深邃知识、信息丰富的载体，同时成为生命恒久的艺术品，有收藏价值。

第四节　数字出版新业态

数字出版可以近似地理解为数字化出版。它与传统出版不能截然分开，它包括传统出版业日益加快从出版工艺到出版介质、再到出版物传播和流通方式的数字化转型的步伐的全过程，同时也包括新兴的数字化媒体。人们越来越看到，无论是传统出版业的数字化，还是新兴数字媒体产业，二者逐渐出现互相渗透，互相融合的趋势。出版界称之为融媒体时代。

20 世纪 90 年代以来，以施普林格、爱思唯尔、汤姆森为代表的国际传统出版集团借助自己的资源优势，通过对内容深加工整合，迅速向新的数字出版巨头转变；同时，如 Google Wikipedia 等诸多互联网行业巨头和新媒体公司，依靠强大的信息技术力量，加入数字出版行列。在这一潮流的影响下，我国传统出版业也出现了数字出版新业态。

一方面，我国传统出版产业，如高等教育出版社、商务印书馆、中国社会科学文献出版社、中国大百科全书出版社，以及中国出版集团、广东出版集团、四川出版集团等出版机构加快数字化转型步伐，全方位改变出版业生存方式；另一方面，国内一批数字技术企业如北大方正、清华同方、中文在线、盛大、网易等加速向媒体公司转化。

从 2007 年至 2008 年，由于我国国民经济高速发展，IT 技术和互联网应用水平提高，国民阅读习惯和阅读环境迅速变化，我国数字出版迎来高速发展期。2007 年我国数字出版产业整体收入 362.42 亿元，比 2006 年增长 70.15%，其中电子图书收入 2 亿元，数字报纸（含网络报、手机报）收入 10 亿元，博客收入 9.75 亿元，手机出版 150 亿元。虽然从整体出版业看，2007 年传统书报刊收入 990.08 亿元，数字化书报刊收入 19.6 亿元，其仅占传统书报刊收入的 1.98%，尚不能颠覆传统出版业，但数字出版已经向操作阶段过渡，潜能极大，年收入增幅在 50%

经过国家《数字出版“十二五”时期发展规划》推动，到 2015 年，我国数字出版规模整体为 4403.85 亿元。其中海量电子书平台逐步形成，超星 120 万种、当当 40 万种，电子书总收入 49 亿元，互联网期刊收入 15.85 亿元，数字报纸收入 9.6 亿元，博客收入 11.8 亿元，移动出版收入 1055.9 亿元。说明移动出版是拉动数字出版的主要力量。

2015 年，我国出版业从图书阅读器，到网络在线阅读，再到手机移动阅读，开启了人工智能图书出版阅读新纪元。据 2015 年业内报告称，26 岁以下的中国人群为数字阅读的主体，全媒体聚合出版、智能化传播展现了广阔前景。2015 年新华社推出机器人写稿项目，新华社客户端和百度机器人现身2016年两会，VR、AR技术在少儿科普图书中应用。

数字出版首先火爆在对有声书在内的电子书多元创新开发。2016年，掌阅第二代电子阅读器产品 irader plus 问世，京东推出第一款阅读产品 JDread，腾讯宣布进入电子阅读器终端。

数字出版火爆的还有网络文学市场，其规模达70亿元，用户达3.5亿人。百度2014年成立百度文学，2015年腾讯成立阅文集团、阿里巴巴成立阿里文学、掌阅科技成立掌阅文学、中国移动整合手机阅读基地业务成立咪咕数字传媒，中文在线以项目以项目制方式开展IP运作，通过聚合众创，实现网络文学零门槛商业化运作。这些使得用户获取内容渠道越来越宽，通过浏览器看小说，通过公众号、贴吧看小说，通过今日头条看小说频道、看新闻同时也可以看小说。这也让更多网络精品内容浮出水面，打造许多畅销书。2016年《青云志》（原著《诛仙》）视频点击量200亿次。同时产生了一批优秀的网络新人作者：洛城东、旧时绵绵、任怨、黯然销魂、唐欣恬、云天空、静官、纯情犀利哥、果味喵等。网络和作者不断用最新形式如游戏、漫画、图片剧提供听觉、视觉感知的产品，加强与用户的互动性，从而提升人气增加粉丝。2016年，掌阅改编作品200部，《武器大师》受热捧，创新上线的真人漫画、以静态影像（照片）为素材，加之条漫的形式表现讲故事的模式，有些真人漫画还有精彩有声版图片剧，配上完美的音效，给人极强代入感。2016年掌阅文学创作大赛收到25700作者，3.7万稿件，网友总投票2600万，总评论数58万。

2015年被称为IP元年，多部知名网络作品被改编成影视作品大获成功，掀起IP改编热，激发了出版业内容运作的新活力。出版单位纷纷出版数字内容版权运营，促进优质内容挖掘应用，实现纸质出版网络文学作品转向对有潜力作品IP开发，扩大品牌影响例，带动文化资本市场的活跃。据统计，2015年国内市场共发生IP收钩42起，并购金额209.59亿元，并购企业涵盖文学、动漫、游戏、影视等。

数字出版火爆的还有自媒体。2016年国内微信公众号突破1000万个，微信用户突破6亿。自媒体正从量变到质变的迭代升级，内容日趋精细化、专业化，经营团队化、企业化，并形成新热点，如网络直播推动网络社群崛起，向电商业务拓展，转变着出版业营销方式，为出版社选题策划、图书设计、产品形式开发、营销方案制定提供重要参考，向精准用户特殊阅读需求进行定制出版。

据2016年第12次中国国民阅读调查报告显示，2014年成年国民阅读率58%，数字阅读接触率58.1%，数字化阅读比例首次超过传统阅读，其中手机和微信阅读增幅显著，但报告同时显示，纸质阅读物仍是近六成国民倾向的阅读方式。数字化网上阅读也暴露了网络作品门限低、同质化、海量作品掩盖少量精品，使得人们思考其传播多远、

留存多久的问题，有评论称，新媒体不应成为低质内容的集散地。现在急需考虑的是，如何填补经典优质内容与新媒体之间的沟壑，让两者互相激发。为此，2017 年 2 月掌阅联合百度文学、中文在线、阿里文学、磨铁文学等多家数字阅读平台成立“原创联盟”，推出以精品内容为全平台的共享计划。提出在这个联盟内，共享优质网络文学内容，共同开发精品 IP 的权利。

2015 年 4 月，国家新闻出版广电总局与财政部联合发布《关于推动传统出版和新兴出版融合发展的指导意见》，2016 年 7 月总局发布《关于进一步加快广播电视媒体与新兴媒体融合发展的意见》。为此，国家公布了全国 170 家转型示范出版单位，数字出版人才培养工作也有力推进，逐步实现传统编辑向数字复合型编辑转型。2016 年 5 月举行首次数字编辑初中级职称考试，7 月开始数字编辑高级职称评审工作。目前整个出版业界面临的任务是，转型升级是出版业融合发展的前提与基础，融合发展是出版业的目的与归宿。没有转型升级做基础，融合发展无从实现，不以融合发展为目标，转型升级将迷失方向。

思考题：

1. 为什么说图书整体形态是独立的知识产权？
2. 用案例法实际给一本图书设计外形装帧与内文版式。
3. 谈谈数字出版新业态。

第7章

图书的辅文写作

书稿经过出版机构的三审后，可以出版，确定责任编辑之后，即可进入编辑加工阶段。《中华人民共和国著作权法》第四章第三十三条规定；图书出版者经作者许可，可以对作品修改、删节。报社、杂志社可以对作品作文字性修改、删节，对内容的修改，应当经作者许可。第二章第十条规定："保护作品完整权，即保护作品不受歪曲、篡改的权利。"第五章第十四条进一步规定"歪曲、篡改他人作品的"是侵权行为，应当根据情况负法律责任，即"承担停止侵害、消除影响、赔礼道歉、赔偿损失等民事责任"。因此，责任编辑在对图书编辑加工时，首先要征得作者许可，因为凡是出版社准备采用的书稿，政治思想观点此时已不存在问题，但并不意味着尽善尽美，在内容、体例、引用材料、语言文学、逻辑推理、笔误等方面不可避免地存在一些问题，需要编辑进行加工整理，使内容更完善、体例更严谨，材料更准确，语言文字更加畅达，逻辑更加严密，消除一般技术性、常识性差错，防止出现原则性错误，及时纠正各种"硬伤"，并符合书籍排版和校对要求。

晚唐诗人秦韬玉有一首《贫女》诗："蓬门未识绮罗香，拟托良媒益自伤。谁爱风流高格调，共怜时世俭梳妆。敢将十指夸针巧，懒把双眉画斗长。告恨年年压金线，为他人作嫁衣裳。"许多近现代著名的编辑自称出版职业是"为他人作嫁衣裳"，这正是中国出版史上编辑诗书文章的传统美德，孔子曾表述过自己编辑六经的指导思想："去除重复，述而不作；无征不信，多闻阙疑。"这和国外传入的"文责自负，不代表本社本台立场"的编辑观点大相径庭，因为一本书如果编辑和出版社根本不同意作者的观点，怎么可以满腔热忱地去加工整理、梳妆打扮，给予出版呢？

书稿编辑加工主要范围是：(1) 指经过作者授权将内容重复的文字删去，检查概念、判断论证等逻辑推理有无不当。(2) 整理校订指对书稿进行符合书版样式的技术性加工，包括统一体例、用字用语、书写格式，标注说明等，包括全书的篇、章、节目层次的体例规范，特别注意书稿上的出版物数字、数值要按国家标准使用，校订，对书稿的人名、时间、地名、时间、事实引文、数据表格、插图等要认真检查、使之表达准确。(3) 修改错误：指对语言文字的检查润色，改正不当提法、错别字、使用不当的标点符号等。(4) 编辑写作辅文。对编辑而言，主要是写好内容提要、出版说明、编者注等。对作者和第三者的序跋等，也有编辑加工适合图书的规范之必要。

总之对书稿加工整理的要旨是充分尊重作者原作，任何环节都不得对原著内容造成侵害。最后达到书稿的齐、清、定。

经过编辑加工整理的书稿成品，一般组成格式是：封面、扉页、内容简介、前言或序、目录、正文 (含图表)、附录、参考文献、索引、图版、跋等。

第一节　序跋文体写作

图书辅文是图书的有机组成部分，考量一个编辑水平重要一条就是对各类图书辅文能否操作自如。图书辅文类别繁多，作为编辑都应熟知其模式功能、掌握其写作技巧。

图书辅文的类别主要有：封面文字和书名页文字；内容提要、作者简介、出版前言、出版后记、凡例和封面宣传语；序、前言；跋、后记；目录；注释 (脚注、文后注、呼应注、译注、自注、原注、编者注)；附录；参考文献；索引；大事年表；名词解释；释名对照表等。

辅文的功能在于：第一识别性，如版权记录页、图书在版编目数据；第二介绍性，如内容介绍、作者介绍、宣传语；第三说明性，如前言、序言、后记、跋、凡例；第四参考性，如注释、参考文献、名词解释、大事年表；第五检索性，如目录，索引。

辅文的作者，可以是著书者，可以是责编，也可以是第三者。

辅文的作用是：保证图书的完整性、强化图书的功能、指导图书购买和阅读、有利于准确快捷的检索。

编辑职责就是根据每本书的特点与需要：选择辅文设置、选择辅文作者、审读加工辅文。

图书辅文编辑写作主要应掌握序、跋和书评。

什么是序？序的概念和分类如何？

序，又称叙，序言，弁言、叙言，写在前面的话。是放在书籍正文前面的独立的文章，既可以无标题，也可以有标题；可以是一篇，可以是多篇。但它和前言、引言、绪论不一样，因为后者往往是书籍正文之一部分。序长短不限，只要言之有物，自序忌盲目自赏，他序忌无原则吹捧。

序和前言的要素所表达的内容不同，序多用于学术价值与文化内涵较高的作品，而前言多用于教材或演绎作品。还有时前言与结语相对应，完全是书籍正文组成之一部分。

序，原本是一种中国古老的文体。汉代以来，序这种体裁不断演变，有的近似论说文，有的近似记叙文，还有的还很像是抒情散文。例如《史记》中的书、表、传的序，都是有感而发的议论。或借以抒发自己政见，或臧否所记叙的人物，或指陈史实中经验教训。《战国策序》也是通过历数春秋到战国社会变迁，表达作序者的道德礼义观，以及对各国君臣乃至纵横游说之士的品评。后来的“史序”几乎都继承了此类序文的传统，以议论为主。如欧阳修编撰的《新五代史》，其中《伶官传序》即如此。

以叙事为主，夹叙夹议的序不多见，但也有，如韩愈的《张中丞传后叙》。这是作者读了李翰所做的张巡传后写在该传后面的一篇文章，主要补充记载张巡的事迹，匡正了李翰传文之缺失。因此这篇文章虽然以叙事为主，但是仍然还是序。

抒情成分较多的序，多半是为诗歌唱和的集子而作。例如王羲之的《兰亭集序》、李白的《春夜宴从弟桃李园序》等。柳宗元的《愚溪诗序》和欧阳修的《释秘演诗集序》，虽然前者是为自己的诗作所写的自序，后者是为他人的诗作序，但都抒发自己情怀色彩浓重，不过，序的抒情，也都没有脱离议论和叙事。

在中国古代，序又称为“引”。唐代刘禹锡所做的序，都写作“引”。宋代苏洵所做的序也都写作“引”。这是因为刘禹锡的父亲叫刘绪，绪、序同音，苏洵的父亲叫苏序，序与序同音同字，因为古礼讲究要避讳，所以二人改序为引。在中国文学史上，由于刘、苏的巨大影响，后来者竟纷起效尤，渐成风尚，将序称作“引”，致使“序”“引”并行。徐师曾《文体明辨》说，是“唐以后始有此体，大略如序而稍简短”。也许，这种“引”后来又演变为近现代图书中“引言”“导言”。

跋是写在书后或文后的序。跋，一说足后跟为跋，如鞋跋子。故书的正文后的短文章曰跋。又说许慎《说文解字》称，跋通犬，跋，形象地解释描绘为：用绳子拴拌着狗（犬）的腿。致使狗行走艰难，落在后边。故书的正文后的短文章曰跋。序、位置顺序在古代并无定位，也无明显区别。故称“序跋文体”。如《史记》写的《太史公自序》、扬雄写的《法言·序》都在正文之后。后世才能渐有“序前跋后”的格式，跋自从序固定在书、文的前边以后，作者如果还有要说的话，或者别人要把心得、意见、考证等内容写上去，就写在书、文之后，称为后序或跋。跋与序虽然是一回事，但在语言上却略有

不同。渐渐地，跋或后序实际成了对序的再补充，所以文字一般都简劲峭拔，不像序那样内容详细丰富、条分缕析。

序的分类有自序、他序、代序、原序、新序。序的作者、内容、文风尽管不尽相同，要素有三：一般包括对书作者介绍、作品分析、价值评估，以及对作品涉及的某些问题的深入探讨等。

他序：非书作者自己而由他人撰写，署“序”即可。如自序和他序并存，他序应排在自序之前。

自序：由书作者自己撰写，文章内容一般包括创作意图、基本内容、编撰体例、写作背景、资料来源、读者对象、所获帮助、存在问题等，大都是不宜写入正文，而又有必要向读者交代清楚的问题。

如鲁迅《中国小说史略》中的“序言”：

中国之小说自来无史；有之，则先见于外国人所作之中国文学史中，而后中国人所作者中亦有之，然其量皆不及全书之什一，故于小说仍不详。

此稿虽专史，亦粗略也。然而有作者，三年前，偶当讲述此史，自虑不善言谈，听者或多不憭，则疏其大要，写印以赋同人；又虑钞者之劳也，乃复缩为文言，省其举例以成要略，至今用之。

然而终付排印者，写印已屡，任其事者实早劳矣，唯排字反较省，因以印也。

自编辑写印以来，四五友人或假以书籍，或助为校勘，雅意勤勤，三年如一，呜呼，于此谢之！

一九二三年十月七日夜，鲁迅记于北京

再如黄遵宪《〈人境庐诗草〉》自序：

余年十五六，即学为诗。后以奔走四方，东西南北，驰驱少暇，几几束之高阁。然以笃好深嗜之故，亦每以余事及之，虽一行作吏，未遽废也。士生古人之后，古人之诗号专门名家者，无虑百数十家，欲弃去古人之糟粕，而不为古人所束缚，诚戛戛乎其难。虽然，仆尝以为诗之外有事，诗之中有人；今之世异于古，今之人亦何必与古人同？

尝于胸中设一诗境：一曰，复古人比兴之体；一曰，以单行之神，运排偶之体；一曰，取离骚乐府之神理，而不袭其貌；一曰，用古文家伸缩离合之法，以入诗。其取材也，自群经三史，逮于周、秦诸子之书，许、郑诸家之注，凡事名物名，切于今者，皆采取而假借之。其述事也，举今日之官书、会典、方言、俗谚，以及古人未有之物，未辟之境，耳目所历，皆笔而书之。其炼格也，自曹、鲍、陶、谢、李、杜、韩、苏，讫于晚近小家，不名一格，不专一体，要不失乎为我之诗。诚如是，未必遽跻古人，其亦足以自立矣。然余固有志而未能逮也。《诗》有之曰："虽不能至，心向往之。"聊书于此，以俟他日。

光绪十七年（1857）六月，在伦敦使署，公度自序。

1924年，孙中山先生给伍超《新闻学大纲》一书写的"序"是一篇很典型的"他序"。该"序"全文如下：

伍君以新著《新闻学大纲》嘱序于余。序曰：新闻事业非易事也，而为新闻记者，尤非易事。社会之嫉视，个人之劳苦，固无论矣；即事业之难以进行，职务之难以活动，又岂他人所能洞悉哉？今伍君新自美返，以其所学示人，盖亦有感于我国新闻事业之幼稚，思有以补救之耶？

夫新闻记者之在欧美者，所负之职务者极重：非唯政治之发动，足以导其机；学术之进境，足以救其偏；风俗之隳败，足以匡其失；即社会之改革，人心之纠正，亦唯记者是赖。记者乎！尔亦知其职权之重要否耶？

吾国今日，外逼于强权之压境，内则因奸邪之横行。国事蜩螗（tiao tang），民生涂炭。祇可籍以一呻吟者，舍新闻记者外，更属诸谁何？然国人于新闻事业，素皆漠视；对于记者，尤多目之如蛇蝎，此虽国民未具常识之所致，要皆记者自为之耳！

试观各地之所谓访员者，或称有闻必录，徒为风影之谈；或竟闭门造车，肆作架空之语！及至真相暴露，则又如风马牛之不相及。于此，而求新闻记载之有价值，不亦南辕北辙乎？究其原，未明新闻事业之本旨耳已！

伍君此著，立论本于国情，举例由于实践，直接裨益于新闻事业，间接有造于国家社会，亦可谓应时势之需要者矣！

民国十二年十一月，孙文

清末文坛有一佳话：梁启超原本为友人蒋方震所著《欧洲文艺复兴史》写序，但越写越长，最后写成与《欧洲文艺复兴史》于文字篇幅相当的《清代学术概论》一文。正如本人所说"既而下笔不能自休，遂成数万言，篇幅几与原书酹；天下古今，固无此等序文；脱稿后，只得对于蒋书宣告独立矣"。梁启超《清代学术概论》成书后，反过来请蒋方震又给自己《清代学术概论》写了序。因此，2005年上海世纪集团"文库丛书"出版梁启超《清代学术概论》时，有自序、第二自序和蒋方震序，出版说明，前言。集中地揭示自序、他序、出版说明，前言等图书辅文的本质属性。

代序：是指序作者特意选用来代替序言的某篇文章。"代序"二字放在该篇文章标题后的原括号内。一本书有了代序，就不应再有自序和他序。下面，我们分析徐志摩给自己诗集《翡冷翠的一夜》写的代序。

《翡冷翠的一夜——给陆小曼》(代序)：

小曼：如其送礼不如过期到一年的话，小曼，请你接受这一集诗，算是纪念我俩结婚的一份小礼。秀才人情当然是见笑的，但好在你的思想，眉，本不在金珠宝石间！这些不完合的诗句，原是不值半文钱，但在我这穷酸，说也脸红，已算是这三年来唯一的积蓄。我不是诗人，我自己一天明白似一天，更不须隐讳；狂妄的虚潮早已消退，余剩的只一片粗的不生产的砂田，在海天的荒凉中自艾。“志摩感情之浮，使他不能为诗人，思想之杂，使他不能为文人。”这是一个朋友给我的评语。煞风景，当然，但我的幽默不容我不承认他这深人骨髓的看透了我。煞风景，当然，但同时我却感到一种解放的快乐。

“我不想成仙，蓬莱不是我的份，

我只要地面情愿安分的做人……”

本来是！“如其诗句的来”，诗人济慈说：“不像是叶子那么长上树枝，那还不如不来的好。”我如其曾经有过一星星诗的本能，这几年都市生活早就把它厌死，这一年间我只淘成了一首诗，前途更是渺茫，唉，不来也罢，只是我怕辜负你的期络。眉，我如何能不感到惆怅！因此这一卷诗，大约是末一卷，我不能不郑重地献给你，我爱，请你留了它，只当它是一件不稀罕的古董，一点不成品纪念。……

附志：本书的封面图景，翡冷翠的维基大桥的节景，是江小鹏先生的匠心，我得好好的道谢；我也感谢闻一多先生，他给过我不少的帮助，又为我特制“巴黎的鳞爪”的封面图案。

志摩 1927 年秋

代序最大的特点是，表面上，这篇文章（信）似乎与该书没有多大关系，讲的是另外的事情，但是，细细品来，代序和该书却有不可分割的血脉相通的关联。徐志摩给妻子陆小曼的信，实际上道出了他创作白话诗的灵魂。

原序：大多只存在于引进版图书中，指初版文字的序言。如有译序，译序要放在原序之前。译序，应说明翻译缘由，翻译过程，翻译分工，也可以对该书原作者进行介绍，对原著进行评价，假若是修订版本，还需讲清补充了什么内容，观点有何改进。

新序：如和旧序同时存在，应在旧序之前，旧序要改名为“初版序”，新序应该讲作品有何新的变化。

恩格斯的《家庭、私有制和国家的起源》除有口号页文字（印有“全世界无产者，联合起来！”字样）、编辑说明页外，有原序一（1884 年第一版序言）、原序二（1891 年第四版序言）。编辑说明即起“新序”作用。

凡例：又称“发凡”“例言”“编例”等，置于的正文前，以示著作内容大旨和编撰体例的文体。“凡例”一词源于晋杜预《春秋经传集解序》：“其发凡以言例，皆经国之常制，周公垂之法，史书之旧章。仲尼从而修之，以成一经之通体。”唐刘知已《史通·序例》曰：干宝“重立凡例，勒成《晋纪》。邓、孙以下，遂 蹑 其踪”。指干宝《晋纪》、邓粲《 元（帝）明（帝）纪》、孙盛《晋阳秋》都写了“凡例”。但最早的是孔子。它是指书的作者或编者为使读者事先对本书有所了解，从编排技术角度就本书正文中的用字、词、符号、略语、引用等，在卷首加以说明，即一本书的编纂体例说明。需要撰写“凡例”的多是工具书，一般的辞典、地图册、资料类书、经过编订的古籍等。

凡例主要包括：本书编辑过程中使用的体例、编辑方法、编排方式；读者使用本书的方法与注意事项；分条列款、有主有次地逐条叙述。它是保证全书编写体例统一的准绳，也是读者了解书的脉络、结构、便于使用阅读、检索的钥匙。凡例格式固定，多为大型工具书内容分条例类。如《辞海》“凡例”分：词目、字体与字形、注音、排列、其他等5大类。《现代汉语词典》“凡例”分：条目安排、字形和词形、注音、释义4大类。

第二节　书评文体写作

有的观点认为，书评的本质是对图书（一本或一类）的意见性信息的传播，其功能在于提高图书的传播效率。还有的观点认为，图书出版五大主要环节：编、印、发、读、评。书评属于下游传播环节。

在西方，“书评”称“book review”，由图书和书评两个词组合而成。Review 一词意思是：重新给出观点，评论则是“批评或议论”。

其实，书评是对图书的内容和形式从价值层面作出判断，并以观点形式告之受传者该本（类）图书的好坏和价值所在。书评的样式应包括：新书预告 、书评、出版简讯、书刊广告、书刊新闻报道稿等。

书评要素：理性的内容（论点、论据、论证）；理性的形式（逻辑）。

书评的特性：追求图书传播效率。经济学认为，效益是收益和成本之比。收益，是对传播的接受与理解、认同。成本，指占用的时间、空间、耗用的物力。

著名编辑家和图书评论家吴道弘（1929—　）先生在《读书与书评》中说：书评是图书评论的简称。在评论图书时，总是结合介绍图书的内容；在介绍图书时，往往也离不开对它的评价。图书评论、图书评介、图书介绍，含义大体相同。有时也把报道图书出版信息的文字（书讯、书介、介绍书的广告文字）都看作书评文字。

书评是一种文体。按写作方法分，基本形式有：介绍式；评论式；评介式；综述

式。按写作内容及对象分，基本形式有：对单本书（包括丛书）书评、对多本书（分类）书评、对书的原创内容书评、对书的原创内容书评并论及作品作者人的评介、对书的装帧艺术的评价等。我们分析朱自清写的一篇书评《歧路灯》：

《歧路灯》是中国旧来仅有的两部可以称为真正"长篇"的小说之一；另一部便是谁也知道的《红楼梦》。本书现在才出了第一册，但回目已全有了；依据这一册的材料，我们可以将全书考量一番。

本书出版以后，有过两篇介绍批评的文字：一是郭绍虞先生的《介绍〈歧路灯〉》，见《文学周报》五卷二十五号；一是《大公报·文学副刊》里的一篇。郭先生所论极为详细；他从各方面估量本书的价值。他的话都很精当，实在是一篇好的文学批评，虽然他只题为"介绍"。我希望读《歧路灯》的人，在读前或读后，都去读一读那篇"介绍"文。

我对于本书的意见，差不多完全与郭先生相同。现在所要说的，只是就他的意见加以引申。因为本书略后于《儒林外史》，而与《红楼梦》同时，郭先生文中便拿这三部小说来相比，我也想用这种办法。先论题材。《歧路灯》的题材，简单地说，只是"败子回头"。但这个败子，本来并非败子，他父亲竭尽心力，原想他成为一个克家的令子；而他自己也时时在理欲交战中。他父亲死了，他结交了"匪类"；因为习染的关系，便让欲将理战胜了。"东扯西捞，果然弄的家败人亡"。后来受够了"贫苦煎熬"，阅历了人世险诈，加以族人，父执，义仆等的规劝，这才"改志换骨"，重新让理将欲战胜了。这个理欲不断的战争和得失，便是本书的教训，或说是理想。原序里所谓彝常伦类间的发明，便是这个；《歧路灯》之名，也便指此。中国近世小说都有一个教训或理想；像《红楼梦》的人生如幻梦，《儒林外史》的讽刺功名热，都是的。这种教训或理想若能渗透在全书内，具体地写出来，使人不觉其为教训或理想，便是高手。这非对于所表达的教训或理想，先有一番真诚的透辟的体味不可。若只是在开篇，结尾，或书中各处，泛泛地抽象地发些不痛不痒的议论，那是一些影响没有；读者但觉得是讨厌的滥调罢了。《歧路灯》比起《红楼梦》和《儒林外史》，抽象的理学话确是多些，但作者却仍能一样地将自己的理想渗透于全书内；因为书中理学话究竟也并不太多。冯友兰先生的序里，说此书道学气虽重，但所写大部分是道学的反面，所以不至陈腐。这种对照的取材，正是容易入人的，表达理想的法子。而那些理学话，又都是作者阅历有得之言，说得鞭辟入里，不枝不蔓；虽是抽象的，却不是泛泛的；所以另有一种力量，不至与老生常谈相等。至于我们现在赞同与否，自当别论。

次论结构。《儒林外史》现在虽号为长篇小说，但实在还是杂记小说；因为它是一段一段的零星记载联缀起来的。《红楼梦》在我们知有《歧路灯》以前，确是中国旧来唯一的真正长篇小说，可惜没有完；高鹗续作，也未能尽如人意。且这书头绪纷繁，不免时有照顾不到之处；因此结构上有松懈的地方。至于《歧路灯》，虽也"记载一家的盛衰”，与《红楼梦》同，如郭先生所说；但节目却少得多。这因书中人物不多之故，检回目可知。人物不多，作者便可从容穿插，使它的情节有机地发展；所以全书滴水不漏，圆如转环，无臃肿和断续的毛病。譬如开卷第一回，“念先泽千里伸孝思，虑后裔一掌寓慈情”，说谭孝移——主人公谭绍闻的父亲——从祥符到丹徒去修家谱，祭祖茔，存问宗族，看见那边子弟都用功读书，回来时便忧虑着自己孩子的教育，这样引起了全书。这一回的题材，与书名一样，实是太迂腐些；看了教人昏昏欲睡。我初读此书，翻阅第一回，觉得没味，便掠在一旁；隔了多日，偶然再翻第二回，却觉得渐入佳境，后来竟至不能释手。本书至今不为人注意，我想它对于读者的第一印象不大好，是一大原因；一定有些人看了书名或翻了前数页，就不愿再看下去。但这一回文字在结构上，却是极有意义的：它不但很自然地引出全书，并且为后面一个大转机的伏线；末四卷（共二十卷）全由这一回生出。那败子所以能回头，固有其内心上的变化，但到了“上天无路，入地无门”的地步，若没有人援引一下，也无从上进的；这个援引的人，便在第一回里伏了根。这样大开大阖而又精细的结构，可以见出作者的笔力和文心。他处处使他的情节自然地有机地发展，不屑用“无巧不成书”的观念甚至于声明，来作他的借口；那是旧小说家常依赖的老套子。所以单论结构，不独《儒林外史》不能和本书相比，就是《红楼梦》，也还较逊一筹；我们可以说，在结构上它是中国旧来唯一的真正长篇小说。

次论描写。本书不但能写出各式的人，并且能各如其分。《儒林外史》的描写，有时不免带有滑稽性的夸张，本书似乎没有。本书尤能在同一种人里，写出他们各别的个性；这个至少不比写出各色人容易。如他写娄潜斋，侯中有，惠养明同在谭家做过教读先生，但心地，行止是怎样悬殊！又如谭绍闻，王隆吉，盛希侨都是好人家子弟，质地都是好的，都是浮荡少年；这样的相同，而度量，脾气又是怎样差异！作者阅世甚深，极有描写的才力，可惜并没有尽其所长。他写道学的反面，原只作为映衬之用。他并不要也不肯淋漓尽致或委屈详尽地写出来；所谓“劝百而讽一”，想他是深以为戒的。但是他写得虽简，却能处处扼要，针针见血。这种用几根有力的线条，画出鲜明的轮廓的办法，有时比那些烦琐细腻到使人迷惑的描写，反要直捷些，动人些。但以与《红楼梦》的活泼，《儒林外史》的刻画相比，却到底是不如的；因而熏染的力量也就不及它们了。本书之所以未能行远，这怕也是一个原因吧。至于作者自己，他对于那些描写法，大约实在有些不屑；看原序中痛诋《三国志》《水浒》《西游记》《金瓶梅》四书，便可知道。这原不大高明；可是他的书既从反面取材，终于也就不能不多少运用一些描写的本领了。

若让我估量本书的总价值，我以为只逊于《红楼梦》一筹，与《儒林外史》是可以并驾齐驱的。

一九二八年十一月二十二日毕

（原载 1928 年 12 月《一般》第 6 卷第 4 号）

《歧路灯》这部长篇小说之成书，“略后于《儒林外史》，而与《红楼梦》同时”，书评作者便采用了与这两部已有定评的名著比较而论的办法来评它。这与评者认为《歧路灯》实堪与《红楼梦》《儒林外史》相伯仲的评价是相关联的。这种评论方法，一下子就将默默无名的《歧路灯》的地位提高了。

在具体的评论中，书评者从作品的题材、结构、描写等方面着笔，也原本是抓住了评论长篇小说的关键。虽然在这些方面，书评认为三书互有短长，但书评者对《歧路灯》的欣赏之情，仍不时可见，因为他总还是能言之成理。例如说《歧路灯》“抽象的理学话确是多些”前后，又作的一些解释，便是如此。何况，书评者还明确说到这样一类话，如此书“以与《红楼梦》的活泼、《儒林外史》的刻画相比，却到底是不如的”。

书评者比较三书方方面面做出的判断以及最后做出的价值总判断，有人可能接受，有人可能不接受，但书评者在这篇书评中总还是能自圆其说的。

值得注意的是，书评者对《歧路灯》是只读到前 26 回而未窥全豹所做出的书评。在书评者来说，限于当时只出版了前 26 回，是不得已。但对于在并非不得已情况下的其他书评者来说，这种做法却是应该尽量避免的。

书评的写作方法应该做到：写前想清楚书评的目的，不同目的，评论角度不同。目的决定书评主要内容，先从图书出发，从认识、分析图书着手，既入于书，又出于书。入于书，即认真读原书，不能一目十行，浮光掠影；入于书，即跳出书本冷静思考，有时是评书和论人并重，甚至用原书作者的话来解释他的作品。

应该指出的是，书评这种文体与“序跋文体”相通。真正写的有见解的序，本身就是一篇好的书评。读者会经常看到在报刊书评专栏专版中登载着一些图书的“序”，是按书评来看待的。因此，书评写作可看作是图书辅文编辑的基本功。

下面，我们再介绍蔡元培给胡适《中国古代哲学史大纲》写的“序”：

我们今日要编中国古代哲学史，有两层难处。第一是材料问题：周秦的书，真的同伪的混在一处。就是真的，其中错简错字又是很多。若没有作过清朝人叫做“汉学”的一步工夫，所搜的材料必多错误。第二是形式问题：中国古代学术，从没有编成系统的记载。《庄子》的《天下》篇，《汉书·艺文志》的六艺略、诸子略，均是平行的记述。我们要编成系统，古人的著作没有可依傍的，不能不依傍西洋人的哲学史。所以非研究过西洋哲学史的人，不能构成适当的形式。

现在治过“汉学”的人虽还不少，但总是没有治过西洋哲学史的。留学西洋的学生，治哲学的本没有几人，这几人中能兼治“汉学”的更少了。适之先生生于世传“汉学”的绩溪胡氏，禀有“汉学”的遗传性，虽自幼进新式的学校，还能自修“汉学”，至今不辍。又在美国留学的时候，兼治文学、哲学，于西洋哲学史是很有心得的。所以编中国古代哲学史的难处，一到先生手里，就比较容易多了。

先生到北京大学教授中国哲学史，才满一年。此一年的短时期中，成了这一编《中国古代哲学史大纲》，可算是心灵手敏了。我曾细细读了一遍，看出其中几处特长：

第一是证明的方法：我们对于一个哲学家，若是不能考实他生存的时代，便不能知道他思想的来源；若不能辨别他的遗著的真伪，便不能揭出他实在的主义；若不能知道他所用辩证的方法，便不能发现他有无矛盾的议论。适之先生这大纲中，此三部分的研究，差不多占了全书的三分之一，不但可以表示个人的苦心，并且为后来的学者开无数法门。

第二是扼要的手段：中国民族的哲学思想，远在老子、孔子之前，是无可疑的。但要从此等一半神话、一半政史的记载中，抽出纯粹的哲学思想，编成系统，不是穷年累月，不能成功的。适之先生认定所讲的是中国古代哲学家的思想发达史，不是中国民族的哲学思想发达史，所以截断众流，从老子、孔子讲起。这是何等手段！

第三是平等的眼光：古代评判哲学的，不是墨非儒，就是儒非墨。且同是儒家，荀子非孟子。崇拜孟子的人，又非荀子。汉、宋儒者，崇拜孔子，排斥诸子。近人替诸子抱不平，又有意嘲弄孔子。这都是闹意气罢了。适之先生此编，对于老子以后的诸子，各有各的长处，各有各的短处，都还他一个本来面目，是很平等的。

第四是系统的研究：古人记学术的，都用平行法，我已说过了。适之先生此编，不但孔、墨两家有师承可考的，一一显出变迁的痕迹，便是从老子到韩非，古人划分做道家和儒、墨、名、法等家的，一经排比时代，比较论旨，都有递次演进的脉络可以表示。此真是古人所见不到的。

以上四种特长，是圈套的，其他较少的长处，读的人自能领会，我不必赘说了。我只盼望适之先生努力进行，由上古而中古，而近世，编成一部完全的《中国哲学史大纲》。把我们三千年来一半断烂、一半庞杂的哲学界，理出一个头绪来，给我们一种研究本国哲学史的门径，那真是我们的幸福了。

中华民国七年八月三日

有的序言也是书评。序可以评书，也可以评作者其人，也可以离开书和人泛泛议论，自由度很大。本序的特点是就书而评，是一篇肯定性的书评。

蔡元培为什么评这本书？胡适 1958 年在《中国古代哲学史》（台北版）自记中说：在他开讲中国哲学史之前，每讲中国哲学史，“要从伏羲、神农、黄帝、尧舜讲起”，“我第一天讲中国哲学史从老子、孔子讲起，几乎引起了班上学生的抗议风潮！后来蔡元培先生给这本书写序，他还特别提出，‘从老子、孔子讲起’这一点，说是‘截断众流’的手段。其实他老人家是感觉到他应该说几句话替我辩护这一点”。蔡元培当时是北京大学的校长，写这篇书评是为了辩护，可见现实性、针对性是很强的。

这篇书评首先点破编写中国哲学史的难度，材料难选，式样难定。因此，他主张借用编西洋哲学史的经验。这在当时，思想是比较新颖的。蔡元培肯定作者的开创性劳动，一年就编成了，“可算是心灵手敏”。从讲难到快速编成，以引起读者注意，这是先声夺人的评论法。

蔡元培熟读全书之后，对全书内容进行梳理，并不详细介绍分析全书内容，而是既跳出全书，又综合全书，总结出全书的四大特色，这说明写书评需要有相当的眼力和水平。

书评创作是一门艺术，需要思辨与比较结合，作者要有高明的见解，洞察的能力，善于分析比较，同时要感情与文字相统一。作者要有真诚的感情、善意的批评，这样的流于笔端的文字才能感人。请看鲁迅先生的一篇书评《叶永蓁作〈小小十年〉小引》，全文如下：

这是一个青年的作者，以一个现代的活的青年为主角，描写他十年中的行动和思想的书。

旧的传统和新的思潮，纷纭于他的一身，爱和憎的纠缠，感情和理智的冲突，缠绵和决撒的迭代，欢欣和绝望的起伏，都逐着这“小小十年”而开展，以形成一部感伤的书，个人的书。但时代是现代，所以从旧家庭所希望的“上进”而渡到革命，从交通不大方便的小县而渡到“革命策源地”的广州，从本身的婚姻不自由而渡到伟大的社会改革——但我没有发见其间的桥梁。

一个革命者，将——而且实在也已经（！）——为大众的幸福斗争，然而独独宽恕首先压迫自己的亲人，将枪口移向四面是敌，但又四不见敌的旧社会；一个革命者，将为人我争解放，然而当失去爱人的时候，却希望她自己负责，并且为了革命之故，不愿自己有一个情敌，——志愿愈大，希望愈高，可以致力之处就愈少，可以自解之处也愈多。——终于，则甚至闪出了惟本身目前的刹那间为唯一的现实一流的阴影。在这里，是屹然站着一个个人主义者，遥望着集团主义的大纛，但在“重上征途”之前，我没有发见其间的桥梁。

释迦牟尼出世以后，割肉喂鹰，投身饲虎的是小乘，渺渺茫茫地说教的倒算是大乘，总是发达起来，我想，那机微就在此。

然而这书的生命，却正在这里。他描出了背着传统，又为世界思潮所激荡的一部分的青年的心，逐渐写来，并无遮瞒，也不装点，虽然间或有若干辩解，而这些辩解，却又正是脱去了自己的衣裳。至少，将为现在作一面明镜，为将来留一种记录，是无疑的罢。多少伟大的招牌，去年以来，在文摊上都挂过了，但不到一年，便以变相和无物，自己告发了全盘的欺骗，中国如果还会有文艺，当然先要以这样直说自己所本有的内容的著作，来打退骗局以后的空虚。因为文艺家至少是须有直抒己见的诚心和勇气的，倘不肯吐露本心，就更谈不到什么意识。

我觉得最有意义的是渐向战场的一段，无论意识如何，总之，许多青年，从东江起，而上海，而武汉，而江西，为革命战斗了，其中的一部分，是抱着种种的希望，死在战场上，再看不见上面摆起来的是金交椅呢还是虎皮交椅。种种革命，便都是这样地进行，所以掉弄笔墨的，从实行者看来，究竟还是闲人之业。

这部书的成就，是由于曾经革命而没有死的青年。我想，活着，而又在看小说的人们，当有许多人发生同感。

技术，是未曾矫揉造作的。因为事情是按年叙述的，所以文章也倾泻而下，至使作者在《后记》里，不愿称之为小说，但也自然是小说。我所感到累赘的只是说理之处过于多，校读时删节了一点，倘使反而损伤原作了，那便成了校者的责任。还有好像缺点而其实是优长之处，是语汇的不丰，新文学兴起以来，未忘积习而常用成语如我的和故意作怪而乱用谁也不懂的生语如创造社一流的文字，都使文艺和大众隔离，这部书却加以扫荡了，使读者可以更易于了解，然而从中作梗的还有许多新名词。

通读了这部书，已经在一月之前了，因为不得不写几句，便凭着现在所记得的写了这些字。我不是什么社的内定的“斗争”的“批评家”之一员，只能直说自己所愿意说的话。我极欣幸能绍介这真实的作品于中国，还渴望看见“重上征途”以后之作的新吐的光芒。

一九二九年七月二十八日于上海

（1929 年 8 月《新潮月刊》第 1 卷第 8 期）

引，序之一种。徐师曾《文体明辨》说引“大略如序而稍为简短，盖序之滥觞也”。序、引之类文字，可以有多种多样写法，不少他人写序、引，实际具有书评性质，如鲁迅这篇《叶永蓁作〈小小十年〉小引》就是。

引既是简短的序，小引又是更简短的引。所以这篇小引也不过千余字。它对《小小十年》这本书有价值判断：“真实的作品。”也有分析论证，如论证了“这书的生命所在”“这部书的成就”“最有意义的”地方等，以及它又是“一部感伤的书，个人的书”以及一再说的“我没有发现其间的桥梁”的问题，甚至技术的优缺点、“好像缺点而其实是优长之处”等，也都曾放过。它不仅完全具备了书评的本质条件，而且可说是篇言简意赅的好书评。

书评不仅评了《小小十年》这本书，还通过评这本书而评及文艺界风尚、文学与革命实践等问题。即还将本书置之大背景、大环境之下来评。文字虽简练，却鞭辟入里。如对文艺界的批评，但云：“多少伟大的招牌，去年以来，在文摊上都挂过了，但不到一年，便以变相和无物，自己告发了全盘的欺骗……”文中对文坛不曰文“坛”而曰文

“摊”，更算得上深得“一字褒贬”之旨。

书评不是人情之作，书评写得好，要出于爱，出于懂，出于能，出于殷切的希望。爱，对出版怀有执着的追求看到书就想评；懂，须了解书的内涵分量和意义。这与从事何种专业有关；与读书兴趣广泛有关；与他有各方面的学人朋友约清他写作有关；能，评得在行，讲内行话，切中要害；殷切的希望，企求这些书发挥更好作用，推动出版业发展。

书评文章不易写，为短篇小说写书评更不容易。短篇小说往往以小见大，含有深意。如何评短篇小说是个难题。而评多元的短篇小说集，并要写得短小精悍，尤为不容易。但叶圣陶却曾以不到 500 字的篇幅评一本包括 11 篇小说的集子。评这样一篇小说集，或者即使只是书评者读过的 6 篇，自不可能一一分析，一一论证。我们读了也许会觉得文章分析、论证得不够充分，但它不仅评及作者的灵魂、笔调、文字以及三者结合形成其“自有的风格”，而且对评者“最爱”的 3 篇还一一有所点评，有褒而非无贬。这大概也可说是“麻雀虽小，肝胆俱全”了。可见，短文也不一定就不能评书。

以下便是书评《读〈柚子〉》(原载 1927 年 7 月 10 日，《小说月报》第 18 卷第 7 期）全文：

近来得鲁彦君的小说集《柚子》。十一篇里头，还只读了六篇，最爱《狗》《柚子》《阿卓呆子》三篇。

作者的感受性非常敏锐，心意上细微的一点震荡，就往深里、往远处想，于是让我们看见个诚实悲悯的灵魂。作者的笔调是轻松的，有时带点滑稽，但骨子里却是深潜的悲哀，近于所谓“含泪的微笑”。作者的文字极朴素，不见什么雕饰。这三者合并，就成一种自有的风格，显然与其他作者的不一样。或谓鲁彦君的作品与某作家相像；其实相像云者，止是可以粗略地归入一类而已，绝非一样，也未必近似。

读《狗》这一篇，谁都会怃然，谁都会觉得心灵上吃着辣辣的一鞭。《柚子》一篇讲的看杀头。杀头，在我国真是一件十分奇异的十分平常的事情。“仿佛记得许多书上，说从前杀头须等圣旨，现在县知事要杀人就杀人，大概是根据自由论罢。”作者这样说，你还是笑呢，叹气呢？在《阿卓呆子》这篇里，我们觉得这呆子很可爱，但是呆子周围的一群人，个个都熟面，未免可厌了。

（选自《叶圣陶创作》）

思考题：

1. 给你熟悉的一本书写一篇序。
2. 试写一年来网络科幻小说的综合书评。

第8章

图书校对和图书质量保障

第一节　现代校对在书刊编辑出版中的职能

现代校对，是根据图书原书书稿已排出的图书校样，订正差错，提出疑问，以保证图书质量的不可缺少的工作。它是图书付印前编辑环节最后一道工序。在图书出版整体而言，校对是编辑工作的必要延续和重要延伸，是一种文字性、学识性创造性劳动。

现代校对，又是出版社技术职称系列。它是我国出版专业技术人员三大类别（编辑类、技术编辑类、校对类）之一。校对类的专业技术职务分初级、中级两种，即三级校对（初级）、二级校对（初级）、一级校对（高级）。其中负责校对工作的高级专业技术职务归入编辑类，统称副编审。在图书校对工作中，三级校对和二级校对的职责分别为：三级校对的主要职责是在一级校对的指导下，承担一般书稿的初校和二校工作。二级校对的主要职责是在一级校对的指导下，承担一般书稿或复杂书稿的校对工作。一级校对的主要职责为：承担各种书稿的校对工作；承担各种书稿的校样文字技术整理和付印样通读工作；检查各校对的校次质量，解决校样中的疑难问题；指导二级校对和三级校对进行工作。校对类专业技术职务级别的划分，是出版机构根据出版专业技术职务任职资格要求，对校对人员资历、水平和业绩的一种认定。

图书校对的目的，在于保障图书质量。图书质量是一个综合系统工程，它包括内容质量、编校质量、设计质量、印制质量四项。校对质量为其重要组成部分之一。

图书校对的功能有二：一是校异同；二是校是非。这是清代文字学家段玉裁总结出来的。段氏在《与诸同志论校书之难》中说："校异同"为"照本改字，不讹不漏"；"校

是非”为“信其是处则从之，信其非处则改之”。段玉裁的观点后来成为校对界的共识。现代校对对这两个功能的概念予以拓展认为，校异同，即以图书原稿为唯一根据，是什么图文就是什么图文，来核对图书校样，分辨二者异同，书稿与校样相同则通过，书稿与校样不同则以书稿为准，对校样进行订正。校对的校异同是“死校”，为校对的最基本功能。校是非，则以校对者自身学识为根基，或据另外权威工具书和资料，来判断图书原稿中的是与非，认为是即通过，认为非即提出质疑，请编辑去解决。校对的校是非是“活校”，能补救作者不足和编辑加工整理疏漏，是难度大、层次要求高的校对功能。

校对的方法主要有四，即对校、本校、他校、理校。它是现代学者陈垣在《校勘学释例》一书中，高度概括地总结前人的经验和现代校对实践而提出的：

（一）对校。陈垣说，“对校法，即以同书之祖本与别本对读”，“其主旨在校异同”。现代校对依据原稿对照校样进行校对的方法与此相似，故也称对校法。对校法的具体操作方式有点校（将原稿放在校样上方或左方，先看原稿，后看校样，逐字逐句进行校对）、平行点校（将原稿折叠后覆在校样需校对的文字或图表上进行点校、一张原稿通常可折四五折，每折四五行）、折校（把校样放在桌子上，再将一页原稿夹在两手的手指间压在校样上，也可将原稿放在桌子上而把校样夹于手指间，并把原稿上的字句对准校样相应位置的字句，逐字逐句进行校对）、读校（这是两人以上合作的校对方式。一人朗读原稿，另一人或两人对照校样并改正校样上的错误）。

（二）本校。陈垣说，“本校者，以本书前后互证，而抉其异同，则知其中之谬误”。这里说的“异同”是指稿件中的内在矛盾，“前后互证”则是发现内在矛盾的方法。本校就是通过本书前后、左右的互证和比较来发现问题，提出疑问，以订正讹误。本校法的特点是一定要依据本书内在的联系，将目录与正文、文字与图片、文字与表格、正文与注释相对，对名词术语和概念等进行前后互校，在对照中发现问题，现代校对的通读检查，采用的便是本校法。校对人员在无原稿（或脱离原稿）的情况下，集中注意力辨别校样上文字的形态，理解文句的含义，通过比较、前后互证来发现错误。

（三）他校。陈垣说，“他校者，以他书校本书”。这里的书“他书”，是指与所校对的稿件内容相关的比较权威的其他书（包括工具书）。陈垣认为，采用这种方法“范围较广，用力较劳”，“但有时非此法不能证明其讹误”。他校法常与本校法交叉运用，“本校”发现了矛盾但难以做出准确判断时，就用“他校”从相关书中寻找可靠根据，提出疑问请编辑部门解决。他校法的功能在于释疑，通常用于解决引文、数据、习语、术语、公式、日期之类的异同问题。

（四）理校。陈垣说，“所谓理校者，遇无古本据，或数本互异，而无所适从之时，则须用此法”。理，即推理；理校，即通过推理分析做出是非判断。理校也常与本校结合运用。在本校发现矛盾而又无他书可供参照时，便只能通过推理分析来断定是非，并提出疑问，由编辑部门解决。理校，具有很大的主观性，必须是学有专长、知识面较广的校对人员才可运用，否则容易出现“以不误为误”或“以误改误”的差错。

为了全面考核图书编校质量，1977 年新闻出版署发布了《图书质量管理规定》，给图书编校质量作了一个明确的量化标准：“差错率超过万分之一的图书，其编校质量为不合格。”所谓差错率，是指以审读一本图书的总字数，去除审读该书之后发现的总差错数，计算出来的“万分比”。如审读一本图书总字数为 10 万，审读后发现两个差错，则该书的差错率为 2/100000，即为 0.2/10000，也就是说在 10 万字图书中，如果发现 10 处以上差错处，即为不合格。《图书质量管理规定》还详细规定了编校质量容易出差错的范围。主要有：

1. 文字差错。这种差错处并不单指狭义上的一般性的错字、多字、漏字、倒字，还包括知识性、逻辑性、语法性差错；一般性的科学技术性、政治性差错；自造简化字、同音代替字；外文、少数民族拼音文字、国际音标、汉语拼音中各类差错；外文中人名、地名、国家和单位名称差错；外文缩写的大小写差错和阿拉伯数字与汉语数字用法不规范。

2. 标点符号和其他符号差错。它包括标点符号的一般错用、漏用、多用；成组的标点符号，如引号、括号、书名号等错用；小数点误为中圆点或中圆点误为小数点，名线、着重点的错误；破折号误为一字线、半字线，标点符号误在行首、行末；外文复合词、外文单词按音节转行，漏排连接号的；法定计量单位和符号，数理化等科技计量和符号、乐谱等符号差错；图序、表序、公式序等序列性差错。

3. 格式差错。它包括影响文意、不合版式要求的另页、另面、另段、另行、接排、空行；连续在一起的字体、字号错误；在同一面上几个同级标题的位置、转行格式不统一、肩题与正文之间没有空格的；阿拉伯数字转行的；图、表的位置错的，图、表的内容与说明文字不符的；书眉单双页位置互错的；脚注注码与正文注码配套，但不顺号的，或有注码无注文，有注文无注码等。

新闻出版署以上计算图书差错率范围详细规定，对图书编辑出版规范和图书质量的提高至关重要，也为图书校对质量考核厘定了刚性标准。

第二节　责任校对制度和“三校一读”制度

为了使图书校对工作有效地运作，规范校对行为，新闻出版署还规定了我国图书

出版校对工作实行的基本制度，是责任校对制度和“三校一读”制度。我国所有的图书出版机构校对环节都必须执行这一基本制度。

责任校对制度是，出版社每出一本书，必须指定一名责任校对。责任校对一般由中级以上出版专业职业资格的专职校对人员担任。职责为：

(1) 参与各校次校对。责任校对要参与相关书刊稿件各校次的全过程（或部分）校对，校对的校样不少于全书总篇幅的三分之一，以便了解校样的基本状况。

(2) 进行文字技术整理。责任校队要负责校样的文字技术整理工作，以保证体例、格式方面的规范和统一。

(3) 检查校改质量。责任校对要负责监督检查各校次的校改是否正确、规范，有无笔误，并汇总各位校对员提出的问题，及时与责任编辑和出版部门商量决定。

(4) 通读付印样。责任校对要负责付印样的通读工作。对有些专业性较强的图书，如辞书、古籍、科技书、外文书等，责任校对除了自己通读外，还可通过领导延请具有相应专业知识的编辑或资深校对帮助通读，以确保编校质量。

“三校一读”制度是：一般书刊都必须至少经过三次校次（一校、二校、三校）和一次通读检查后，才能付印；重点书刊、工具书等，应相应增加校次；终校必须由出版单位内具备中级以上专业职业资格的专职校对人员担任。按照“三校一读”制度，各校次校对员共同基本职责为：第一，依据原稿核对校样，消灭一切排版上的错误，包括文字、数字、符号、标点、图表、公式以及版面格式错误。第二，发现原稿中存在的各种差错或不妥之处，用有色铅笔在校样上提出质疑，提请编辑部门解决。同时，一、二、三校分别承担以下职责：

1. 一校

校对员要依据原稿核对校样，完成前述第一个基本职责中的各项任务，在排版单位毛校质量已达到规定标准（中国印刷公司提出的行业标准规定允许差错率为 1/1000 的前提下，做到灭错率（即本校次所消灭的差错与实际差错数之比率）为 85%或留错率（即本校次遗留差错数与所校字数之比率）在规定值（一般在 1/5000 以上）之内；同时兼顾上述第二个基本职责。

2. 二校

校对员要依据原稿核对校样，完成前述第一个基本职责中的各项任务，继续消灭初校遗留的错误，并核对初校所改之出是否正确，做到灭错率为 80%或留错率在规定值（一般在 1/15000 以上）之内；同时兼顾第二个基本职责。

3. 三校

三校次校对员要依据原稿核对校样，完成前述第一个基本职责中的各项任务，消灭初校、二校遗留的错误，做到留错率在规定值（一般在 1/45000 以上）之内；同时兼顾第二个基本职责。

4. 通读

通读是校对过程中的最后一道校次，校对员需脱离原稿阅读、检查校样（必要时核对原稿），完成第一个基本职责的全部任务，并努力完成第二个基本职责的任务。通读时要消灭校对过程中所遗留的所有错误（包括格式差错、图表与文注不符等），尤其是要注意隐性的政治性、思想性差错以及似是而非的病句与其他语法错误，还要注意人名、地名、书刊名、组织机构名等的前后统一。

校对工作情况记录单

<table>
<tr><td colspan="3">发稿单位</td><td colspan="3">书名</td></tr>
<tr><td>校对人</td><td>校次</td><td>初/二/三校（或者通读）</td><td colspan="2">书号</td><td>责任编辑</td><td></td></tr>
<tr><td>本校错（处）</td><td colspan="2">前校错（处）</td><td>校对页码</td><td>总字数</td><td colspan="2">起止日期</td></tr>
<tr><td></td><td colspan="2"></td><td></td><td></td><td colspan="2"></td></tr>
<tr><td colspan="7">校对情况总结与评价（由校对人员填写）</td></tr>
<tr><td colspan="7">校对要求（由发校人员填写）</td></tr>
<tr><td colspan="7">责任校对检查情况记录</td></tr>
<tr><td>责任校对</td><td>版权页字数</td><td>抽查字数</td><td>差错（处）</td><td>差错率</td><td colspan="2">质量等级</td></tr>
<tr><td></td><td></td><td></td><td></td><td></td><td colspan="2"></td></tr>
<tr><td colspan="7">校对费计算标准</td></tr>
<tr><td colspan="7">备注</td></tr>
</table>

第三节　加强数字出版工作的校对环节

我国出版界非常注重图书业中的校对工作，并在实践中积累了丰富的校对经验，形成了良好的运行机制和一系列严密制度。但是，近年来由于图书制作中许多新技术手段的出现，校对工作受到新的挑战。一是文风浮躁造成书稿中许多中文语言失范；二是计算机广泛使用，软盘书稿大量出现，纸质原稿退出，使校对失去传统的依据；三是一些出版社对校对人员的矮化和轻视，弱化了校对环节，致使图书编校质量下降。为此必须重新认识新形势下的校对工作。

正确认识校对工作和编辑工作的关系。在中国出版史上古代校对与编辑工作同时出现。在相当长的历史时期中，古代典籍出版方式是编校合一。校对的称谓也由校雠演变而来。据许慎《说文解字》解释称：校，木囚也。此处取对合之意。雠，古为二只鸟的象形，若应也、当也、怨也、寇也。此处取二鸟对鸣之意、引申如二人对答，或如同市场讨价还价、相怨恨而吵闹。所以“雠”通“仇”。我国汉朝编辑家刘向最早将校对称“校雠”。他形象而逼真地说：“一人读书，校其上下，得谬误；一人持本，一人读书，若怨家相对，故曰雠也。”刘向对校对功能诠释为六项：备众本、订脱误、删重复、辨异同、增佚文、存别义。这是对古代编撰典籍而言。如今流失到海外、由美国波士顿艺术博物馆收藏的我国《北齐校书图》，就是中国古代校对工作的写实。该图由北齐画家杨子华所绘，对当时北齐大学者樊逊等人集体校书的现场作了逼真的描写。原作失传，波士顿所藏为宋朝人临摹真本所作。

宋人临摹【北齐】杨子华《北齐校书图》真本（局部）绢本设色　23.9cm × 122.7cm
[美] 波士顿艺术博物馆藏

《北齐书》载，公元 550 年至 560 年，北齐文宣帝高洋在位，雅好出版。曾命樊逊等人刊校五经诸史。出身寒门的大学者樊逊奉命后，召集当时俊彦贤才努力工作成果斐然。画家杨子华在《北齐校书图》中记录的古代校对场面，与刘向的叙述完合相契合：画中校书书斋宽敞典雅，校对的各道工序环环相扣紧凑衔接，侍女书童传递书稿恭顺小心周到的服务。校书的文人学士或对诸本一人校点，或二人相对唱读删改，由于工作忙碌而放浪汗漫不修边幅。历史的发展近代，随着出版生产力提高，现代出版物集约化产出，导致编辑校对分工细化而分离，校对工作演变为独立工序，校对技艺更加精湛，制度更加完善。但校对的基本方法诸如对校法、本校法、他校法、理校法并没有产生根本性的颠覆，校对这一工作的本质是编辑工作的延续丝毫没有改变。因此校对工作和编辑工作的关系仍然是同源同归。当然我们说编校同源同归并不否定现代出版中的校对工作的独立性，而是充分认识校对工作与编辑工作的统一性和相互依辅补充的辩证关系。我国长期研究出版校对的专家认为，编校工作的关系是同源、分流、合作、同归，见地十分深刻。

计算机进入图书出版过程后，人们开始关注校对功能中的新特点。随着越来越多的作者掌握图文录入技术或直接运用电脑写作，电子书稿大量涌现，纸质书稿逐渐退出校对环节，校对流程发生变化：作者手写书稿不见了，电脑输入和排版差错与作者写作差错合一，计算机技术意外现象也造成一些校对负担。这样几类差错在校样上合在一起出现，使得校对功能“校异同”功能弱化，而“校是非”功能格外突出。面对此种情况有人主张，将“三校一读”制度中的通读环节提升强化，乃至回归传统编校合一，但是古代校对和现代校对有很大不同。根据现代出版分工，校勘图书属编辑责任范围，不在校对承担任务之列。校对今天面对的是原稿排版打印后的校样，并非完全意义上的古代写样，任务也不是将写样和定本比照核对。现代校对的三项任务是：按原稿核改对校样改正排版错误；进行技术整理保证版面格式规范统一；经过通读发现并改正原稿本身差错。这样看来简单地主张回归传统编校合一恐怕仍然行不通。由于校对的客体有所变化并未完全引发校对主体回归到编校合一，所以一些出版机构采用校对主体多元化与专业化结合，关注通读环等强化校对工作。他们做法是要求作者自校、强调编辑对书稿校样的审阅、增加社外校对同时强化本社校对。前两者有优势也有劣势，优势在于内容熟悉总体把握书稿，劣势在于难于走出自我思维定式，有时对差错反而熟视无睹。所谓“不识庐山真面目，只缘身在此山中”，而无论社内或社外校对则属于地位超脱的旁观者清，加上通晓图书出错客观规律，捕捉差错有丰富经验。如能同前二者配合补充，对提高图书质量消灭差错很有成效。还有一些出版机构采用“三校一读”对片制度，鉴于制片过程中可能产生差错如发生缺行、大面积丢失图文等，校对在图书开印前，将付印清样再次与胶片对照检查，即使是 CTP 直接无胶片印刷，也要对照付印清样检核，将保证万无一失。还有的出版机构的校对分析调查图书软盘稿出校样后为何出错的原因，总结出

四条：作者译者电脑操作失误、作者译者学养不足造成文字常识知识差错、作者译者在电脑中转换图文版式中出错、作者译者和编辑在校样上改动太多造成增删中统行倒版差错。他们采用了校对集体交叉校对和责任校对结合制度、校对质疑和编辑排疑相结合制度，重视校对中通读环节、聘请印前第一读者等，减少了差错，提高了图书编校质量。

从传统出版到数字出版，对校对队伍综合素质提出更高要求。列宁在论及报刊出版质量时说："最重要的出版条件是保证校对得很好。做不到这一点，根本用不着出版"。(《列宁全集》第 4 卷 546 页) 鲁迅说："校对和创作的责任是一样重大。""校对员一面要晓排版格式，一面要多识字。"(《鲁迅全集》人民文学出版社，1981 年出版，第 11 卷 494 页) 毋庸讳言，近年来语言文字混乱的社会现象十分严重。反映在图书出版方面，首先是浮躁文风、游戏文风、欧化文风冲击和破坏着现代汉语语言文字使用规范和标准，错别字、自造字、网上境外国外传入的不规范用语和词组、不合中华民族思维习惯的语法规则和逻辑规律，在图书中比比皆是。这种图书语言失范混乱的负面影响不容忽视。1951 年，毛泽东曾提出"正确使用祖国语言文字，为语言的纯洁和健康而斗争"。20 世纪 80 年代，中共中央在《关于社会主义精神文明建设若干重要问题的决议》号召，新闻媒体出版物要为全社会使用祖国语言文字做出榜样。因此校对人员有责任站在推动全社会正确使用祖国语言文字、捍卫祖国语言纯洁和健康的高度，认真提高图书校对质量。

一些出版机构在编辑工作重心转移到选题策划后、对书稿编辑加工整理产生粗放的倾向，我们要反对"编辑职责后移"、把大量差错留给校对的不良倾向；决不可矮化轻视乃至取消校对工作，根除校对不过是"字对字"的"简单劳动"错误观念，要克服图书出版工作中有意或无意地轻视校对重视编辑的倾向，客观评价校对资质，提高待遇，鼓励编校岗位轮换，奖掖高水平校对充任编辑人员。要树立校对有大学问的观念，用文字学、校勘学、目录学、版本学、考据学、训诂学、音韵学等专业学问拓宽校对队伍的知识结构与文化视野，用历史上著名出版家（既是编辑大家又是校对大家）的事例，教育青年校对，使校对工作人员充分认识到，他们同样肩负着祖国语言文字规范员的历史使命。

思考题：

1. 校对在图书质量保障系统中的地位是什么？
2. 为什么图书出版中设责任校对？什么是"三校一读"制度？

第9章

中国期刊的编辑出版

第一节　中国期刊刊号、条形码、出版记录

中国期刊刊号是期刊（杂志）的标准化识别代码。刊号是“中国标准连续出版物号”的简称。刊号由国际标准连续出版物号和国内统一连续出版物号两部分组成。中国期刊刊号分两种：一是国内统一连续出版物号；二是国际标准连续出版物号。

这两种称谓，是按2001年11月14日国家质量监督检验检疫局批准颁布的《中国标准连续出版物号》（GB/T9999–2001）文本，从2001年6月1日开始实施的新称谓。新称谓取代了1988年国家标准局公布的《中国标准刊号》（GB/T9999–1988）文本的旧称谓。旧称谓对这两个的刊号称谓是“国内统一刊号”、“国际标准刊号”。

按2001年的新规定，国内统一连续出版物号（CN）结构式为CN　XX–XXXX/YY，而国际标准连续出版物号结构式为ISSN XXXX–XXXX。

目前中国期刊有两种：一种限于中国国内发行，一种国内外都可以发行。前一种只有国内统一连续出版物号（CN），后一种则既有国内统一连续出版物号（CN），又有国际标准连续出版物号（ISSN）。

国内统一连续出版物号用于报纸、期刊以及连续性出版物。报纸如《河北日报》国内统一连续出版物号为CN–13–0001。

中国国内发行的期刊在印刷中国国内标准连续出版物号（CN）时，应当印在每期期刊显著的、固定的位置上，一般应印在版权页、目次页和封口下方。

可以在国内外一起发行的期刊，当国际标准连续出版物号（ISSN）和国内统一连续

出版物号（CN）一起印刷时，前者印刷位置在期刊封面右上角、版权页或目次页和封口下方。

国际标准连续出版物号（ISSN）独立印刷时，应印在封面的右上角、版权页或目次页。也可以同条码一起印刷。

国内标准连续出版物号（CN）没有条码，国际标准连续出版物号（ISSN）则有条码。这是因为 1983 年国际连续出版物数据系统中心 ISDS（后改为 ISSN）与 EAN 组织签署了协议，使得有 ISSN 号的出版物也可以使用 EAN 条码。

国际标准连续出版物号（International Standard Serial Numbering–ISSN）。该号由以“ISSN”为前缀的 8 位数字组成，可以简称“ISSN”。前缀与 8 位数字之间有半个汉字宽的间空。8 位数字分为两段，每段四位数字，中间用半字线“–”隔开；其中前 7 位为单纯的数字序号，不反映连续出版物的语种、国别或出版者，最后 1 位为计算机校验码。其一般格式如下：ISSN XXXX–XXXX。

国内统一连续出版物号（CN Serial Numbering）。该号以“CN”（中国的国名代码）为前缀，由 6 位数字以及分类号组成，可以简称“CN 号”。

6 位数字由国家出版行政部门分配给连续出版物。前缀与 6 位数字之间有半个汉字宽的间空。6 位数字分为 2 段，中间用半字线“–”隔开。前段 2 位数字为地区号，依据国家标准《中华人民共和国行政区划代码》（GB / T 2260–1999）中的数字码前两位给出；后段 4 位数字为地区连续出版物的序号（期刊可用的序号为 1000—5999）。

分类号按中国图书馆分类法的基本大类给出，一般用 1 个字母表示；但工业技术类和文化教育类按二级类目给出，故用 2 个字母或者 1 个字母加一个数字表示。分类号置于 6 位数字之后，用斜线“／”隔开。

CN 号的一般格式如下：CN XX–XXXX / YY。

中国期刊刊号的使用规则是：所有经过批准登记的期刊，不论其发行范围如何，均可分配国内统一连续出版物号 CN 号；国内外公开发行的期刊则还有国际标准连续出版物号 ISSN。

国内统一连续出版物号和国际标准连续出版物号可合在一起印刷，置于期刊面封右上角、版本记录页和底封下方。两号分两行印刷，其间以一横线隔开。

如：ISSN 1008–1798

　　CN 11–3950 / D

两号也可分开印刷：

ISSN 独立印刷时，应印于期刊面封右上角、版本记录页。可与条码一起印刷。

CN 号独立印刷时，应印于版本记录页和底封下方。

刊号的分配原则是一刊一号。期刊无论是更改刊名或出版地，还是更改载体形式，都须重新申请刊号。而且不得用分配给期刊的刊号用于出版图书或出版其他出版物。

期刊可以将出版已满六个月的各期期刊汇总编成合订本出版。合订本须按期刊出版顺序装订，不得另行编排。期刊可以在正常刊期之外出版增刊（包括精选本、精华本、珍藏本），其内容必须是正刊的业务范围，必须与正刊的开本相一致。

第二节 中国期刊的国际统一连续出版物条码

2000 年 3 月 29 日新闻出版署颁布的《出版物条码管理办法》（新出技〔2000〕404 号）规定：凡在中国注册并获准使用 ISSN 号的出版单位，必须办理和使用出版物条码。出版物条码是由一组按 EAN 规则排列的条、空及其对应字符组成的表示一定信息的出版物标识。新闻出版署条码中心是全国出版物条码工作机构，负责审批出版物条码申请单，并提供符合质量标准的出版物条码软件。出版物条码软件统一由该中心制作，其他单位一律不得从事此项业务。

期刊出版单位申办条码的程序是，期刊出版单位先须到中国 ISSN 中心办理 ISSN 号，之后携带期刊登记证和加盖单位公章的条码申请单，北京地区中央级出版单位向新闻出版署条码中心申办条码，在各省、自治区、直辖市的出版单位向所在地的新闻出版署条码中心地方分中心申办条码，条码中心收到条码申请单后，须在三个工作日内完成条码软件的制作。

没有期刊条码的期刊或印有不符合质量标准条码的期刊不能上市销售。期刊条码是唯一性的，不能将一个条码在多种出版物上使用，期刊对该期刊条码享有专用权。期刊应按有关对条码的颜色、印刷位置的标准和规定印刷，期刊条码不能随便缩小，如使用缩小版的条码，须由条码中心制作缩小版的条码软件。

与中国图书使用的中国标准书号（ISBN）相比，中国期刊使用的国际标准连续出版物号（ISSN）要简单些，在 977(EAN 为 ISSN 分配的专用前缀）之后，只有 8 位数字，前 7 位数字代表连续出版物，没有国别、语种等区别，最后一位数字代表检验码，其作用与 ISBN 校验位的作用是相同的。

EAN 给 ISSN 的前缀为 977，表示 ISSN 的条码比 ISBN 的条码复杂，主要是因为 ISSN 号比 ISBN 号少 32 位数字。

要想将 ISSN 变成 13 位的 EAN 码。就必须增加 2 位数字，即 Q1、Q2，放在校检

位的前面。根据有关规定，这两位数字由使用国自己定义，为此我国的国字标准自行制订。1998 年 3 月 1 日开始实施的《中国标准刊号（ISSN 部分）条码》规定，Q1、Q2 部分用来表示期刊出版年份。

如：2000 年期刊的 Q1、Q2 部分表示为：00

2001 年期刊的 Q1、Q2 部分表示为：01

为了区别一年之中一本期刊每个月的不同内容。比如，月刊要对每月不同内容加以区别，因此必须使用附加码 S1S2。1—12 月的期刊，要在 S1S2 部分有所区别，分别以 01、02—12 予以表示。如图：

1999 年第一期　　2000 年第二期　　2001 年第三期

各种出版周期不同的期刊也要按以下不同规定去表示 S1S2 附加码部分：

周刊：用出版周的序数来表示 01—53。

旬刊：用出版旬的序数来表示 01—37。

双周刊：用出版周的序数来表示 02、04、06—53 或 01、03、05—53。

半月刊：用出版半月的序数来表示 01—24。

月刊：用出版月的序数来表示 01—12。

双月刊：用出版月份的序数来表示 02、04、06—12　01、03、05—11。

季刊；用出版月份的序数来表示 01—12。例如：某期刊在三月份出版，S1S2 附加码即为 03 表示。

半年刊、年刊：用出版月份的序数表示，01—12。例如，在某月出版，就用该月的序数表示。

特刊：用 99—01 表示。例如，第一期用 99，第二期用 98，以此类推。

应该注意的是，一般期刊的特别号，在申请时，期刊主管部分只允许一年出两次特刊。

对于期刊上条码印刷位置，EAN 组织推荐了两种印刷位置，首先应选择将条码印在期刊封面的左下角，条的方向与期刊书脊平行，如不行可以与刊脊位置垂直。条码与刊脊封面底部的距离可参考图书的要求。

最后，谈谈中国期刊的版权页。期刊版权页，又称期刊版本记录页。根据我国新闻出版署2005年12月1日实施的《期刊出版管理规定》要求，版权页上必须刊载以下版本记录：期刊名称、主管单位、印刷单位、发行单位、出版日期、总编辑（主编）姓名、发行范围、定价、国内统一连续出版物号、广告经营许可证号等。为了使读者更清晰地了解刊物出版的全面情况，还可刊登刊物的国际标准连续出版物号、出版周期（刊期）卷、期和创刊年份等相关内容。期刊版权页相当于一份表明刊物身份的"履历表"，版权页应刊载在期刊的显眼、醒目的位置。因此，通常刊物的版权页与目次页刊载在一起，翻开期刊封面就能醒目地映入眼帘。版权页也可单独地刊印在期刊封底，使之与刊物封面上的刊名、卷、期遥相呼应。一般时尚生活、文艺、科普类等文化娱乐普及性期刊，以及常载有广告的刊物，多将版权页与目次页编排于一起，封底多用于刊登广告，或刊印与封面协调的图案；而严肃、庄重的学术、专业技术类期刊，及无广告业务的刊物，多将版权页刊载于封底。

第三节　中国期刊定位与品牌打造

出版，是一种选择。每种期刊的创办都是一种合适的双向选择。一方面，是编刊人对传媒角色的选择，是对自身办刊能力的选择；同时也是市场需求对刊物的选择，读者群体对刊物的选择，也包括广告市场、广告客户对刊物的选择。这两方面的选择达到契合，办刊就可能成功，反之就可能失败。这一相互选择的过程，就是期刊的定位。它包括传媒角色定位、市场目标定位、内容提供定位和编辑风格定位。

1. 传媒角色的定位

一般说来，多数期刊在传媒界属于新闻类范畴。期刊的编辑部职称序列和报纸相

同，为新闻工作者序列，这与图书编辑部属于出版工作者职称序列不同。期刊编辑部职称序列为：助理编辑（助理记者）、编辑（记者）、主任编辑（主任记者）、高级编辑（高级记者）；而图书出版社编辑部职称序列为：助理编辑、编辑、副编审、编审。这表明期刊和图书的编辑岗位角色不尽相同。当然，期刊出版单位是否具有新闻采访业务，必须由新闻出版署认定。期刊社采编人员从事新闻采访活动，必须持有新闻出版总署统一核发的新闻记者证，并遵守新闻出版总署《新闻记者证管理办法》的有关规定。

期刊出版周期短，时效性强；期刊需求稿件较多，每篇稿件又相对比较短，一般不超 5000 字，再长则需要用分期连载形式处理。《中华人民共和国著作权法》规定了期刊编辑出版者权利：期刊的编辑是将已有的多名作者的多篇作品按一定的办刊宗旨编排在一起，使之形成一期期的内容。这种工作的特点与图书汇编作品的创作相同。所以，每期期刊相当于一个汇编作品，其著作权应该由汇编者享有。根据这样的原则，期刊社或编辑部就享有期刊整体上的汇编作品权，期刊中每篇作品的作者只对自己的稿件享有著作权，但对每期期刊的整体不享有著作权。所以，期刊编辑部有使用期刊的整体汇编权，别人（包括其中在期刊已发表稿件的作品的作者）没有使用期刊的整体汇编权。期刊在拥有汇编权同时，还拥有为适合版面需要的文字性修改权。所以《中华人民共和国著作权法》规定："报社、期刊社可以对作品作文字性修改、删节。对内容的修改，应当经作者许可。"

期刊登载作品的稿件，并不与作者签订书面的出版合同，而以作者主动投稿或接受期刊编辑部约稿的方式来把自己的作品的出版权、汇编权授予期刊社或期刊编辑部。这时，期刊社获得的只是排他性的非专有出版权；而不像图书出版社那样获得图书作者的图书作品一般是专有出版权。期刊社一般用禁止"一稿多投"来维护自己的利益。所以《中华人民共和国著作权法》规定，作者向期刊主动投稿，自稿件发出之日起 30 日未收到期刊决定采用的通知，才可以将同一作品向别的期刊投稿。

《中华人民共和国著作权法》规定：报刊作品刊登后，除著作权人声明不得转载，摘编外，其他报刊可以转载或作为文摘、资料刊登，但应当按照规定向著作权人支付报酬。《中华人民共和国著作权法》的这项规定，旨在扩大优秀作品的传播面和满足公众的文化需求，授予期刊享有转载权和摘编权的，也是许多文摘类期刊、报纸文摘版创办的依据。但作品在某期刊刊登后，其他报刊转载或作为文摘、资料刊登，必须按规定向著作权人支付稿酬。即使期刊一时与作者无法联系，也必须在转载、文摘刊登后，将稿酬马上寄存在当地稿酬中心，等候作者领取。

2. 市场目标定位

市场，从根本上讲就是期刊的读者。当今世界，传媒种类繁多，读者有很大的选择空间。我国期刊已多达 9000 余种，内容分类有政治类、新闻类、科技类、生活类、娱乐类，发行覆盖面有少儿界、老年界、青年界、女界、各行业界。期刊赖以生存的物质基础和社会环境不断发生深刻变化、传播手段也不断产生新的飞跃，读者对传媒选择也不断发生新的需求。这种变化呈多样化、差异化、分众化、个性化的特点。这就要求办刊人在更加开放、更加竞争的环境中，经受读者喜新厌旧苛刻挑剔的选择。

期刊读者可分群体。市场可以细化。期刊在选择市场定位时，应找准自己的阅读对象，选择到长期稳固的读者群。这些读者群体是刊物生存发展的基础。因此，办刊人须通过市场调查、锁定读者目标群体，最终进入目标市场。

期刊的市场定位要考虑它的价格因素，要根据刊物读者群的消费水平，做到合理定价，让读者买得起。与之相关的，便是测定刊物的成本构成。其中用什么纸张、装帧怎样设计、取何种印制工艺，最终产品是大众普及本，还是豪华本，先期决定创办者的资金投入、融资方式、发行渠道，找到市场发行的盈利模式。

在读者定位的同时，还要考虑到刊物在广告市场的定位。确定合理的广告刊例价格，尽可能吸引刊登广告的客户群体，使刊物占较多的广告市场份额。只有将读者群体与广告客户找准，才能保证发行和广告的赢利。

市场是复杂多变的。为了检验期刊的市场定位是否准确，办刊人的主观愿望是否符合实际，一些期刊先采用试刊的办法发行一个时期，取得一些经验与教训，及时调整刊物的市场定位。不过，即使是试刊成功，也不能说明刊物市场地位一成不变。在以后的市场营销过程中，办刊人不仅要入注意比较稳定相对固定的读者群，巩固已占有的市场份额，还要不断分析发现刊物的潜在市场，想办法扩大读者群体，开发未来市场，拓宽现有的市场。不管什么时候，如果一旦发现刊物市场定位出现新的问题，就要及时检讨办刊方针和刊物内容的市场定位，及时做出调整，直至进行期刊改版来解决市场定位问题。

3. 内容提供定位

现代传媒首先是健康向上的内容供应者。它决定于两个方面，一是办刊宗旨、社会责任和职业道德；二是充分满足读者的需求，这种需求包括精神需求和服务需求。

首先要重视内容导向原则，期刊出版实行编辑责任制度，保障期刊刊载内容符合国家法律、法规的规定。期刊不得刊载《出版管理条例》和其他有关法律、法规以及国家规定的禁止内容。期刊刊载设计国家安全、社会安全等重大选题的内容，须按照重大选题备案管理规定办理备案手续。公开发行的期刊不得转载、摘编内部发行出版物的内容。期刊转载、摘编互联网上的内容，必须按照有关规定对其内容进进行核实，并在刊发的明显位置表明下载文件网址、下载日期等。期刊出版单位与境外出版机构开展出版合作出版项目，须经新闻出版总署批准。期刊刊载的内容真实、公正，保证公民、法人或者其他组织的合法权益不受到侵害，保证公共利益不受到损害。如有报道失实，致使公民、法人或者其他组织的合法权益受到侵害的，期刊出版单位应当在其最近出版的一

期期刊上予以公开更正，消除影响，并依法承担其他民事责任。

同时应重内容丰富原则。期刊是文化产品，内容是它的生命，生命之树常青，期刊内容既要丰富又要求新。人类的需求是多方面的。阅读首先是一种精神需求，精神需求如求知欲望、娱悦要求、情感宣泄、心灵慰藉、生活导航等。期刊要尽量满足人类健康精神需求，给读者提供新鲜而丰富多彩的精神食粮。期刊还要发挥多种社会服务功能，如资讯提供、公益事业、弱势群体求助等。挖掘期刊联系社会面广泛的潜力，整合各种社会资源，为读者服务。

内容优势原则。办刊人在给读者提供内容时，既应从读者需求出发，又要发挥刊物拥有的各种资源优势，如政治优势、地域优势、资金优势、编辑团队优势、作者队伍优势，使之转化为不断更新取之不竭用之不尽的内容优势。

4. 编辑风格定位

风格是期刊的文风与格调。作为一个期刊，首先反映着读者群认可而喜欢的文风和格调；同时也是编刊人所主张而提倡的刊物文风和格调。刊物的风格又是内容和形式统一的外在表现。通俗而不媚俗、不低俗，高雅而不高傲。

在做好中国期刊定位工作同时，我国期刊界还利用各种资源，打造名牌期刊。现代期刊，是一种具有组织和服务功能的文化产业，并不是单纯的文字编辑和推广发行机构。因此期刊经营者必须深入了解市场和服务社会，不断与时俱进进行机制创新，找到服务对象和方式，才能够打造名牌期刊。

在版权贸易中，我国支持出版机构主要以版权合作方式进行对外合作，目的为借鉴国外经验，引进国外资源，参加我国期刊业建设。我们的出发点是：借鉴国外品牌期刊之力打造强势的中国品牌期刊。近年来，中国对外出版合作较多表现在时尚类的期刊之中。中国期刊行业组织举办了“国际视野、东方神韵”研讨会，组织有关办刊人如何在接受西方时尚资源的基础上，努力打造东方的、中国的时尚元素，使中国作品、时尚期刊走向世界，广为世界接受和喜爱。

多年来，海外华文期刊是一个值得关注的市场，如何通过这一渠道，使我国有实力的具有中华民族特色的期刊“走出去”，是一个值得研究的课题。为此，我国期刊界利用各种方式对全世界华文期刊市场现状进行实地考察，并探索开发这一市场的途径，扩大我国品牌期刊对海外市场的覆盖。如《女友》等期刊出版海外版，以辐射对海外市场的影响。

中国期刊界在 加强对外期刊同行交流中，正汲取有用的办刊理念，为品牌建设服务。中国新闻出版署经常邀请外国期刊业行家里手来我国进行专题研讨或讲课，派遣我期刊工作者到国外考察见习。组织我期刊工作者参加国际各类期刊会议，开阔视野，增长见识。 如参加世界期刊交易市场会、国际 B2B 类期刊（以提供商业信息为主的专业类或商业类期刊）会议、世界期刊大会等，收益良多。

第四节　期刊的整体设计和数字期刊

期刊的整体设计分封面设计和内文版式设计。以封面为核心的期刊装帧设计应有两个脸面：一张脸是封面，它是期刊内容的脸面；一张脸是封底，它是期刊广告的脸面。封面设计应有五大特点。

1. 与内容协调的宣示性

封面设计应该与内容保持一致，达到形式与内容统一。学术期刊封面宜用抽象图案构成，生活期刊封面图片丰富多样，活泼轻快，新闻性期刊封面，突出事件和人物则容易取胜。

2. 富有个性化细节感染

封面设计要讲究用纸种类、刊名样式、年份卷期号字体、字号的各种不同细节，表现个性化具体形象。近代最早的外国传教士所办的期刊《察世俗每月统记传》封面广告词为“有朋自远方来，不亦乐乎”把办刊人的外国人身份、急于取得中国人信任的迫切心情表现得十分充分，同时，充分流露展示了办刊人的封面设计良苦用心。还有的期刊也撷取了该刊内容中最突出亮点，设计成人物故事状态标在封面，与内文相呼应贯通，使封面与内文，成为同一聚焦点，去吸引读者。

3. 连续性与稳定性

期刊要想较为持久地占领一个市场，表现它的成熟，要求封面有明显的连续性和稳定性。在一定的时期，封面给人以印象反复的延续，所以应该让人在众多期刊的方阵中，一目了然产生亲近感、亲和力，达到“梦里寻她千百度，蓦然回首，那人却在灯火阑珊处”。如美国《时代周刊》封面有一个醒目红色方框，让读者 无论身处在何时何地，在书刊市场中都能一眼识别出来。

4. 冲击视觉的突变性

期刊如遇重大人事变化和编辑方针改变，或刊出特刊、改版号等表示革故鼎新，则需要一改原来面目以迥然不同的封面出现于书刊市场。2007 年媒体的一则报道使人们深受启发：1922 年华莱士夫妇创刊至今的美国著名期刊《读者文摘》将对刊物重新进行整体设计。这是因为虽然这个小开本期刊全球发行 1800 万份，所在公司收入 24 亿美元，居美国期刊出版集团前茅，但股东们却并不满意它的业绩。新上任的期刊总裁兼出版人伊娃·狄龙经过调查分析，认为问题出在读者对期刊的外观感觉上，即总体设计上，因此期刊决定邀请著名设计师彼得·阿尼尔为《读者文摘》重新设计封面商标，期刊设计总监说，彼得曾为国际休闲服饰品牌 DKNY 和全球最大的家装用品零售商家具仓库设计过品牌，取得很好的效果。新设计变动最大的是外观形态。让人耳目一新，封面上会印有新的标识，并突出该网站的地址。期刊的内文版式，同时也会出现更大的照片，栏目也会更新。同时《读者文摘》还将首次出售期刊的封底广告。多年来，《读者文摘》一直以艺术家作品为封底，刊登一些房地产的插图，其中主要是当代著名肖像漫画家 CF 佩恩的作品，据说这是期刊经过广大读者群体调查后做出的决定，期刊封底变成广告后不会影响读者对《读者文摘》的忠诚度，而同时获得了广大广告客户的欢迎。媒体评论这次《读者文摘》"变脸"，重新进行总体设计是一次"凤凰涅槃"式的改革，它将吸引更多的读者，特别是年轻人。

5. 在期刊整体设计中，美术观念早已成为各种期刊设计的重要因素

首先，要引进美术作品设计的技巧。为使期刊封面更加吸引读者，设计者可引进美术作品创作观念和实践，或使用水彩画封面、手工绘制彩页，或使用素描—雕刻，尤其是铜版或铜版雕刻画，以及木刻画，都能使期刊封面陡然耳目一新。我国品牌期刊《读者》不时使用一些美术作品做封面，收效甚好，极大地丰富了期刊文化内涵。同时，直接使用摄影照片，也是直接提高期刊整体设计的一条有效途径。近年来，直接使用高质量的照片成为时尚杂志或面向社会高层杂志的封面特色，有些杂志直接使用名人影星个人生活照片也大受欢迎。通过摄影师的直接镜头，地理、自然科学类杂志封面刊登照片记录真实感，拉近了读者与期刊距离。用快门表现事件人物的感伤或娱乐，更能突出新闻类期刊的信息亮点。据说，前两年，美国《读者文摘》就用封面的"名人路线"吸引了大量年轻读者，使期刊读者平均年龄从 52 岁降到 50 岁。

此外，美术作品设计的技巧还表现在期刊整体稿件的组配，内文设计中的栏目设置平衡上；文字板块中合理使用画面线条、字体字号变化、夸张性插图、漫画等，令读者从枯燥的文字阅读中产生愉悦感；善于用多种色彩、多类照片以及大页面的图文合成排版，将冗长的文章分割开来，使快节奏生活中的读者尽快阅读完。版面是纸的艺术，纸张的种类会增加版面吸引力，如微黄轻型纸、带压痕的艺术纹纸等减轻了读者眼球疲劳，产生轻松感，柔和感，增添期刊与人的亲和力。

21 世纪以来，传统纸质期刊的其中一部分裂变为数字期刊。演变过程大致经过三个阶段。

1. 纸质期刊的比特化

比特是计算信息的计量单位。纸质期刊的比特化，是指将纸质期刊的内容进行简单数字化，以比特的形式进行储存，发布在因特网上。2000 年前后，网络大众化应用初期，网络信息资源十分匮乏。纸媒的简单复制——纸制存刊、新刊被扫描，制成数字格式，又因其单品种销售困难，于是集式性期刊数据库大量出现：中国知网、万方数据、维普数据、龙源期刊为代表知识资源数据库开始构建。还有一些数据库，对一些期刊内容进行知识碎片化处理后，加以不同分类、组合，实现了既有形式的价值增值，使越来越多的期刊把纸质内容交给数据库公司进行统一制作发行。这些数据库集成公司面向大学、研究所、企业营销，向用户群单篇下载或包月付费。

2. 纸媒期刊向多媒体期刊发展

多媒体期刊，是指具有动画、声音、视频和简单人机交互功能的信息传播方式，摆脱纸质期刊的既有形态，创造出基于内容的一种全新的更具网络特性，具有全新阅读体验的数字期刊。多媒体以文字、声音、图像、动画、视频多种元素集合显现出可视性、多样性、娱乐性、传播快的独立面貌出现，不再依赖数据库，能以单本的品牌营销。多媒体期刊需要有硬件和软件的支持。硬件是交互式平板电脑。2010 年 4 月 ipad 面世，引发了基于 ipad 移动终端多媒体期刊的开发热。2012 年，MPA 期刊数字化创新列表中，有 70% 以上的期刊商在 ipad 平台上进行了多媒体期刊开发。至于软件——触摸交互软件近年来发展飞快。如方正飞翔、谋易 appBook 开发了自己的交互式软件，把多媒体期刊提高到新水平。《瑞丽》《时尚》等期刊群通过内容与电商购买结合，取得增值效益。

3. 社会化数字期刊

这是以人架构的全新期刊新媒体模式。它将内容与社交网络结合在一起，置一平台，以类似期刊形式呈现，是实现阅读、互动分享、信息传递三位一体的新型数字期刊。如 2012 年进入中国的美国的飞丽博 (Flipboard)，既是一款互动分享和个性化定制的网络期刊，也是一款具有互动交流的阅读软件。它如精致的期刊布局一样，只是选择权归于读者本人，自己承担算法与推送。进入界面以后，先呈现一高清图片，是你定制的社交网络内容，点击进入，直接关联 Twiter、Google、Reader、Facebook、新浪微博账户，飞丽博即会根据你评论、访问频率，推算出你喜欢内容，通过社会化媒体分享。如果你对特定话题有兴趣，键入后程序会将博客、微博，指定新闻源聚合成期刊形态供你阅读。

第五节　广告期刊 DM

改革开放近 40 年来，国内的许多宾馆、饭店、车站、候车室、机场候机厅乃至列车上、飞机上，人们可以看到五颜六色的广告杂志。它被称为 DM，是英文 Direct Mail 缩写，这种舶来品据美国直邮及直销协会对 DM 的定义如下：对广告所选定的对象，将印就的印刷品，用邮寄的方法传达广告主所要传达的信息的一种手段。DM 是英文 Direct Mail Advertising 的简称，即直接邮递广告，也称直邮广告，是指通过邮政系统将广告直接送给广告受众的广告形式。英文 Direct Mail Advertising，最早的中文名字叫“直接邮送广告”。国家工商行政管理局 1995 年出版的全国广告专业技术岗位资格培训教材《广告专业基础知识》中，把 DM 硬性定义为直销广告（Direct Market AD）。

利用邮政系统作为传递广告的渠道，历史由来已久。但由于报纸、期刊等媒体的出现，利用邮政系统作为传递广告的优势为这些媒体所取代，所以并不为多数企业所重视。但由于信息通讯和市场调查事业的发展，利用邮政系统作为传递广告从过去低效率、漫无目的的广泛传播转向了有针对性地向目标对象寄送广告，从而使广告效果提高，DM 广告重新受到企业的重视。特别是在面对社区公众和市场虽大但顾客分散的情况下，利用邮政系统作为传递广告，也就是 DM 直销广告发挥着其他广告形式不能取代的作用。

DM 广告在欧美国家发展十分迅速，是仅次于报纸、电视的第三大媒体．以美国为例，美国为世界广告第一大国，DM 广告投资额约占全国广告投资额的 16.2%，DM 媒体地位排名第二。DM 广告市场份额占美国广告总量的 20% 左右，德国 DM 广告投资额约占全国广告投资额的 8%，DM 广告费支出列第三位。奥地利 DM 广告投资额约占全国广告投资额的 23%，列各类媒体之首。

中国改革开放以来，恢复广告业初期，强势媒体（报纸、杂志、电视）占据了广告市场绝大部分份额。而 DM 发布环节的可信度低，DM 媒体多年停滞，没有良好的基础，企业意识没有到位，提供此项服务的专业机构欠缺等因素，使 DM 多年来一直处于待开发阶段。能主动使用 DM 发展业务的企业大多为一些三资企业。随着我国逐步规范广告市场，并加强对 DM 的管理。作为同 DM 有密切联系的邮政部门，也正在全国组织积极发展 DM 业务，并推出“中邮专送广告”专用媒体，为 DM 媒体地位的提升做出了积极的努力。据 2010 年不完全统计，全国有近 80% 的企业采用 DM 做过广告，江浙地区的大中小企业也几乎 100% 运用商函来推销产品。而且都取到了明显的促销作用。中小型企业对 DM 尤具好感和使用欲望。已被大部分企业作为商务活动的首选措施，其低廉的成本及极强的针对性、亲切感和真实性，受到企业经营者的青睐。随着中国市场经济的迅速发展，DM 广告期刊很快成为传媒家族中的异军突起，与其他广告媒体共同形成一个多层次、多方位、多传播渠道的立体网络。

与一般新闻期刊刊登广告的社会传播效果比较，DM 广告期刊有哪些传播优点呢，在我国 9000 多种期刊中，有 5300 种左右的期刊发行量小于 10000 册，其中大多数期刊是国家、政府宣传方针、政策、法规、法令以及学术交流的重要工具，一直围绕着政治影响和社会效益方面发展。虽然近十年部分期刊纷纷开始自负盈亏，走向市场，在主管单位的允许下各种资本也开始介入，走向企业市场资本运营，但多数期刊的政治性仍占主导地位。多数以发行为主要收入。如 23 种发行百万份的期刊《家庭》《故事会》《读者》等，其主要收入也来源于发行收入。其中《读者》每年将近 2 亿的收入中有 1.8 亿来自发行收入，广告收入只占 10% 左右。同时，我国新闻期刊同质化现象严重，几乎所有的财经类期刊都是为高级经理人打造；几乎所有的汽车类期刊都是为购车者和车主制作；几乎所有的时尚类期刊都是为年轻白领女性开办，很多期刊读者定位方向趋同，如果再细分下去则定位渐显模糊。我国新闻期刊编辑力量为国有单位人员，销售力量为资本投资方，发行力量为邮政部门和发行商，由于三者体制的不统一，造成许多期刊在整体运营的各个环节上存在瓶颈效应。市场上的期刊数量众多，很多类别的强势品牌期刊尚未形成，读者阅读率最高的依然是综合类期刊，而且多为大众读物，触达读者层次广而不精。

由于一般新闻期刊存在以上情况，便凸显出 DM 直投广告期刊的下列优势：(1) 传播目标定向。DM 不同于其他传统广告媒体，它可以针对性地选择目标对象，有的放矢、减少浪费。是对事先选定的对象直接实施广告推广。客户接受者容易产生其他传统媒体无法比拟的优越感，使其更自主关注所宣传的产品。一对一地直接发送，可以减少信息传递过程中的挥发衰减，使广告客户效果达到最大化。(2) 发行速度快捷。DM 直投 免费赠阅。这种快捷发行方式在期刊的运作上，可以没有选择障碍地进入读者手里。因为免费赠阅，所以可以在内容策划或封面策划上，不必花传统期刊那么大的力气去吸引眼球让人购买。(3) 专业性受众强。DM 杂志，读者对象明确，读者群也相对比较集中和稳定，因此采用点对点的定向发行手段更加有效。它并不追求发行的绝对数量，而是追求发行的有效性。对于专业性较强的行业期刊，一般读者也很难看懂，想提高也不太可能，也没有必要。因为行业期刊的广告也是有效的，靠行业价值链上下游的供应商的广告存活，所以行业内的特定读者有一定的采购决策权和话语权 ，其他的读者再多也属于无效发行。随着印刷越来越精美，印制和发行成本往往高于发行收入，而达到一定发行量后广告量并不随发行量同比增长，所以很多 DM 还需控制发行量，找到广告与发行的最佳平衡点，使效益最大化。

在中国，一度把派发传单、商业信函、对账单、定期发布的固定形式印刷品广告、报纸夹页广告等，全部统称为 DM，在日常生活中大家比较通俗的称呼是“广告宣传页”，或蔑称“小广告”。但是由于 DM 广告凭借其独有灵活的市场策略和本身的优势，很快便与传统媒体广告抢占越来越多的广告市场份额。我国工商行政管理部门规定：凡企业设立三年以上税务和工商记录正常、企业注册资本达到 150 万元以上，公司名称必

须带有广告字眼，和公司经营范围需要代理、发布广告者，到当地工商行政管理部门提出申请，即可领取商业刊号、条形码，编辑出版 DM 广告期刊。不过，它与中国新闻期刊有本质差别，它的登记、批准、领刊号与条形码不在中华人民共和国新闻出版广电总署及其下属系统，而在中华人民共和国工商行政管理总局及其下属系统。随着时间的推移，DM 媒体地位会逐渐提升，在经济社会社会中发挥着不可替代的作用。据业内人士估计，至 2007 年，仅上海市通过中邮专递、上海风火龙物流有限公司等通过报纸夹页、直投信箱、有址投递等发布的 DM 广告，就从传统广告媒体抢到数亿元的营业额，体现出强大的市场竞争力。

随着中国加入世界关贸总协定，中国传媒产业的逐步放开而向纵深发展。一般说来，期刊的投资模式主要有中外版权合作、经营权租赁和共同投资三种。外刊进军中国大都采用的是中外版权合作的模式。以时尚类期刊为例，如《时尚》《瑞丽》《世界服装之苑》《虹》等，逐渐在做本地化的内容。因此，市场竞争会越来越激烈，而一些国内期刊将受到冲击也不可避免。近年来，我国期刊的盈利模式会从以发行收入为主（如《读者》等大众文化期刊）过渡到以广告收入为主（如时尚类期刊、财经类期刊）。这就是所谓的广告化。与之相适应，期刊的广告版面比例会越来越大，设计会越来越精美，从内容策划上会越来越多地考虑到广告主的要求。由广告化逐渐衍生出厚刊化、全彩化等发展趋势。DM 以其特有的魅力也吸引着越来越多的人加入 DM 杂志队伍中来。但对 DM 杂志而言，又决非遍地黄金 。因为渠道资源的占有及投资量的大小，始终是决定该类期刊发展的两条生命线。前者影响着目标受众的精准化，从而决定着广告投放效果，反过来也就是 DM 的收益；后者则是在前期只有投入而无收入的媒体运营的基础，因为对一本新期刊而言，要得到广告主的认可需要半年以上的市场导入期。DM 的法定称谓为固定形式印刷品广告，国家工商总局第 17 号令中对其还有诸多规定，比如必须由主营广告的广告公司承办、不能刊登非广告信息、不能销售发行、不能使用主办、协办、出品人、编辑、出版、杂志、本刊等容易与报纸、期刊相混淆的用语等。由此可见，与国外 DM 本身就是一本正规期刊明显不同，中国 DM 准确的定义应该就是一本纯粹的广告册。

“DM 的魅力就在于对 2 万个潜在顾客讲话，这大大好过对 200 万个‘不确定’人物讲话。”这句话准确地揭示了广告业的有效传播和有效投递。 什么是有效投递？那就是把一份 DM 准确地送给广告商的一位目标受众。大量盲目投递并不完全代表能吸引广告商的目标受众注意力。譬如，把汽车商 DM 广告送给 100 个穷人，还是送给 100 个已经有好车的人？效果都一样，都是无效投递，因为穷人无购买能力买不起车，有车的人不需要再买车，他们两个人群不能为汽车商带来经济效益，不是目标受众；相对而言送给一些急购车或急需换车的白领，意义就大得多，就是有效投递。如此类推，只有具备消费条件且具备购买意向的人，才是广告商的目标受众——终端消费群。DM 广告期刊因其针对性强，投递准确，信息攻势猛烈，免费赠阅等优势，在我国发展迅速。它利用营销数据库及其他数据处理技术，有着与广播，电视，报刊等传统媒体截然不同的风格，加之通过赠送等形式，将宣传品送到消费者手中、家里或公司所在地，发挥着最佳广告效应 ，更好地吸引读者眼球；而人力直投又避免了邮局邮寄缺点，根据商家的促销需求及时调整发放区域和数量，直达目标受众如高档社区、大型商圈、知名企业等消费人群，达到最佳广告效果。

日本免费广告集团 WALKER 在上海 办了《WALKER 上海版》，称之为《Shanghai Walker》，是做给在上海的日本人看的，可以叫《旅沪日人生活服务指南》，发行量有 7 万至 8 万份，很快成为上海日文期刊的老大，每期都有不少拿不到这一期刊的日本人直接到期刊社索要期刊。因为该期刊在创刊之初就对市场做了深入的了解。相比于上海人，日本来在上海，业余时间可以到哪里吃饭，吃完饭可以到哪里喝茶，喝完茶可以到哪里休闲。而所有这些，都正是这本广告期刊能告诉和服务他们的内容。所以该期刊备受旅沪日人本欢迎。虽然 DM 广告期刊要根据广告商的产品来选择目标读者，但 DM 广告期刊无法毫不顾及读者的口味而一味只顾捞钱，提高内容水平已经是 DM 广告期刊达成的共识，没有内容做基础，只用资讯或花巧的设计、概念支撑 DM 广告期刊，迟早会被读者在选择中淘汰。

“以内容为中心”，不仅是传统期刊要关注的，也是 DM 广告期刊所不能忽略的。City Weekend 也是一份 DM 广告期刊，他的编辑们深有感触地说：“DM 广告期刊如果吸引不了读者，广告也就不会来。”为此，City Weekend 有个明确的规定，把广告的量限制在 70% 以内，腾出相当的版面做内容，时尚的、服务的，一句话：只要是读者要看的它都做，而且十分注重图文并茂，对任何媒体而言，读者内容的需要都是第一位的。DM 正是细分媒体的一个产物。在国外已有成熟的市场，美国广告的投放量不低于 18%，日本不低于 12%，而我国则不足 1%。DM 形式和内容高度统一，受阅率提高，读者就是商品信息的接受者，这种形式丰富了媒体的层次，起到引导消费的作用，DM 广告既然只占到我国广告市场近 1% 的市场份额，充分说明与国外相比，市场成长空间巨大，在广告已经成为媒体主要收入来源的今天，广告命中率极高的 DM 媒体将对广告主产生巨大的吸引力。

据资料显示，我国国内比较成熟的 DM 杂志有《看南方商情》，这是手机配件行业的专业 DM，全国 32 个城市通信市场同步投放，主要针对国内市场，对中小型厂商及渠道商开拓市场作用巨大，起到良性的信息沟通循环。《都市乐》生活 DM，做的内容比较全面、起步比较早，相对来说比较成熟；《非常惠》，主要做的是北京市场；《都市惠》，很早的 DM 杂志，相对来说更为广为人知，传统市场还是很不错；《新媒时代》DM，算

是 DM 杂志新生的代表，团队原在北京，现在开始在全国市场运作加盟连锁经营，采取线上线下互动的运作模式，在设计印刷、广告内容审核、市场运作经验等方面有很强的实力。《车间》有声 DM 杂志，是国内第一份针对私家车主发行的集听觉、视觉为一体的全新媒体。以独创“碟加刊”互动双媒体形态为载体，让受众开车时有得听，停车时有得看。该期刊在河南郑州，通过四年建立运作模型，现在开始在全国市场运作加盟连锁经营，运作模型独特精准。目前已经成功运作多个城市，为市面上盈利较多的 DM 代表。

思考题：

1. 简述中国期刊的分类、定位和品牌打造。
2. 用案例法分析解剖期刊整体设计。
3. 介绍一份数字期刊。
4. 解剖一份 DM 办刊特点。

第10章

期刊的应用文写作

第一节　期刊发刊词

期刊应用文写作大致有发刊词、卷首语、编者按、文章内容提要等。

发刊词，又称创刊词、致读者，是期刊在创刊时发表于卷首宣言书。它的内容大致包括：办刊宗旨、方针任务；期刊性质、特点、读者对象；刊物所设主要栏目。目的是吸引读者和作者，告诉读者应予以关注哪一方面内容的阅读，告诉作者应信赖本刊踊跃投稿。发刊词代表期刊编辑部讲话，是办刊人政治立场倾向、道德学问水准的表白，刊物个性特色的陈述。言辞要态度坦诚，目的明确，文字精练，要有鼓动性、感染力，使读者阅后对刊物的目的有极鲜明的印象。

首先，我们赏析孙中山先生1920年为《建设》月刊创刊写作的发刊词：

我中华民国，以世界至大之民族，而拥世界至大之富源，曾感受世界最进化之潮流，已举行现代最文明之革命，遂使数千年一脉相传之专制，为之推翻，有史以来未有之民国，为之成立。然而，八年以来，国际地位犹未能与列强并驾，而国内犹官僚舞弊、武人专横、政客捣乱、人民流离者，何也？以革命破坏之后，而不能建设也。所以不能者，不知其道也。

吾党同志有见于此，故发刊《建设》杂志，以鼓吹建设之思潮，展明建设之愿望，冀广传吾党建设之主义，成为国民之常识，使人人知建设为今日之需要，使人人知建设为易行之事功，由是万众一心而赴之，而建设一世界最富强、最快乐之国家，民为所有、为民所治、为民所享者，此建设杂志之目的也。兹当发刊之时，予乐而为之祝曰：

建设成功。中华民国之建设迅速成功。

民国八年八月一日　孙文

发刊词是读者作者获取期刊办刊人水平的第一信息，它的写作质量会直接影响期刊以后的声誉。所以必须让第一流的人才撰写。

1919 年 1 月，时任北京大学校长的蔡元培为推动中国新文化运动，在北大创办《北京大学月刊》。这是中国最早的大学学术期刊，蔡元培亲自撰写《发刊词》，全文如下：

北京大学之设立，既二十年于兹，向者自规程而外，别无何等印刷品流布于人间。自去年有《日刊》，而全校同人始有联络感情、交换意见之机关，且亦借以报告吾校现状于全国教育界。顾《日刊》篇幅无多，且半为本校通告所占，不能载长篇学说，于是有《月刊》之计划。

以吾校设备之不完全，教员之忙于授课，而且或于授课以外，兼任别种机关之职务，则夫《月刊》取材之难，可以想见。然而吾校必发行《月刊》者，有三要点焉：

一曰尽吾校同人所能尽之责任。所谓大学者，非仅为多数学生按时授课，造成一毕业生之资格而已也，实以是为共同研究学术之机关。研究也者，非徒输入欧化，而必于欧化之中为更进之发明；非徒保存国粹，而必以科学方法，揭国粹之真相。虽曰吾校实验室、图书馆等，缺略不具；而外界学会、工场之属，无可取资，求有所新发明，其难固倍蓰于欧美学者。然十六、七世纪以前，欧洲学者，其所凭借，有以逾于吾人乎？即吾国周、秦学者，其所凭借，有以逾于吾人乎？苟吾人不以此自馁，利用此简单之设备、短少之时间，以从事于研究，要必有几许之新义，可以贡献于吾国之学者，若世界之学者。使无《月刊》以发表之，则将并此少许之贡献，而靳而不与，吾人之愧歉当何如耶？

二曰破学生专己守残之陋见。吾国学子，承举子、文人之旧习，虽有少数高才生知以科学为单纯之目的，而大多数或以学校为科举，但能教室听讲，年考及格，有取得毕业证书之资格，则他无所求；或以学校为书院，嫒嫒姝姝，守一先生之言，而排斥其他。于是治文学者，恒蔑视科学，而不知近世文学，全以科学为基础；治一国文学者，恒不肯兼涉他国，不知文学之进步，亦有资于比较；治自然学者，局守一门，而不肯稍涉哲学，而不知哲学即科学之归宿，其中如自然哲学一部，尤为科学家所需要；治哲学者，以能读古书为足用，不耐烦于科学之实验，而不知哲学之基础不外科学，即最超然之玄学，亦不能与科学全无关系。有《月刊》以网罗各方面之学说，庶学者读之，而于专精之余，旁涉种种有关系之学理，庶有以祛其褊狭之意见，而且对于同校之教员及学生，皆有交换知识之机会，而不至于隔阂矣。

三曰释校外学者之怀疑。大学者，“囊括大典，网罗众家”之学府也。《礼记》《中庸》曰：“万物并育而不相害，道并行而不相悖。”足以形容之。如人身然，官体之有左右也，呼吸之有出入也，骨肉之有刚柔也。若相反而实相成。各国大学，哲学之唯心论与唯物论，文学、美术之理想派与写实派，计学之干涉与放任论，伦理学之动机论与功利论，宇宙论之乐天观与厌世观，常樊然并峙于其中，此思想自由之通则，而大学之所以为大也。吾国承数千年学术专制之积习，常好以见闻所及，持一孔之论。闻吾校有近世文学一科，兼治宋、元以后之小说、曲本，则以为排斥旧文学，而不知周、秦、两汉文学，六朝文学，唐、宋文学，其讲座固在也；闻吾校之伦理学用欧、美学说，则以为废弃国粹，而不知哲学门中，于周、秦诸子宋、元道学，固亦为专精之研究也；闻吾校延聘讲师，讲佛学相宗，则以为提倡佛教，而不知此不过印度哲学之一支，借以资心理学、伦理学之印证，而初无与于宗教，并不破思想自由之原则也。论者知其一而不知其二，则深以为怪。今有《月刊》以宣布各方面之意见，则校外读者，当亦能知吾校兼容并收之主义，而不至以一道同风之旧见相绳矣。

以上三者，皆吾校所以发行《月刊》之本意也。至《月刊》之内容，是否能副此希望，则在吾校同人之自勉，而静俟读者之批判而已。

这篇《发刊词》刊登在1919年1月出版的《北京大学月刊》第1卷第1号。应该指出，1917年1月，蔡元培从法国回国任北京大学校长，11月创办了《北京大学日刊》。由于日刊只能刊载布告、通告之类动态新闻，因此其所起功能受到局限。为充分活跃北大学术思想，蔡元培又创办了《北京大学月刊》。为实践期刊现代化，他主张把月刊办成集纳各种学术思想成果，引领中国学术研究方向的机关，在业务上他倡导新版式新标点。“写稿均横行，自左而右，加句读问命等记号。”蔡元培这篇《发刊词》既宣传了他的办刊宗旨就是他在北京大学提出的“学术自由”“兼容并包”的办校方针，又揭示了他对期刊传媒功能的深刻认识以及对期刊编辑业务规范化和标准化的期望。

期刊的卷首语与发刊词位置相同而内容有别。一般而言卷首语只是对读者讲明此卷内容，或增刊号出版的原因及意义，或为什么“合刊”等，也有在逢年过节时候或与期刊相关的纪念日子，写来致意纪念有关人和事。文体有说明型、评议型、文学抒情型。

期刊因故停刊，要发表“告读者、作者”之类的公开文字，要对停刊原因和今后动向作一交代。也有借停刊之机作感言的。如梁启超在《清议报》出版一百册时遇火灾停刊而写的《清议报一百册祝辞并论报馆之责任及本馆之经历》。

期刊停刊后又复刊的，要在复刊号上发表复刊词，主要介绍复刊原因及复刊后的新打算、新面貌与原刊有何异同等。

编者按，又称按语，附记、附识、编后、案等。案，考查之意。是期刊、报纸编辑者以最简短文字对编发稿件中的人物、事件、观点所作评介、提示、说明而写的。要求言简意赅、观点鲜明、目的在引导读者深思。编者按用途很广，可介绍一篇文章或文

章的一个章节、几句话，也可以点评一种观点。编者按方式灵活，有文前按、文中按、文后按之分，大致分介绍型、启发型、评论型、申明型四种。介绍性编者按，较少带编者倾向性，着重介绍文章背景。启发型编者按，主要在于引导读者思考关注。评论型编者按，又可分赞成或反对两类。申明型编者按，则表明作者对某些观点持留态度，运用它的目的是分清是非责任或申明编者立场态度。

文摘是期刊的重要应用文体之一。它是文章的摘要，又称内容提要。是指期刊编辑用摘录或缩写的方式，对长文和专业论文作导读性的提示。以最少的字数概括复述文章的主要内容，使读者花极短的时间获取该篇父章的主要信息。文摘，又称叙录，也是中国最古老的文体之一。汉朝刘向是这种文体的创立者。公元前 26 年，西汉成帝令刘向组织编校班子入皇家图书馆天禄阁整理积存图书。在此后 20 年间，刘向广读各种版本图书，每校完一书，便誊写清楚，编好目录，撰写叙录呈送成帝审览。这种叙录是一种书录提要，既是对一种图书内容的简明介绍，也是对图书作者生平、全书思想、学术价值与校对经过的评论或记录。当年刘向在编辑整理典籍中撰写叙录的目的和方法，南朝萧梁阮孝绪给了较为准确的总结："论其指归，办其讹谬"。《别录》是刘向当年撰写叙录的结集，该书虽已失传，但尚存《战国策》《管子》《晏子》《列子》《荀卿子》《邓析子》《说苑》等篇叙录。

现代期刊文摘主要任务在于高度概括内容，已无辨讹的职能，大致分有报道性文摘和引导性文摘两类。报道性文摘是对主题单一的论文而作，编辑要指明文章主题范围、内容概要，摘录出文章写作目的、方法并得出结论等主要信息。引导性文摘是对综合性长文而作，由于不可能逐条叙录，只能简练提示文章的扼要信息。报道性文摘和引导性文摘的文字都不可能太长，一般只能限止于 500 字以内。现代期刊文摘通常放在文章标题名下方，还有的文摘之后标有关键词。关键词，是为了便于进行文献标引和数据库检索而选用的可表达文章主题内容的词与词组。它既表达文章重要信息，又是文章重要检索点。关键词的信息浓度比文摘更高，一般 3—8 个词或词组即可使人一目了然。关键词放在文摘之下、正文之前，多直接抽自文章本身，保持着文章中原创自然字形态。

第二节　刊评的写作

刊评，是对期刊的评论和推介，类似书评。

刊评，通过对期刊（杂志）做出评价与介绍，表达自己的观点、看法，进行肯定和批评，达到扩大或减低某（些）期刊（杂志）的社会影响，以及进一步肯定或批判某（些）期刊（杂志）宣传的观点或思潮，起到舆论激浊扬清的社会作用。刊评，通过对进步期刊的揄扬，指出对社会发展的推动作用，解释编辑出版工作的社会职责与历史使命。特别是对进步期刊创办人及其所办刊物的评论，更是有树立媒介标杆和典范的重大意义。

我们先欣赏茅盾先生写的刊评《邹韬奋与〈大众生活〉》一文：

韬奋生前常说，他的最大的愿望是办好一个刊物——当然最好是能够办报。在反动统治下，办进步刊物是一定要受到迫害的，韬奋就是在重重的迫害下办刊物而坚持到底的一人。

他主编的最后一个期刊就是《大众生活》，在香港出版。《大众生活》对于当时的南洋华侨起了相当大的影响。

皖南事变后，在共产党的策划和领导之下，相当数量的革命的进步的文化工作者从压迫愈来愈严厉重庆"疏散"出去，建立分散的文化据点。到香港的一批以韬奋为中心，目的就是要在香港办报办刊物。如果由韬奋出名来办报，恐怕是通不过香港政府这一关的，因而只好办周刊。

当时的香港充斥着各式各样的特务——蒋记的、汪记的，等等。他们要破坏韬奋的活动，自不待言。香港政府自然也不会欢迎韬奋这样一个人来办刊物。不过，既然还标榜着"言论自由"，就不好公然不许，而只能在刊物登记的条例上做文章；照那条例，刊物的负责者是发行人，而发行人则须是"港绅"。因而韬奋当然不能自任发行人去申请登记，而必须找一位港绅来"合作"，但即使找到了那样一位，能不能通过，据说也很少把握。

所谓"有志者事竟成"罢，韬奋终于找到一位发行人了。原来有一个曹先生（他的父亲是所谓港绅），早已登记好了要办一个周刊，但因找不到适当的主编，故而那刊物还没出世。这位曹先生年纪还轻，读过韬奋的著作及其所编的刊物，可以说是对于韬奋的道德文章有相当的认识，对于韬奋怀着敬佩之心的一个人。经过第三者的介绍，事情就成功了。这就是后来坚持到香港沦陷后停刊的《大众生活》周刊。从这件事，也可见韬奋的为祖国为人民的长期奋斗的精神和毅力，在一般人中间（而曹先生是其中之一）建立了如何高的威信！

办刊物既有眉目，韬奋立刻以他那一贯的负责和不知疲倦的精神开始工作。他要求在两星期后出版的创刊号，那就是说，一星期后就必须将创刊号的稿件发排。他组织了一个编辑委员会，可是参加编委会的朋友们都是另有工作的，他们对于韬奋的帮助只能是：每星期开会一次，决定下一期刊物的主要内容，并在这范围内担任写稿一篇，或者是负责向编委以外的朋友拉一篇那一期刊物所需要的稿。韬奋必须自己做的，就有下

列的一大堆事情：每期登在卷首的社评，那是有一定篇幅的，太长或太短都会影响到刊物的整个编排的计划性；审阅来稿（包括特约稿和外来的投稿）；给读者的来信作“简覆”，这是刊物的很重要的一栏，刊物与读者的联系固然赖此一栏，而尤其重要的，是借这一栏发表一些还不宜于用其他方式（例如短评等等）来发表的主张或批评。不曾在那种环境下办过刊物的人不会了解“简覆”读者来信这工作在彼时彼地是怎样重要而且又是怎样地不简单。韬奋常说：他花在“简覆”上的时间和精力，比花在社评上的要多得多。

在那时的人力物力的条件下办这么一个周刊，其困难有非今天的没有那种经验的年轻朋友所能想象。《大众生活》之所以得以出版，并且在短促的时期内出版，不能不归功于韬奋的毅力和勤奋。当时在香港的朋友们中间颇有几位是办过刊物的，当听说刊物要在一星期内从无到有，都感觉期限太促，然而韬奋那种说干就干、勇往直前的精神，把大家振奋起来了。韬奋是对的。那时候，即使是一天的时间也很宝贵，不能白白过去。那时候，如果迟疑拖延，则夜长梦多，刊物也许会因特务分子的破坏而终于不能出世。如果不能把这些特殊情况加以充分的估计，而轻率地武断地以为韬奋就是“性急”（有人是这样看他的，而他自己也这样自讼），是“顾前不顾后”，或者，因而给他一个“急躁冒进”的帽子，那是全无是处的。

恰恰相反，我倒觉得韬奋的嫉恶如仇、说干就干、充满信心、极端负责的精神，正是我们应当学习的。

至于韬奋的思想发展的过程，——他的如何从一个旧民主主义者发展而成为共产主义者的过程，我在这里不想多说。从韬奋身上，又一度证明了凡是有正义感、爱祖国、爱人类、爱真理的旧民主主义者，在斗争的考验中，是会走上信仰共产主义的道路的，中外皆然，这已是历史发展的规律。

（原载 1954 年 7 月 24 日《人民日报》）

刊评的写作，首先是对一个期刊的办刊方针的评。介绍刊物的同时，免不了介绍刊物的人物活动，以及主编影响刊物的方向和质量。因而刊评往往由内容谈到主编，也从主编论及内容，有时就是两者联系起来评述。本篇就是论人与论刊物相结合的。特别谈到邹韬奋是如何做期刊编辑工作时，介绍他那种说干就干、勇往直前、极端认真、不知疲倦的工作精神，令人感动。这里还提供了《大众生活》的一点办刊史，凸显了国难当头之际的进步出版家办刊艰辛。

有的刊评则不局限于一本很具体的期刊，而是高屋建瓴地围绕一个更大的主题进行评说。人们读完书评后，眼前豁然一亮，被导引着置身于新的精神境界。于是明白了一个大道理，超越了一个期刊的时空界限，使人的思想情操产生质的飞跃。

请看巴金写的刊评《致〈十月〉》：

《十月》杂志创刊三周年，编辑同志来上海组稿，说是长短不论。我答应试试。我想谈谈编辑的一些事情。可是近大半年来我的身体一直不好，感情激动起来，连写字也困难，看来文章是写不成了，那就随便谈点感想吧。我一直被认为是作家，但我也搞过较长的编辑工作。自以为是两方面的甘苦都懂得一点。过去几十年中间我多次向编辑投稿，也多次向作家拉稿。我常有这样的情况：做编辑工作的时候，我总是从编辑的观点看问题，投稿的时候我又站在作家的立场对编辑提出过多的要求。事情过后，一本杂志已经发行，一部书业已出版，平心静气，回头去想，才恍然大悟：作家和作者应当成为诚意合作、互相了解的好朋友。

《十月》杂志是很好的大型刊物。但它并不是一出现就光芒四射，它是逐渐改进、越办越好的。刊物是为读者服务的，用什么来服务呢？当然是用作品。读者看一份刊物，主要是看它的作品，好文章越多，编辑同志的功劳越大。作品是刊物的生命，编辑是作家与读者之间的桥梁。作家无法把作品直接送到读者手中，要靠编辑的介绍与推荐，没有这个助力，作家不一定能出来。刊物要是不能经常发表感动读者、吸引读者的好作品，编辑要是不能发现新的作家、不能团结好的作家，他们的工作就不会有成绩。文学艺术是集体的事业，这个世界的发展繁荣，与每一个文艺工作者都有关系，大家都有责任。大家都在从事一种共同的有益的工作，不能说谁比谁高。我觉得这样的说法倒符合实际。

我想起一件事情：大约是 1962 年吧，上海一位出版局的负责人写了一篇文章，替编辑同志们讲了几句话。他是一个大知识分子，也知道一些编辑工作的情况，听到一些人的牢骚，想"安抚"他们，对他们做思想工作。没有料到一篇文章闯了大祸，姚文元的"金棍子"马上打到他的身上来了。他从此背上"杂家"的包袱，吃够了苦头。……一瞬二十年过去了，今天我仍然听到作家们在抱怨、编辑们在发牢骚，我觉得两方面都有道理，又都没道理。对每一方面我同样劝告：对自己要求高一点，对别人要求低一点。前些时候我读过一篇文章，说"批评也是一种爱护"。我不这样看。不过"爱护"二字引起我的一些想法。我要说，真正爱护作家的是好的编辑。同样，好的编辑也受到作家的爱护。一个刊物发表了两三篇好文章，好的作品就像流水汇集到它那里。刊物选择作品，作家也挑选刊物。我听见一位作家对别人说："某某是我的责任编辑"。声音里充满感情，我看除了读者们的鼓励外，这就是对编辑莫大的酬报了。但是我又听到一位作家抱怨，编辑不向他组稿，但是我想劝他不要生气，我说："这样倒好，主动权就在你手中了，你有两个办法：第一他不组稿，你就不投稿，组不到好作品是他那个刊物的损失；第二他不来组稿，你也可以投稿，看他识货不识货。漏过了好作品是编辑的过失，他会受到读者的批评。"……我看，一个作品的最高裁判员还是读者。古今中外的文学

名著是靠谁保存下来的呢？还不是读者？也只能靠读者。编辑不可能跟读者对着干，硬要编一本没人要看的刊物。刊物没有人要看，一定办不下去，编辑也得改行。让两方面都来接受时间的考验吧，都来经受读者的考验吧。

我想谈一点个人的经验和个人的感情。我在不同的场合讲过了我怎样走上文学的道路，在这里我只想表示我对叶圣陶同志的感激之情。他是很好的作家和教育家，但我是把他当作很好的编辑而感谢的。我写了长篇小说，缺乏自信不敢投稿，从法国寄给上海开明书店的朋友托他代印几百册，我赴法前看见过一位朋友的兄弟自印的小说，印费并不贵。年底我回到上海，朋友一见面就告诉我："你不用着译书卖稿筹印费了。《小说月报》明年第一期期连载你的小说。"原来当时《月报》的代理主编叶圣陶老经常去开明书店，他在我的朋友那里看到我寄去的原稿，认为可以发表，就拿去推荐给读者。倘使叶圣老不曾发现我的作品，我可能不会走上文学道路。作为编辑他发表了不少新作者的处女作，鼓励新人走进文坛。编辑的成绩不在于发表名人作品，而在于发现新的作家，推荐新的创作。

我从来没有把写作当成成名成家的道路。作家不过是一种职业，一个工作岗位。作家不是一种资格，不是一种地位，不是一种官衔。我重视、热爱这个职业、这个岗位，因为我可以用我的笔战斗通过种种考验为读者、为人民服务。我做梦也没有想到作家会是"社会名流"或者"太平绅士"。我绝不相信作家可以脱离作品而单独存在，可以用题字、用名字、用讲话代替自己的文章。我常常静夜深思，难道我初拿笔写作，就是为了大写"苦学自学"的经验谈，引导青年如何青云直上，充当各种活动、各种场面的装饰品？

有时我的思想似乎进入了迷宫，落到了痛苦的深渊，束手无策，不知怎样救出自己。忽然我的眼前出现了一位老人的笑颜，我心安了。50年来他的眼睛一直注视着我真是一位难得的好编辑。他不是白白地把我送进了"文坛"，他以身作则，为我指出为人为文的道路。我们接触不多，他也少给我写信。但是在警紧要关头，他对我非常关心。他的形象也是对我的支持和鼓励。我们最近两次会见，他都叫人摄影留念，我收到他从北京寄来的照片，我总是兴奋地望着他的笑脸对人说："这是我的责任编辑啊。"我充满了自豪的感觉，我甚至觉得他不单是我的第一本小说的责任编辑，他是我一生的责任编辑。

对编辑同志，对那些默默无闻、辛勤工作的人，除了表示极大的敬意之外，没有别的话可说了。但是我记得作家们抱怨过编辑同志的砵笔无情，那么我就向同志们提出一个小小要求：现在"文责自负"，就让作者多负点责任吧，我一时改过不少人的文章，自己的文章也让不少编辑删改过，别人改我的文章，如果我不满意后来一定恢复原状。我的经验是：有权不必滥用，修改别人的文章不论大删小改，总得征求作者同意。我现在还是这样看法。

以上只是我对一般编辑工作的意见，这个小小的要求并不是向《十月》提出的。很惭愧，说到《十月》，创刊时答应投稿，可是3年来我没有给刊物寄过一行文字。看来，我再也写不出合适刊物的像样的文章了。编辑不会责怪我。但是作为读者，我读到好的作品就想起编辑们的勤劳和苦心，既高兴又感谢。刊物在发展，在前进。读者的眼光永远注视着你们前进的脚步，奋勇前进吧，亲爱的朋友们。

一九八一年七月二十五日

巴金的这篇书评并没有对《十月》期刊做评价，但以此为由头，提出一个更大的怎样做好书刊编辑出版工作的命题。巴金充满着对书刊编辑工作的挚爱之意，对作家和编辑之间相互关系的真诚之心，他深刻指出，期刊是通过刊载作品为读者服务的，编辑是作家和读者之间的桥梁，负有重要社会职责。接着他讲述了自己如何走上文学之路，对引他上路的“责任编辑”叶圣陶先生充满敬意和感激之情。这不仅是对出版先辈的赞颂，而是对编辑职业岗位的尊重和礼赞。评论中间，巴金又从叶圣人格生发开来，对编辑人品以及作家社会角色做出深邃的定位，更彰显了这篇刊评对人生价值的拷问。

思考题：

1. 写一篇发刊词。
2. 试写一篇刊评。

第11章

图书的成本利润与期刊的广告经营

第一节　图书的成本构成与定价方法

图书的成本构成包括图书直接成本和图书间接费用。

直接成本有：作者稿费，指依合同约定或按著作法规定给作者支付的稿酬；图书编辑设计费，指对书稿加工整理、图书内文版式设计，以及图书封面为核心的外形设计等，给予一定的劳动付酬；校对费，指给校对人员为图书“三校一读”所投入劳动的回报；排版费，指计算机录入图文及按图文样式排出的费用；输出费，又称出片费，指图书排版后将图书样式制成胶片的费用；纸张费，指图书正文包括插页所需纸张之总量费用，以及印刷过程中残损纸张的消耗；印刷费，指胶印中拼版、上版和印刷加工费用，分彩印和黑白两种；装订费，指图书装订过程中折页、套、粘页、割页、折口、糊封、线装、胶、上封、烫金、压印、丝带等费用；装帧费，指图书外形是平装或精装的费用；印刷损耗费，指印制中人为或非人为造成的纸张等原材料和工时等额外消耗。图书编辑应当了解图书直接成本是，作者稿酬怎样计算和检查核审印厂的印刷装帧费用的报价单。稿费计算方法如下：

国家版权局 1999 年 4 月 颁发的《出版文字作品报酬规定》，对以出版纸介质出版物的形式实用文字作品的付酬方式和标准作了规定。

《出版文字作品报酬规定》提出的付酬方式有三种：

1. 版税方式

版税是根据图书定价的一定比例乘以一定册数计算支付给著作权人的报酬。国家版权局提出的版税计算方式，是“图书定价 × 发行数 × 版税数”，但是出版单位与著作权人也可在合同中约定以“图书批发价”代替“图书定价”，以“印数”或“实际销售数”代替“发行数”。国家版权提出的版税率标准，是原创作品为3%—10%，演绎作品为1%—7%。

2. 基本稿酬加印数稿酬方式

按照这种方式，出版者应根据作品的字数向作者支付一定的基本稿酬；再根据图书的印数，按基本稿酬的一定比例向著作权人支付印数稿酬；图书重印时只付印数稿酬，不再付基本稿酬。

国家版权局提出的基本稿酬标准是原创作品为每千字30—100元，演绎作品则按再创作方式的不同而有所不同：改编作品为每千字10—50元；汇编作品为每千字3—10元；翻译作品为每千字20—80元；注释作品只对注释部分参照原创作品的标准付酬。

国家版权局提出的印数稿酬标准是每千册按基本稿酬的1%计算。需要说明的是，印过不止一次、每次印数都不是整千册数（如第1次印2500册，第2次印2300册，第3次又印1500册等）的图书该如何支付印数稿酬，国家对此未作具体规定。虽然在实践中通常参照结算版税的方式计算，但为了避免与著作权人发生纠纷，对印数稿酬的计付方式宜在出版合同中明确写明。

3. 一次性付酬方式

按照这种方式，出版者按作品的质量、篇幅、经济价值等情况计算出报酬，并一次向作者付清。付酬的标准和计算方式可参照基本稿酬。

为了更好地计算图书的直接成本，许多出版社鼓励图书责任编辑尽快看懂印厂的印刷、装帧费用的报价单，因为这是图书直接成本构成的最重要部分。

图书的间接费用有：图书发行费，指出版社在图书销售过程中发生的所有费用，如广告推广、展览宣传、图书批发零售、仓储运输、包装、售后服务等费用；出版机构管理费，包括员工工资、“五险一金”福利支出，房屋、水电、冷暖设备、车船等运输工具购置使用消耗，办公、旅差、邮递、通讯、法律咨询、诉讼等费用；出版机构的税金缴纳，指出版社以纳税人的身份向国家缴纳各项法定的税费并履行某些税金的代扣代缴义务，如增值税、营业税、所得税和附加税。国家规定出版物销售要增值税，税率一般为17%，但图书和期刊的销售一般为13%的低税率。国家同向出版社征收书刊销售之外的、与出版活动相关的业务收入的营业税，如著作权贸易收入、广告收入、出租房屋收入等，税率为5%，此外，出版社在缴纳增值税和营业税的同时，还须缴相关的城市维护建设税、教育费附加，税率分别是7%和3%。出版社还要向国家缴纳25%的企业所得税，代扣个人所得税，一是对出版社的职工工资、稿酬和劳务所得，都须按5%—45%九级超额累进税率征收。一是对作者稿酬代扣个人所得税，具体计算方式有

两种：若个人稿酬总收入不超过 4000 元，扣除 800 元的免税额后，按 20% 税率计征，并减征税款 30%；若个人稿酬总收入超过 4000 元（含 4000 元），扣除 20% 的免税额，按 20% 的税率计征，并减征税款 30%。

科学合理地进行图书的定价：在出版社就一本图书而言，基本上包含 5 个部分：生产成本（包括图书的纸张、印刷工艺、包装、装帧、单本书的印张数学）约占该本图书定价的 25%—30%；作者稿酬支出，约占图书定价的 8%—15%；合理的预期利润占该本书定价的 10%—20%；销售环节的折扣，其中批销商折扣约占图书定价 5%—10%，零售商折扣约占图书定价 25%—35%。

在与国外图书定价相比，发达国家的图书生产应按成本在定价中占的比例低于我国，但其包括管理费用在内的成本高于我国，这是海外书价高于我国同类书定价的原因之一。不过，我们也发现虽然美国等国外图书定价的直接成本低，可销售收入将近一半为书商所得，如再减去 10%—30%税金和退税所得，出版商的平均利润不过是定价的 10%左右，因此图书初版时获利微薄。我国图书定价中，出版社预期利润和各级批销商的购销折扣占的比重较大，管理费、整体推广费较低，因而即使初版图书，出版社也能较多获利。何况再版书、重印书、在再版、重印过程中，既不需初版那样承担风险，也省不少编印成本不必再加以投入，但书的价格往往却不降反升。

尽管国情不同，但为提高图书产品市场竞争力和企业效益，各国出版社都采取一致措施：直接或间接地降低出版生产成本。办法是：(1) 通过员工技能培训、技术设备更新、企业信息化管理来提高生产效率降低成本；(2) 消减不必要的出版费开支，科学安排出版工作周期；(3) 控制设计、用料、印装成本等。如日本未来社，出版机构研发了新的编辑系统，使图书编辑印刷的成本费用大大降低。

在我国出版界，图书的定价法主要大体有三种。

印张定价法：是从中华人民共和国成立以来一直延续按成本定价，确定图书价格的办法。起初是印张定价法，1956 年 2 月 18 日，文化部颁发书刊定价标准，确立了计划经济体制下，我国图书产品按印张定价的计划价格模式，当时规定我国出版的一般书籍，教材定价为 11 大类 26 小类，一般图书每印张为 6 分至 2 角，教材（中小学）4 分 9 以下，儿童读物 5 分，政策文件法令 5.5 分，该规定直至 1984 年实行 28 年。

利润率定价法：是先设定利润率的指标，通过反推，使定价与之一致的方法。

成本定价法：原本针对学术类和专业著作出版社的同样给以优惠政策，最早见于 1998 年新闻署颁发物价局《同意印数在 3000 册以下的学术著作和专业著作可参照成本定价》的通知，其完整含义是，以图书产品单位成本为依据，既可高于，也可低于通行的 印张定价。

从图书的定价构成可以看出，在实现图书商品价值过程中，图书销售环节费用几乎与直接生产成本相等，因此实现市场价值因素是复杂的。为有效防止和消化出版业生产链行业产品价格攀升所引起的图书利润风险，业界提出，纸张材料成本是图书主要成本项目，一般图书的纸张成本占图书生产印装成本 50%—60%。在纸质图书出版的历史上，出现过多次纸张涨价的状况。出版社编辑上游环节采取的有效对策一般是：提升图书品质，减少库存，摒弃同质化图书；合理确定印数，最佳印数＝ 2Rr ／ Pc（注：P 为编辑成本，用编辑成本概念和其他数据测算合理印数）。对所需纸张合理备货，科学制订采购计划；充分利用高新技术与产品，引入按需印刷；优化材料成本核算适当上调价格。

第二节　期刊的广告与经营

期刊是广告传媒的一种传统载体。

期刊经营与读者、广告客户及印刷厂的关系极为密切。

期刊要重视加强自身的诚信建设。在经营中，对读者、广告客户和印刷厂要树立以诚信为荣、不诚信为耻的良好形象，在国际上，传媒市场经济秩序比较成熟，报纸期刊的发行量核查已有近百年的历史，形成了有效的诚信机制。而我国的报刊发行量核查机构建立较晚，2005 年，我国新闻出版物发行数据调查中心才经民政部批准进行出版物数据核查的机构，通过核查并向社会公布核查结果。由于某些报纸、期刊不敢公布实际发行量害怕失去广告客户群，而广告客户不敢去核实期刊的实际发行量，担心那样会得罪媒体，因为有的期刊会利用手中的话语权给他的企业带来麻烦，这就造成了相互之间的不信任，由于广告客户对报刊发行量可信度打折扣，所以谈广告价格也就犹豫不决。还有的期刊为扩大广告收入，不惜向企业出卖版面以报告文学、专访、调查报告等所谓“软广告”“形象设计”，在正刊上进行夸大报道，这种欺骗读者的做法严重损害了期刊的诚信形象，造成十分恶劣的社会影响。因此，期刊在经营中要建立良好的生态环境和诚实的产业链。比如有期刊经常不能正常按合同约定与印厂结算印刷费用，长期拖欠纸厂货款，甚至有意挤占挪用货款进行别的资金周转，发生“三角债”问题。

广告经营是期刊重要的业务，期刊把广告收入作为主要利润来源，并在经营中把争取广告收入放在第一位。办刊人必须遵循市场规律，争取更多的广告收入，并处理好广告与发行量、成本、利润的关系。广告经营的正确原则是：(1) 严格执行国家关于广告管理的法律法规，应该成为期刊广告经营的行为准则。要遵守广告刊登审核制度，对

不符合广告法规定、手续不全的广告一律不予刊登。(2) 维护读者利益，期刊广告经营者要树立读者第一的思想，时刻为读者着想，坚持客观真实地传播广告信息，在广告制作中不夸大其词，不渲染发挥，更要杜绝虚假广告。这样才能树立期刊的良好形象，为期刊的长远发展打下坚实的基础。(3) 保持期刊风格，期刊所登广告的内容，要与期刊的性质和风格相接近。这样，一则可以维护期刊的整体结构特色；二则也能提高广告客户的信任度。对广告客户的负责主要体现在两个方面：

(1) 真诚帮助客户做到依法发布广告。如果发现广告内容违反国家规定，应该及时向客户指出，并提出适当的修改建议。简单地拒绝刊登是不可取的，因为一来无助于客户增强法律意识，以致今后在别处重犯违反国家规定的错误；二来也意味着失去了该客户。以“文责自负”为借口，完全按客户的意图去做，同样是不可取的，因为这会导致期刊本身违反国家规定。

(2) 真诚对待客户，不虚报发行数量，并在遵纪守法的前提下，尽量为客户提供一些方便。同时一定要信守诺言，切实履行广告合同条款，做到广告刊登的守时、到位。

关注广告与期刊的发行量、成本、利润的关系。

期刊出版的利润主要是销售利润和广告收入，但两者的表现却是相当不平衡的：有的期刊只有销售利润而没有广告收入；有的期刊广告收入明显地大于销售利润，如现在我国的许多时尚类期刊。

可能有人会认为期刊的发行量越大越好，因为发行量越大，一方面意味着可赚取更大的销售利润；另一方面意味着可以争取到更多的广告客户，从而增加广告收入。在不损害销售利润的前提下，发行量自然越大越好；但如果不顾销售利润，片面地追求发行量，再用这个发行量去争取广告客户，情况就不同了。

现代经济学对边际成本与边际收益关系的分析，十分适用于对期刊发行量、产成本和广告收入三者关系的分析。所谓边际成本，是指产量每增加一个单位时所带来的总成本的增加量；所谓边际收益，是指增加销售一个单位商品时所带来的总收益的增加量。经济学的边际原则告诉我们：如果边际收益大于边际成本，即增加每单位发行量的所得多于所支，扩大发行是有利的；如果边际收益小于边际成本，即所得小于所支，扩大发行就会减少盈利，以至于发生亏损；如果边际收益正好等于边际成本，即增加每单位发行量的所得与所支相等，则发行量已达到了最佳点，而盈利也达到了最高点。

需要指出的是，在测算期刊的生产成本时，务必要考虑到广告本身的印制成本，并且考虑到这种成本会随着发行量的上升而增加。只有当广告刊费大于其本身的成本时，才能给出版单位带来收益。如果广告本身的成本随着发行量的上升而增加到与其刊费相等，就说明广告已经不能给期刊出版单位带来收益，在这种情况下，广告数量再多也已没有什么意义，通过增加发行量来吸引广告客户是有弊无利的。

根据以上分析，我们可以知道，在广告的印制成本小于广告收入的前提下：

如果期刊销售价（指出版单位扣除发行成本后实际获得的销售收入，下同）高于其成本，应该努力增加发行量，广告投放量自然也是多多益善。

如果期刊销售价等于其成本，因发行量增加所导致的成本增加可由销售收入自行抵消，广告收入成为期刊经营者获取利润的唯一来源，发行量的增加如能吸引更多的广告客户，当然应该增加，以带来更多的广告收入。

如果期刊销售价低于其成本，即使增加发行量能吸引更多的广告客户，也应仔细分析、测算所增加的广告收入是否足以抵消因产量增加而上升的生产成本。如果可以抵消而且还有多余，就还可增加发行量；如果正好抵消，就说明发行量已经达到最佳点，不可再升高；如果还不足以抵消，就要考虑削减发行量，以减少亏损。

这就是说，办刊人应该努力寻找销售利润、广告收入以及发行量三者之间的最佳结合点，只有这样，期刊才会处于动态的良性发展之中。美国《读者文摘》全球发行量曾高达 1800 万份，但期刊经过测算不合理，应该削减其发行量数。2007 年提出将把原有的发行基数降低 20%，大约只有 800 万份，原因之一是发行成本过高，广告商渴望获得更忠诚读者。

据我国新闻出版署财务司统计，2006 年全国共出版期刊 9386 种，总印数 28.5 亿册，总印张 134.7 亿印张，定价总金额 140 亿元。如果再加上广告、会展等的收入，期刊产业具备相当规模。按照《新闻出版业“十一五”发展规划》，期刊出版到 2010 年的发展目标是达到 30 亿册，四年中将实现增长 1.5 亿册。按期刊传统经营理念讲，发行和广告是它得以生存发展的两翼。但是据《现代广告》公布的数据称，2006 年报纸、电视、广播等其他媒体形式的广告都有所增加，但我国期刊广告收入总额为 24.1 亿元，与 2005 年相比，下降了 3.07%。

在国外一些发达国家中，期刊广告收入占媒体广告收入总额的 10%—20%。但在我国，9000 多种期刊广告收入只占媒体广告收入总额的 1.5%。这说明，我国期刊广告业还处于落后状态。

我国期刊广告市场不成熟。分析原因有二：一是期刊大多数属于普及性刊物，纸质低劣、印制成本廉价，刊物发行量一般都不大，且有一定的发行周期，很难满足客户对现代传媒所需求的那种努力渲染产品质感、快速直观受众多的效果，因此很难得到有实力的客户青睐。只能吸引一般的中小客户群，而这种低价的广告的循环往复，又难提升刊物广告高价位的潜质。二是期刊广告队伍缺少诚信和良性竞争。期刊界的刊物以中小规模属多，许多期刊的发行量缺乏权威认证。广告客户的匮乏带来了许多不良现象；广告生意往往结成各种不体面的特殊利益关系，虚假广告与“软广告”经常在一些刊物上出现，以高回扣互相撬台的恶性竞争时有发生。

为此，要建立一支创新性的广告队伍。抓好包括广告策划、广告管理和广告经营人才在内的广告经营团队建设，形成一个多谋制胜的独立作战部门。善于把握期刊自身优势，熟悉广告市场动态，广结善缘，洞察先机，多谋善断。要提高广告员的素质，对内要遵守广告严格管理规则，对外要诚信而体面地开展广告业务。

要不断提升期刊广告产品资质。期刊广告部门要在广播、电视、网络广告中求得生存空间，应加强研究作为纸媒体所独具的广告优势进行策划与创意。如在视觉长久、嗅觉附着、携带方便上做文章，运用印刷技术、装帧技术、推出立体广告、嗅觉附着广告、珍藏工艺广告；特别要策划好封底、封面这两张期刊“脸面”。

要发挥期刊聚合社会资源的功能。期刊的经营者一定要充分认识，期刊不仅有提供资讯内容的功能，更重要的还有组织社会力量聚合社会资源的功能。近年来，期刊界走出了各种各样的经营道路：

(1) 以发行量取胜，如《知音》《读者》。

(2) 以广告取胜，如《时尚》《瑞丽》虽然印刷成本高，但印制精美吸引了许多高端客户、国外客户，加上高价位广告费获利可观。

(3) 以期刊为平台，组织各种相关论坛、品牌活动，培训活动，以及评选活动，都市刊物还可组织房地产销售活动。

(4) 以期刊为平台，聚合一些社会力量成为读者数据库，成立理事会、俱乐部支持办刊。

要加强纸质期刊走跨媒体经营道路。网络期刊是一种新的趋向，互联网的发展令人惊讶，它的许多潜在功能至今还并不为人们所完全认识。期刊界提出既要消除纸质期刊濒临灭亡的恐惧感，又要在今天纸期刊读者仍呈上升趋势的情况下，实施“纸上、网上并发展”的战略行动。期刊要竭力保护和打造好今天的纸质传媒，又要预料明天数字传媒的必然胜出，及早设计今天纸期刊将在网络时代的位置。使“纸上、网上并发展”的战略行为既能够守住今天，又不丢掉明天。

思考题：

1. 怎样计算图书的直接成本与间接成本？
2. 你了解一本长销书是如何定价的？
3. 分析一份期刊的边际成本和边际效益的关系。

第12章

中国图书期刊的印制

第一节　印刷经营许可制度与书刊委托印刷制度

印刷业与出版业作为相互依存、共同发展的同一产业链上的两个不同产业，关系十分密切。图书期刊历来十分重视借助于印刷手段提升自己的媒体地位、文化地位与市场地位；印刷业也十分重视借助于图书期刊生产不断进行技术创新的尝试，通过图书期刊生产把印刷工业施展得近乎极致。书刊和印刷相互促动，携手共赢，已成为人类近代文化史、出版史、印刷史上不可忽视的进步现象 。

书刊的印刷，是根据作品原稿，使用印版或其他方式将原稿上的图文信息复制到承印物（一般是纸介质）上，加工制作成图书和期刊的过程。

印制图书、期刊一般分印前、印中、印后三个阶段。印前，又称印前制作阶段，是按照已进行整体设计的书刊原稿制作成印版的阶段；印中，又称印刷阶段，是将印版上的图文信息复制到纸张上的阶段；印后，又称装订阶段，是将已经印有图文的书页加工成册的阶段。在书刊印制的全过程中，印中处于印刷阶段的中心地位。出版要素中的"复制"，主要在这个阶段实现。印前制作是为印中所准备，印后阶段的装订是对印刷的产物进行加工整理。

在我国，实行印刷经营许可制度。同时图书、期刊出版实行出版社书刊委托印刷制度。

首先，国家实行印刷经营许可制度是，国务院《印刷业管理条例》规定，印刷经营活动，包括经营性的排版、印刷、装订、复印、影印、打印等活动，必须依照国家规定取得印刷经营许可证，未依照本条例规定取得印刷经营许可证的，任何单位和个人不得从事。

在我国，设立印刷企业，应当具备下列条件：(1) 有企业的名称、章程；(2) 有确定的业务范围；(3) 有适应业务范围需要的生产经营场所和必要的资金、设备等生产经营条件；(4) 有适应业务范围需要的组织机构和人员；(5) 有关法律、行政法规规定的其他条件。审批设立印刷企业，除依照前款规定外，还应当符合国家有关印刷企业总量、结构和布局的规划。

设立从事出版物、包装装潢印刷品和其他印刷品印刷经营活动的企业，应当向所在地省、自治区、直辖市人民政府出版行政部门提出申请；其中，设立专门从事名片印刷的企业，应当向所在地县级人民政府出版行政部门提出申请。申请人经审核批准的，取得印刷经营许可证；并按照国家有关规定持印刷经营许可证向公安部门提出申请，经核准，取得特种行业许可证后，持印刷经营许可证、特种行业许可证向工商行政管理部门申请登记注册，取得营业执照。

国务院出版行政部门主管全国的印刷业监督管理工作。县级以上地方各级人民政府负责出版管理的行政部门（公安部门、工商行政管理部门及其他有关部门在各自的职责范围内）负责本行政区域内的印刷业监督管理工作。

印刷业经营者应当建立、健全承印验证制度、承印登记制度、印刷品保管制度、印刷品交付制度、印刷活动残次品销毁制度等。具体办法由国务院出版行政部门会同国务院公安部门制定。

图书、期刊出版实行出版社书刊委托印刷制度是出版社在委托印刷图书时，要审核委托其承印图书的企业是否属于出版行政部门审定许可的书刊印刷企业。要查验该企业负责人真实姓名身份证、印刷经营许可证，留存复印件备查。出版社不能委托非书刊印刷业承印书刊，也不能委托因违反《出版管理条例》《印刷业管理条例》等法规的规定而正处于受处罚期间的书刊印刷企业承印图书、期刊。同时还规定，出版社委托印刷企业印刷图书，必须提供符合国家规定的委托印刷书刊的有关证明，并依法与印刷企业签订合同。

出版社必须按照规定，在委托印刷的书刊上，刊载出版单位的名称、地址、书号或刊号、出版日期或刊期、书刊印刷企业的真实姓名与地址等。如果书刊出版社与印刷厂同在一个城市，印刷委托书的办理手续则比较简单，因为书刊出版社和承印厂方都由同一个新闻出版管理出版机构监管，不容易因出现印制环节的漏洞而失去监管，书刊出版社和承印厂方在同一城市的委托印刷单大致如下：

出版社同城印刷委印单

承印厂　　　　　　　　　　　　　　　　　　　　　　　　　年　月　日发

<table>
<tr><td>书号</td><td colspan="6">ISBN 7-××××-</td><td colspan="5">书名:</td><td colspan="2">作　者</td><td></td></tr>
<tr><td>开本</td><td colspan="3">× 1/</td><td colspan="3">成品尺寸</td><td colspan="2">×</td><td colspan="2">印数　　册</td><td colspan="2">定价　元</td><td>责任编辑</td><td></td></tr>
<tr><td colspan="4">字数:　　千字</td><td colspan="5">版次　　—</td><td colspan="3">拼版尺寸</td><td colspan="3">天头　地脚　切口　订口</td></tr>
<tr><td rowspan="2">印装顺序</td><td colspan="3">1)</td><td colspan="4">2)</td><td colspan="3">3)</td><td colspan="3">4)</td><td>5)</td></tr>
<tr><td colspan="3">6)</td><td colspan="4">7)</td><td colspan="3">8)</td><td colspan="3">9)</td><td>10)</td></tr>
<tr><td colspan="4">总页数:　　页</td><td colspan="4">总印张:</td><td colspan="7">装订方法:(骑马、平订、锁线、胶订、软精、精)　装</td></tr>
<tr><td rowspan="8">用纸用料</td><td rowspan="2">用途</td><td rowspan="2">页数</td><td rowspan="2">开数</td><td rowspan="2">规格</td><td rowspan="2">克重</td><td rowspan="2">纸名</td><td colspan="2">正数用线</td><td colspan="3">加放</td><td colspan="2">合计</td><td rowspan="2">色数及印法</td></tr>
<tr><td>令</td><td>方</td><td>%。</td><td>令</td><td>方</td><td>令</td><td>方</td></tr>
<tr><td></td><td></td><td></td><td>×</td><td></td><td></td><td></td><td></td><td></td><td></td><td></td><td></td><td></td><td></td></tr>
<tr><td></td><td></td><td></td><td>×</td><td></td><td></td><td></td><td></td><td></td><td></td><td></td><td></td><td></td><td></td></tr>
<tr><td></td><td></td><td></td><td>×</td><td></td><td></td><td></td><td></td><td></td><td></td><td></td><td></td><td></td><td></td></tr>
<tr><td></td><td></td><td></td><td>×</td><td></td><td></td><td></td><td></td><td></td><td></td><td></td><td></td><td></td><td></td></tr>
<tr><td></td><td></td><td></td><td>×</td><td></td><td></td><td></td><td></td><td></td><td></td><td></td><td></td><td></td><td></td></tr>
<tr><td></td><td></td><td></td><td>×</td><td></td><td></td><td></td><td></td><td></td><td></td><td></td><td></td><td></td><td></td></tr>
<tr><td colspan="2">送书地点</td><td colspan="3">作者　　册</td><td colspan="3">本社样书　册</td><td colspan="4">本社库房　　册</td><td colspan="2">印制成本</td><td></td></tr>
<tr><td>说明</td><td colspan="14"></td></tr>
</table>

公章　　　　　　　复核　　　　　　　开单

如果书刊出版社与印刷厂不在同在一个城市，是跨省、跨地区的，那么，印刷委托书的办理手续比较复杂，要填写办理国家统一制定的异地出版委托印刷书。印刷企业接受所在地省、自治区、直辖市以外的出版单位的委托印刷图书、期刊的，印刷委托书还必须事先报印刷企业所在地省、自治区、直辖市人民政府出版行政部门备案。印刷委托书由国务院出版行政部门规定统一格式，由省、自治区、直辖市人民政府出版行政部门统一印制。例如，书刊出版社在北京市的单位，如果要跨省市，到异地印刷书刊的，其委托印刷书如下：

图书、期刊异地印刷委托书

<table>
<tr><td colspan="2">书（刊）名</td><td colspan="4"></td></tr>
<tr><td colspan="2">出版单位（委托方）名称</td><td colspan="2"></td><td colspan="2">地址：</td></tr>
<tr><td colspan="2">印刷企业（受托方）名称</td><td colspan="2"></td><td colspan="2">地址：</td></tr>
<tr><td colspan="2">总发行单位名称</td><td colspan="2"></td><td colspan="2">地址：</td></tr>
<tr><td colspan="2">国际标准书（版）号</td><td colspan="2"></td><td colspan="2">版次：</td></tr>
<tr><td colspan="2">中国标准刊号或国内统一刊号</td><td colspan="2"></td><td colspan="2">刊期：</td></tr>
<tr><td>开 本</td><td></td><td>印 数</td><td></td><td>著译者</td><td></td></tr>
<tr><td>页 数</td><td></td><td>印 张</td><td></td><td>责 编</td><td></td></tr>
<tr><td>字 数</td><td></td><td>定 价</td><td></td><td>责 编</td><td></td></tr>
<tr><td rowspan="2">排 版</td><td colspan="5">原稿页数：　　　　版式：</td></tr>
<tr><td colspan="5">正文用字：　　　　校样份数：</td></tr>
<tr><td rowspan="2">制 版</td><td colspan="5">图稿数量：</td></tr>
<tr><td colspan="5">图版色数：　　　（阳图片、树脂版、铜版、锌版）　块（张）</td></tr>
<tr><td rowspan="2">印 刷</td><td colspan="5">用纸规格：　　　　印刷方法：</td></tr>
<tr><td colspan="5">用纸数量：　　　　印完日期：</td></tr>
<tr><td rowspan="2">装 订</td><td colspan="5">装订方法：</td></tr>
<tr><td colspan="5">装订册数：　　　　交书日期：</td></tr>
<tr><td colspan="2">委托方经办人姓名：</td><td colspan="2">联系电话：</td><td colspan="2">身份证号码：</td></tr>
<tr><td colspan="2">受托方经办人姓名：</td><td colspan="2">联系电话：</td><td colspan="2">受托日期：</td></tr>
<tr><td colspan="2">出版单位（委托方）所在地省、自治区、直辖市新闻出版局备案盖章：

经办人：
年　月　日</td><td>印刷企业（受托方）所在地省、自治区、直辖市新闻出版局备案盖章：

经办人：
年　月　日</td><td colspan="2">印刷企业（受托方）盖章：

负责人：
年　月　日</td><td>出版单位（委托方）盖章：

负责人：
年　月　日</td></tr>
</table>

中华人民共和国新闻出版总署监制（2003）

（接上图）

注：1. 出版单位每次委托印刷（包括重印、加印、同一品种在不同企业排版、制版、印刷、装订），均需认真填写此委托书。2. 此委托书涂改、翻印、复印无效；无出版单位公章无效。3. 印刷企业接受出版单位委托印刷图书、期刊的，必须验证并收存出版单位盖章的印刷委托书，并在印刷前报所在地省、自治区、直辖市新闻出版局备案。4. 此委托书一式四联，一联由印刷企业留存，二联由印刷企业在印刷前报所在地省、自治区、直辖市新闻出版局备案，三联由出版单位在开出后十日内报所在地省、自治区、直辖市新闻出版局备案，四联由出版单位留存。5. 出版单位在工艺和材料方面有具体要求，可另附工艺、材料单或说明书，印刷费用、付款方式及其他要求可由双方另立合同。6. 此委托书由新闻出版总署统一格式，由省、自治区、直辖市新闻出版局统一印制、发放及管理，解放军系统委托书印制、发放及管理由总政治部宣传部新闻出版局负责。

由上所述，全国通行的异地委托印刷书是中华人民共和国新闻出版总署监制的统一格式。和书刊出版社相处异地的印刷企业，接受异地出版社委托印刷书刊，也须验证并收存出版单位盖章的印刷委托书，并在印刷前报出版单位所在地省级新闻出版局备案；印刷企业接受外省市（直辖市、自治区）单位委托印刷书刊，印刷委托书也必须事先报印刷企业所在地省级新闻出版局备案，印刷单位不得承印以下书刊：含有《出版管理条例》第二十六条、第二十七条禁止内容的；非法进口的；伪造、假冒出版单位名称或报刊名称的；未署出版单位名称的；未经依法审定的中小学教科书；以及侵犯他人著作权的。印刷企业在完成承印书刊两年内，留存一份承接的书刊样本备查。

无论同城或异地，印刷业经营者接受委托印刷各种印刷品时，都应当依照《印刷业管理条例》等法规、规章的规定，验证委印单位及委印人的证明文件，并收存相应的复印件备查。 印刷企业接受委托印刷境外包装装潢印刷品和其他印刷品的，必须验证并收存委托方的委托印刷证明，并事先向所在地省、自治区、直辖市人民政府出版行政部门备案，经所在地省、自治区、直辖市人民政府出版行政部门加盖备案专用章后，方可承印；印刷的包装装潢印刷品和其他印刷品必须全部运输出境，不得在境内销售。委托印刷单位必须按照国家有关规定在委托印刷的出版物上刊载出版单位的名称、地址，书号、刊号或者版号，出版日期或者刊期，接受委托印刷出版物的企业的真实名称和地址，以及其他有关事项。接受出版单位的委托印刷报纸、期刊的增版、增刊的，还必须验证主管的出版行政部门批准出版增版、增刊的文件。

第二节　传统印刷要素与种类

近年来，印刷业大有充当传媒大家族新成员“图像传播”的气势。许多教育课程

将“印刷”（Printing）、“印艺”（Graphic arts）改为 Graphic Communications。因为欧美印艺专业课程均逐渐改为如此，意为“图像传播”。北京印刷学院尽管中文名称仍旧保持着传统印刷的味道，但也在 2000 年元旦将其英语名称从 Beijng Institute of Printing 改为 Beijing Institute of Graphic Communication，以顺应国际印艺行业发展潮流。

“图像传播”专业的课程设置有：XML、PDF 流程、图像媒体、电子出版、文字出版等。该专业极力用全新的课程标题和大纲吸引学生，并向社会宣称，今天的“图像传播”已非昔日学生的父母等所从事的印刷行业相比。

事实上也如此，被称为“数码一族”的年轻人，整天都被手机、相机、数码摄影、游戏、电脑图像包围着，“图像传播”已事实存在并非隐性行业，我们正面临一个日新月异的图像传播市场。

近半个世纪以来，印刷业不断技术革新。20 世纪 40 年代，凸版印刷工艺占领导地位。20 世纪 50 年代，平版印刷工艺占领导地位。1994 年以前，铅铸排字工艺还占主导地位。如今，胶印工艺虽倘占主导地位，但没有胶片的计算机直接制版（简称 CTP—Computer to Plate）技术已渐成风气。这种应用计算机印前处理系统，将已完成图文编辑的页面直接转移到印版版材的制版技术，极大方便了印刷工人，由于它的优点在于工艺方面省去了胶片曝光冲洗、晒版等传统制版工序，节约了激光胶片和冲洗化学品；在设备方面省去了冲洗机、晒版机等传统制版设备；在时效方面加快了制度速度，减少了印前准备时间；在质量方面可以实施调频网和高保真印刷，提高了印品质量，所以成为印前领域很有发展潜力的数字化新技术。

2006 年 11 月以来，国家为节能减排，进一步鼓励资源性和有利于一种技术创新商品的进口，控制高能耗、高污染和资源性商品出口，我国对进口 CTP 和胶印机用墨量遥控装置实行零关税，印刷业中计算机直接制版机器（CTP）的税率由 7% 降到 0，包括墨色控制装置、墨量调节装置、墨斗体等组成部分的胶印机用墨量遥控装置的税率由 6% 降到 0。这项印制业降低成本、推动技术创新和产业结构调整起重要意义的举措，将引发 CTP 设备大量进口，造成对日薄西山的激光照排输出业的巨大挑战。

因为印刷在书刊印刷过程中处于中心地位，所以有必要先介绍一下印刷的要素。

人们一般认为，印刷有五大要素：

1. 原稿

原稿是印刷制作所依据的有一定物质载体的图文信息。原稿一般分为三大类：

（1）文字原稿。可以分为原稿、打印稿、印刷品原稿以及电子原稿等。

（2）线条原稿。可以分为图表、硬笔手书文字、地图、钢笔画、版画以及电子原稿等。

（3）图像原稿。可以分为透射稿、反射稿和数字化图像稿。透射稿是以透明材料为图文信息载体的原稿，包括反转片、正片和负片；反射稿是以不透明材料为图文信息载体的原稿，包括素描、水彩画、国画、油画等各类连续画原稿以及照片、印刷品等；数字化图像稿是由扫描仪输入、数字照相机或数字摄影机拍摄，以及由图像光盘等直接提供的电子原稿。

出版单位应该提供适合于印前制作和印刷的原稿。具体而言，文字原稿要求字迹清楚，准确无误；线条原稿要求线条清晰、完整，反差大；图像原稿要求图像清晰，不偏色，层次丰富。

2. 印版

印版是由于传递油墨至承印物上的印刷图文载体。通常分为凸版、凹版、平板和孔版四类：图文部分明显高于空白部分的印版称为“凸版”；图文部分低于空白部分的印版成为“凹版”；图文部分与空白部分几乎处于同一平面上的印版称为“平版”；图文部分可让油墨透过并漏印至承印物的印版称为“孔版”。现在书刊印刷主要采用平版。

3. 承印物

承印物是能接受油墨或吸附色料并呈现图文的各种物质。通常把以纸张作为承印物，使用油墨的印刷称为“普通印刷”，而把以其他材料（如金属、塑料、玻璃等）作为承印物或者不使用油墨的印刷称为“特殊印刷”。

4. 印刷油墨

印刷油墨是在印刷过程中被转移到承印物上形成可视影像的物质，一般由色料呈色剂、连接料、填充料与助剂组成，具有一定的流动性和黏度。在特殊印刷中，油墨的作用可由其他材料替代。

5. 印刷机械

广义的“印刷机械”，是用于生产印刷品的机器、设备的总称，可以分为印前设备、印刷设备和印后设备。狭义的“印刷机械”，主要指印刷设备即印刷机。在分析印刷要素时说的“印刷机械”，一般是狭义上的。

印刷机的种类很多，可根据不同的特点来划分：

(1) 根据印版类型划分，有凸版印刷机、平版印刷机、凹版印刷机、孔版印刷机。

(2) 根据承印纸张的大小划分，有全张纸印刷机、对开印刷机、四开印刷机、八开印刷机。

(3) 根据一次可印刷颜色的种数划分，有单色印刷机和多色印刷机；多色印刷机又分为双色印刷机、四色印刷机等。

(4) 根据输纸方式划分，有单张纸印刷机（又称平版纸印刷机）、卷筒纸印刷机（又称轮转印刷机）等。

需要说明的是，上述要素只是就传统方式的印刷而言。从下文所列书刊印制的各

种工艺流程可以看出，现在有些印刷方式实际上已经并不完全具备这五个要素。

印刷的种类很多，目前主要是根据印版版面印刷部分和空白部分相对关系的不同而分类的，一般分为凸版印刷、平版印刷、凹版印刷、孔版印刷四种方式：

(1) 凸版印刷

凸版印刷是采用图文部分明显高于空白部分的印版进行印刷。印刷时，在图文部分涂敷油墨，因空白部分明显低于图文部分，所以不能黏附油墨，然后纸张通过机械压力与印版直接接触，凸版上图文部分的油墨被转印到承印物上，从而得到印刷品。

凸版印刷一般属直接印刷。凸版印刷还包括压印和烫印，压印主要用于精装书封面上的凹凸及浮雕型图文制作，烫印则用于封面的金、银等各色电化铝及色片的图文制作。

(2) 平版印刷

平版印刷是采用图文部分与空白部分几乎处于同一平面上的印版进行印刷。印刷时，利用油水相斥的原理，首先在版面上附着水，是空白部分吸附水分，再往版面滚上油墨，使图文部分附着油墨，然后通过压印机械使油墨转移到承印物上成为印刷品。

平版印刷属间接印刷方式，即印版上的图文部分附着油墨经橡皮布转印到纸张上的印刷方法，俗称胶印。平面印刷现在广泛应用于印刷图书、期刊、报纸以及画报、宣传画、商标、挂历、地图等。

平版印刷品特点是：制版迅速，装版方便，印刷速度较快，印品的色彩及阶调的还原性较好。

(3) 凹版印刷

凹版印刷是采用图文部分低于空白部分的印版进行印刷。印刷时，印版浸在油墨槽里转动，使整个印版表面都涂有油墨，用刮墨工具刮去空白部分的油墨，保留在印版低凹处的图文部分的油墨，经压印机械加压，就被压印到承印物表面，获得印刷品。

凹版印刷所用的印版为滚筒形，其主体主要有铜版、锌版等。

凹版印刷品特点是：凹版印刷的油墨转移量远比凸版印刷和平版印刷多，是几种印刷方式中墨色表现力最强者，而且印版耐印率高，印刷质量好。凹印产品具有墨层厚实、色调丰富、不宜仿造等优点，其单色印刷的图像效果层次相当于胶印的深浅两色套印，但制版工艺复杂。凹印制版因受温度、湿度影响大，表现图版的黑白反差较困难，印刷品容易偏灰。凹版印刷的成本较高。

(4) 孔版印刷

孔版印刷是指印版图文部分可透过油墨漏印至承印物的印刷，分为丝网版、誊写版、打字蜡版和镂空版印刷。孔版印刷的印版上，印刷部分是由大小不同的孔洞或大小相同但数量不等的网眼组成，孔洞能透过油墨，空白部分则不能透过油墨。印刷时，油墨透过孔洞或网眼印到纸张或其他承印物上，形成印刷品。

孔版印刷属于直接印刷，油墨转移量比凹版还要大，其产品墨层厚实，有立体感。孔版印刷不仅能在纸张上施印，而且能在木版、织物、皮革、金属、玻璃、搪瓷等物体上施印，应用范围广泛，常用于印刷办公文件、招贴画、商品包装、彩画以及在不规则的曲面上印刷，也用于少量的地图印刷。但孔版印刷的印刷速度慢。

编辑应了解的是随着计算机技术、网络技术、多媒体技术和印刷技术的不断发展，书刊的印刷工艺也不断发展，现在有以下几种工艺方式：

1. 一般的书刊胶印印制工艺过程

这种工艺过程的流程是：原稿检核→图文输入→图文编辑→图文输出（胶片）→印版制作（晒版）→打样→印刷→装订。这是最普通的书刊印制工艺过程。这种工艺过程已渐被数字化打样、直接制版的书刊印制工艺过程代替。

2. 数字化打样、直接制版的书刊印制工艺过程

这种工艺过程的流程是：原稿检核→图文输入→图文编辑→图文输出→印版制作→印刷→装订。

3. 数字化印刷（按需印刷）的书刊印制工艺过程

这种工艺过程的流程是：原稿检核→图文输入→图文编辑→数字化印刷（按需印刷）→装订。它的一大特点就是已经不再使用印版，印前制作的数字化结果可以直接输入数字化印刷机进行印刷。数字化印刷除了用于一般纸质书刊的生产外，还用于互联网图书出版物、互联网期刊出版物。

这里有必要介绍一下互联网图书出版物、互联网期刊出版物的另一种生产工艺过程。它的大致流程是：原稿检核→图文输入→图文编辑→进入服务器开始出版。可见，其中不但没有印版制作环节，甚至还因没有承印物而连印刷阶段和装订阶段也都没有了，因此，它已不属于书刊印制，但是其中从原稿检核到图文编辑的各个环节，与其他印制过程的相应环节还是相似的。

编辑对书刊印刷知识应掌握的基本概念是：

1. 胶印书刊纸

胶印书刊纸：胶印书刊主要用于一般图书、期刊的印刷，有 A、B、C 三个等级。胶印书刊纸分为卷筒纸和平板纸。卷筒纸的宽度通常为 880mm、850mm、787mm。平板纸的规格通常为 880mm × 1230mm、850mm × 1168mm、787mm × 1092mm。

2. 胶版印刷纸

胶印印刷纸：胶印印刷纸主要用于书刊封面，高档图书、期刊、一般画册的正文以及中档商标、宣传资料的印刷，有 A、B、C 三个等级，其中 A、B 级适用于高速轮转胶印机。胶印印刷纸分为卷筒纸和平板纸。卷筒纸的宽度通常为 880mm、850mm、787mm。平板纸的规格通常为 880mm × 1230mm、850mm × 1168mm、787mm × 1092mm，

也可以根据用货单位的需要改为其他规格。

3. 铜版纸

胶印印刷涂布纸：胶版印刷涂布纸又称“铜版纸”，主要用于画册、美术印刷品、挂历、细网点印刷品、精致印刷品等的印刷，有 A、B、C 三个等级。胶版印刷涂布纸为平板纸，规格通常为 880mm × 1230mm、787mm × 1092mm。

4. 新闻纸

新闻纸主要用于报纸、一些售价较低廉的书刊和商品宣传资料的印刷，有 A、B、C、D 四个等级，其中 A、B 级适用于高速轮转胶印机。新闻纸分为卷筒纸和平板纸。卷筒纸的宽度有 1575mm、1562mm、787mm、781mm 四种规格。平板纸规格为 787mm × 1092mm、781mm × 1092mm。

5. 特种纸（轻型纸等）

书刊印刷通常计算单位和纸张用量的计算方法。

印张：这是计算机出版物篇幅的单位。全张纸幅面的一半（即一个对开张）两面印刷后称为一个印张。印张的计算在书刊出版中具有重要意义，因为测算一种书刊的印制成本时，印张是计算印刷费用、装订费用、纸张用量及其费用的基本单位。印张是计算图书篇幅的基本单位。全张纸幅面的一半（即一个对开张）两面印刷后称为一个印张，印张在计算书刊出版中的意义在于，测算一种书刊的印制成本时，印张是计算印刷费用、装订费用、纸张用量及其费用的基本单位。计算每种具体书刊的印张数，一般是通过印张与页面数的折合关系来进行的。

书刊中的一张纸称为“页”，一页的正、反面共有两个页码，故一页有两“面”。在开本确定的前提下，一个印张的面数与开数相同，页数是其 1 / 2。如对于 32 开的图书来说，一个印张有 32 个页码，共 32 面，合 16 页。

因此，要计算书刊的单册印张数量，只需用书刊的面数除以开数即可得出，例如，某本 16 开图书正文有 240 个页码，即有 240 面，那么，其印张数的计算便是 15 印张。

纸令：这是纸张的计算单位。印刷用纸以 500 张全张纸为一令，一张全张纸可折合成两个印张，所以一令就合 1000 个印张。

色令：这是平板胶印彩色印刷的基本计量单位。1 令纸印 1 次为 1 色令，印 2 次为 2 色令，余类推。习惯上平板胶印印刷以“对开”规格为计量标准，1 色令等于印 1000 张对开纸，又称“对开色令”或“对开千印”。

加放数：为了弥补印刷过程中由于碎纸、套印不准、墨色深淡及污损等原因所造成的纸张损耗，除了要按书刊的印张数和印制册数计算出所需纸张的理论数量外，还必须考虑用以补偿纸张损耗的余量。这项用来补偿纸张的余量，就称为“加放数”，又称“伸放数”，因一般以理论用纸量的百分率表示，所以也称“加放率”。

加放数的大小因纸张的质量和类别不同而有差异，也与印刷品的套印色数及印刷质量要求等因素有关，可由出版单位和承印单位协商确定。

纸张的重量及计算：纸张重量可用定量和令重表示。定量俗称“克重”，即每平方米纸张的重量。通常纸张的定量有 52 克／米 ^{2}、60 克／米 ^{2}、700 克／米 ^{2}、100 克／米 ^{2}、150 克／米 ^{2} 等。定量不超过 250 克／米 ^{2} 的，一般称为“纸”，超过的称为“纸板”。

书刊正文用纸总量的计算：所谓“正文用纸总量”，只是一种习惯的说法，实际上是“书心用纸总量”，因为其中还包括与正文合在一起印刷的书刊其他结构部件的用纸。要计算一种书刊的正文用纸总量。首先要算出一册书刊的“单册印张数”，然后才能计算既定册数书刊的用纸总量。

封面等用纸量：封面一般是单独印刷的，用纸品种也与正文不同。计算封面用纸量时，须先根据书刊的开本大小和书脊宽度以及是否有勒口等来确定“封面纸开数”，即确定一全张封面用纸能印多少本书的封面。如果一全张纸能印 16 本书的封面，则封面纸开数便是 16 开，一般情况下，没有勒口的平装书刊，若书脊宽度在 7 毫米以下，并且印制封面的纸张与正文用纸品种不同但规格相同，封面纸的开数便为书刊开数的 1／2(如 32 开本的书刊需用 16 开的封面纸)。如果书脊较宽或有勒口，或者封面用纸与正文用纸的规格不同，都须先计算确定封面纸的大小，然后按照封面纸的规格大小计算每张全张纸可开成多少个封面，以此来确定封面纸的开数。例如，787mm × 1092mm 1／32 开本的图书（幅面净尺寸为宽 130mm、高 184mm)，若书脊宽 10mm，勒口宽 40mm，封面纸的净尺寸便为宽 350 毫米（即 130mm × 2+10mm+40mm × 2)、高 184mm（与书刊的高相等)；如也用 787mm × 1092mm 规格的纸张开切，能够开出 12 张。

接着，再介绍一下书刊印制质量检查的方式。

书刊印制质量的检查方式，可以分为上机样检查和样书（刊）检查。

1. 上机样检查

这是在书刊临印刷前，组织专人对封面、正文等的清样进行检查。一方面是对编辑、校对等的工作质量再次进行监督检查；另一方面是从技术性上对印前制作的结果进行检验，防止存在影响印刷问题的差错。如发现问题，要尽快采取措施加以改正。

2. 样书（刊）检查

印刷厂在书刊印刷完毕、未成批装订以前，要先装订若干册样品书刊送出版单位查验。出版单位的责任技术编辑以及责任编辑、责任校对和主管领导，都要从总体上对样品书刊的质量进行检查、审核。如发现问题，首先要及时通知印刷厂封存印成品，然后再根据情况提出具体处理意见，由印刷厂实施；如无问题，要以书面形式正式通知印刷厂开始成批装订。

最后，介绍书刊印制质量的要求。书刊印制质量要求分印刷质量要求和装订质量要求。而印刷质量要求又分为单色印刷质量要求和彩色印刷质量要求两个方面。

单色印刷的主要质量要求是：(1) 墨色均匀，印页折标的印刷实地密度测量值在规定的范围内。(2) 文字清晰，无重影，无缺笔断画字、糊字和坏字。(3) 图像层次分明，图注文字清楚、位置准确。(4) 表格线条清楚，无明显模糊不清处。(5) 页面无明显折痕、脏迹。

彩色印刷的主要质量要求，除了与单色印刷相同的之外，还有：(1) 亮调网点面积再现范围在规定值内。(2) 图像的网点清晰，印刷相对反差值符合国家标准。(3) 套印误差在规定范围内。

装订质量要求书刊：(1) 封面与书心粘贴牢固，无空泡，皱折、折角、变色、破损；书脊平直；粘口符合要求。(2) 成品幅面尺寸符合规定；外观整洁平顺，无压痕。(3) 成品裁切歪斜误差在允许范围内；裁切无严重刀花，无连刀页，无严重破头。(4) 书脊文字平直，平移误差在规定的范围内。(5) 带勒口的封面，勒口折边应与书心翻口对齐，误差在允许的范围内。

第三节　从传统印刷到数字印刷

改革开放以来，我国印刷业的设备不断更新，向国外先进水平看齐。目前，国内外生产印刷机械设备的顶级公司，如海德堡、曼罗兰、高宝、爱克发、博斯特、惠普、上海电气、北人集团、吴泰集团、北大方正等最新机器、最新技术、最新方案已进入许多印刷企业。如在印前领域，爱克发一直处于领先地位。不断推出最新印前解决方案，产品如紫龙星、天龙星、启明星以及爱克发 CTP 版。我国许多印刷企业都选购投入使用。在印中领域，高宝利必达 105 印刷机、海德堡速霸系列胶印设备以及为胶印机开发的创新的冷烫金工艺、曼罗兰为中幅面印刷和无瑕印刷研制的印务产品等，在我国许多印刷企业也纷纷购置用于生产第一线。在印后领域，是我国国产设备和进口设备差距最小环节，无论产品设计还是产品性能，都与国际顶级名牌非常接近。如北人的自动模切机、裁纸机、骑订联动线等，已经达到了国际领先水平，从而吸引了大批国内印刷企业的订货单。

20 世纪 80 年代，丹麦宝隆洋行作为海德堡、马天尼、波拉等国际知名印刷设备在中国的代理商，为中国印刷企业提供了印前到印后的全套印刷方案。当时的宝隆因而成为那一时代印刷科技的代名词。

20 世纪 90 年代末期，随着中国市场经济完善，国际印刷设备大公司纷纷成立中国分公司，甩掉过去代理形式，采用直接销售。我国政府也放宽了审批制度，银行也信贷融资支持，于是我国印刷企业印刷设备已完全走向世界前例。四色海得堡（P200–C0102、P200–SM52、P200–SM74）、罗曼系列等高档设备成为企业入行的基本条件，印刷业内各个企业在设备技术实力上趋于平衡。数码印刷的出现也拓宽了客户的选择。在这样的环境下，印刷企业的竞争从设备转向价格，开启了卖方市场局面。对开机每色令下降 25%，从 20 世纪 90 年代一色令 80 元降至 30 元至 25 元，10 年间印刷价格降低了将近一半以上。

进入 21 世纪以来，我国印刷企业由价格时代跨入服务时代，印刷市场供大于求的局面设有改变，但人性化的服务成为客户对印刷企业的新要求。国际印刷高科技、ERP、CTP、联动、烘干装置，促进印刷流程化实现，印刷周期不断缩短，印刷质量不断提高。印前厂方可以到客户门上取电子稿，印中进行数码打样，工艺调整，直接制版，印后按客户所需要的样式迅速装订，送货上门。为争夺客户，许多印刷企业提出为客户“一站式服务”。

2004 年开始，由于印刷企业技术、设备、成本差异缩小，成本结构趋于一致，印刷业又从服务时代进了品牌时代。同样的技术设备，同样的价格，同样的服务水平怎样创立品牌企业？这就需要企业吸引更多的客户订单，更巧妙灵活的市场推广水平。于是许多印刷企业积极参与各种社会活动、把握各种新闻机遇、开拓各种广告投放。许多印刷企业还在物流费用上降低支出，不断吸引更多客户。因此，产生了“印刷媒体”“图像传媒”等新名词、新潮流。

印刷业理念的更新：品牌印刷的竞争，使得印刷业理念不断提升。许多印刷企业认为，印刷业本身是名副其实的文化产业，而不应该只是一般人认为的制造业、加工业或服务行业。印刷业发展到今天，单纯的书刊产品已很难完全满足读者需要，读者更加关注高质量、能给人以艺术享受的印制品。因此业界提出印刷业要成为艺术印刷的理念。因为无论多么精彩的书刊，如果采用粗糙的印刷工艺，都将使书刊作品黯然失色。他们认为，印刷不仅是一门技术，更是一门色彩与工艺的艺术结合，每份印单在印刷厂手中，都要成为一张没有涂彩的画布，将出版社设计准确地变成一件富有魅力的艺术品。在传媒大家庭中，广播、电视、网络等非纸介质媒体越来越普及，它们天生具有信息传播快、覆盖面广、内容丰富的特点。在这种情况，纸介质传媒书刊的生命价值更多体现在保留价值上，要把它打造成艺术品，充分发挥其重要的保存功能。实现个性化、差异化，以增强延长视觉停留的效果。这种长久的视觉、凝固的视觉、可触摸的视觉，绝不是随风飘逝的听觉、虚拟的图文视觉所能等量齐观的。印刷人认为，艺术印刷是一种抽象思维，它的最高领域是设计，追求的是思想，是设计理念，美学知识。将印刷产

品变成艺术品，必须将艺术设计的理念融入每个印品之中，给人以视觉亮点。因此，印刷必须与艺术设计相结合，同时必须提高印刷业人的艺术素质。除了书刊设计人员外，印厂的每个员工都应具有较高的美学知识，争当艺术设计型工人，使每个书刊印品每本图书画册成为给人美感的工艺品。

2006 年 3 月，北京“鹿捷快印”为首都各大出版社负责人印制了《印贸通》期刊个性化珍藏版，每个人收到的期刊封面、封底是印有本人信息资料（姓名、工作单位、职称）的唯一版本。这一举措具体地展示了个性化出版和可变数据营销的创新尝试，出版界对《印贸通》期刊大量发行个性化刊物及推广个性化广告夺给予了极大的支持和关注。其中我国著名插图画家、辽宁美术出版社总编辑杜凤宝先生致函《印贸通》期刊说：

我从事新闻出版工作近四十年，亲身经历了新闻出版领域的巨大变化。尤其，印刷技术的变化更是日新月异。从以前的繁杂耗时的检字排字，到今天简便快捷的激光照排；从以前的烟熏火烤的化铅铸版，到今天的舒适方便的电脑发片；从以前的专色多版的粗糙套印，到今天的四色轮转的精美印刷；从以前的简单工艺材料的单调印品，到今天的多种工艺材料的多样出版物；从以前的设计者的无可奈何，到今天的设计者的随心所欲。人类彻底告别了铅与火的时代，进入光与电的伟大时代。我多年做书籍装帧设计，对设计与印刷的关系体会颇深。设计艺术的创新，促进印刷技术的提高；而印制技术的提高，又拓宽艺术设计的思路和为艺术设计提供了技术支持。如果把书籍装帧设计比作一座山，那么，设计艺术、印制技术就是山的两个坡，它们完美的结合必然是光辉的顶点。

随着知识经济时代到来，计算机技术、网络技术及多媒体技术，使电子图书、网上图书、电子商务迅速发展起来，数字化网络印刷、个性化按需印刷、短版彩印的大量出现，使传统印刷业面临前所未有挑战。发达国家大力发展高新技术如数字化传输、远距离接受制版、直接印刷等。国际印刷业凭着科技、经济、管理上优势，书刊印刷业逐步开放，挤占中国印后加工市场。而我国的小作坊式企业，凭借员工低廉工资、场地优势，粗劣生产质量虽满足了部分低端用户的需求，阻碍了我国印刷业整体发展，逐渐退出被历史所淘汰舞台。

经济发展需要高标准印品，出版社推行书刊精品战略和图书市场需求，使印刷业认识到：印刷是系统工程，没有与先进的印前、印中设备，以及相配套的印后加工技术和设备，不可能高效生产出优质精良的包装装潢印品和装帧精美的书刊。因此印后加工技术和设备发展越来越快。印后加工设备的智能化、自动化，是我国印刷业迅速发展的亮点。

图书装帧加工工序多、烦琐，我国印刷业为使加工工艺流程流畅、消除各工序的隔阂、缩短循环周期，印后加工自动化技术应用发展很快。一些印刷企业在图书印品印前作业时，将许多印后加工的资料，如纸的裁切线、纸的折法尺寸、骑马订或胶印页码编排、书本完成后三面刀裁切尺寸等抢先设定。当图书在印刷机上印完时，立即将它们移至装订加工区，只要键入工作序号，就可得到所需加工尺寸及加工方式。同时研发了符合人机工程学原理的加工设备，如调整纸张设备的可移动给纸机、收废系统等。

目前图书印后加工趋势：一是图书印后加工多样化：如书壳印后加工增加工艺，如UV上光、覆膜、折页、上胶、轮转烫金和压凹印。二是图书按需加工快速个性化：由于按需印刷（POD）是面向灵活、个性化的（黑白或彩印）的短版印刷，图书产品24小时内完成印后加工，小批量平装书刊的装订、不同书脊厚度调整等，都需自动化设备完成。

中国已成为世界第三大印刷市场。据2006年召开的第二届中国国际全球展上传出的信息，中国印刷业正以15%的速度递增已成为世界第三大印刷市场。截至2005年底，全国各类印刷企家10万家，从业人员300万人；2005年全国印刷行业产值3300亿元，到2010年，中国印刷行业产值达4400亿元。

当前，高新科技突飞猛进对中国出版业传统的冲击和改造。最引人注目的印刷新技术是数字化印刷。所谓“数字化印刷”，是指印刷前不需要提供印版、不需要装版，只要提供电子文档就能即时制作印版或直接印刷技术。

采用数字化印刷技术的印刷机，称为“数字化印刷机”。 数字化印刷机按可印颜色分为黑白印刷机和彩色印刷机；按输纸方式分为单张纸印刷机、折叠纸印刷机、卷筒纸印刷机；按印刷方式分为无版印刷机和有版印刷机；按成像方式分为电子成像印刷机和激光成像印刷机；按形成印迹的材料分为传统油墨印刷机、电子油墨印刷机、墨粉印刷机。

数字化印刷机的最大特点是工序少，周期短，即时印刷。它与传统印刷机的最大区别，是能够实现每一张都不一样的可变数据印刷和按需印刷。特别是没有印版的无版数字化印刷机，每页的印刷成本基本固定不变，与印数无关，印一张与印一千张都差不多。数字化印刷机的这一特点，恰恰与当前图书市场的短版、即时、按需、个性化需求相吻合。采用数字化印刷机实现按需印刷，不仅能使出版社的图书库存明显下降，而且能为绝版书的“不绝”提供机会。目前，胶印向数码印刷过度（彩色数字化印刷、个性化出版、可变数据营销）世界先进技术很多。其中CTP计算机上控制直接产生可供上机印刷的印版省去胶片曝光、冲洗、晒版、修版面工艺环节简化生产工序，缩短印刷周期，提高印品质量。

CTP（Computer-to-plate），又称计算机直接制版。该系统不经过制作软片、晒版等中间工序，直接将印前处理系统编辑、拼排好的版面信息送到计算机的RIP中，然后RIP把电子文件发送到制版机上，在光敏或热敏版材上成像，经冲洗后就得到了印

版。CTP 是英文缩写，有以下几种不同含义。Computer to Plate，计算机直接制版技术。Computer to Proof，计算机直接打样技术。Computer to Plate on Press，计算机在机直接印刷技术。Computer to Press，计算机直接印刷技术。Computer to Publish，计算机直接出版技术。我们通常讲的 CTP 技术是指计算机直接制版技术。世界印刷新技术 与印刷行业有关的数字技术主要有桌面出版技术（DTP）、数码影像技术、数码打样技术、直接制版技术（CTP）。计算机直接制版 CTP 系统是一种综合性的、多学科的产品，它是集光学技术、电子技术、彩色数字图像技术、计算机软硬件、精密仪器及版材技术、自动化技术、网络技术等新技术于一体的高科技产品。

思考题：

1. 简述我国印刷经营许可制度与书刊委托印刷制度。
2. 简述现代印刷的要素和种类。
3. 谈谈传统印刷到数字印刷的变化。

第 13 章

中国图书期刊市场

第一节　出版物经营许可证和出版物市场管理制度

我国实行出版物经营许可证制度，出版物经营许可证设立的法律依据是：中华人民共和国国务院第 343 号令《出版管理条例》第三十七条；新闻出版总署第 20 号令《出版物市场管理规定》第七条、第十一条；根据《国务院关于取消和下放一批行政审批项目等事项的决定》(国发 [2013]19 号文) 和《国务院关于取消和下放 50 项行政审批项目等事项的决定》(国发 [2013]27 号文)。受理条件为：有确定的企业名称和经营范围；经营者应当具有初级以上出版物发行员职业资格；有与其业务相适应的固定的经营场所。经营的出版物，是指图书、报纸、期刊、音像制品、电子出版物等。国家对出版物发行依法实行许可制度，未经许可，任何单位和个人不得从事出版物发行 。

我国实行出版物经营许可证制度中所称的发行，包括总发行、批发、零售以及出租、展销等活动。总发行是指由唯一供货商向其他出版物经营者销售出版物。批发是指供货商向其他出版物经营者销售出版物。零售是指经营者直接向消费者销售出版物。出租是指经营者以收取租金的形式向读者提供出版物。展销是指主办者在一定场所、时间内组织出版物经营者集中展览、销售、订购出版物。

设立出版物零售商的程序是，递交申请书，载明单位的名称、地址、法定代表人或者主要负责人的姓名、住址、企业章程、注册资本 500 万元的资信证明、经营场所的情况及使用权证明（进入批发市场的单店营业面积不少于 50 平方米，独立设置经营场所的营业 面积不少于 200 平方米），填写经营场所所在地的地址平面图、法定代表人或

者主要负责人的职业资格证书中级及复印件一份、相应计算机管理条件的证明材料。

设立出版物总发行企业或者其他单位从事出版物总发行业务，应当具备下列条件：有确定的企业名称和经营范围、以出版物发行为主营业务有与出版物总发行业务相适应的组织机构和发行人员，至少一名负责人应当具有高级以上出版物发行员职业资格或者新闻出版总署认可的与出版物发行专业相关的中级以上专业技术资格、有与出版物总发行业务相适应的设备和固定的经营场所，经营场所的营业面积不少于 1000 平方米、注册资本不少于 2000 万元、具备健全的管理制度并具有符合行业标准的信息管理系统。图书总发行是指图书总发行单位统一包销图书。其特点在于具有排他性，就是说，一种图书的总发行权只能由一个单位拥有，是不可分享的。出版单位若将某种本版图书的总发行委托给具有总发行资格的其他发行单位，其本身就不能再行使总发行权。总发行的销货对象，主要是各类图书批发单位和大型的图书零售单位。总发行的销售方式，主要是批发。

图书批发的概念是指图书所有者向图书经营者批量销售图书。其特点在于：不与消费者直接交易，即批发的销货对象中没有消费者，只有各种图书经营者（其他批发者和零售者）。这是它的最根本的特点。销售方式具有批量性，即图书须成批量地销出，没有就零星图书进行的交易。销售方必须给购货方留有一定的利润空间，即批发价格要按图书的定价打一定折扣。批发对于出版单位有着非常重要的意义：图书要靠强大的批发环节支撑才能完成销售，零售市场的繁荣也必须依赖于批发环节的健全和高效。

设立出版物连锁经营企业或者其他连锁经营企业从事出版物连锁经营业务，应当具备下列条件：有确定的企业名称和经营范围；符合连锁经营的组织形式和经营方式；注册资本不少于 300 万元，其中从事全国性连锁经营的不少于 1000 万元；有 10 个以上的直营连锁门店；有与出版物连锁业务相适应的组织机构和发行人员，至少一名负责人应当具有中级以上出版物发行员职业资格或者新闻出版总署认可的与出版物发行专业相关的中级以上专业技术资格；有与出版物连锁业务相适应的设备和固定的经营场所，其中样本店的经营面积不少于 500 平方米；具备健全的管理制度并具有符合行业标准的信息管理系统；国家允许设立从事图书、报纸、期刊、电子出版物发行活动的中外合资经营企业、中外合作经营企业和外资企业，允许设立从事音像制品发行活动的中外合作经营企业；其中，从事图书、报纸、期刊连锁经营业务，连锁门店超过 30 家的，不允许外资控股；外国投资者不得以变相参股方式违反上述有关 30 家连锁门店的限制。

设立外商投资出版物总发行、批发、零售、连锁经营企业应具备的条件及新闻出版行政部门的审批程序按照本规定第六条至第十五条的有关规定执行；申请人获得新闻出版行政部门批准文件后，还须按照有关法律、法规向商务主管部门提出申请，办理外商投资审批手续，并于获得批准后90天内持批准文件和《外商投资企业批准证书》到原批准的新闻出版行政部门领取《出版物经营许可证》。申请人持《出版物经营许可证》和《外商投资企业批准证书》向所在地工商行政管理部门依法领取营业执照。

国务院《出版管理条例》受理条件国家对图书的总发行、批发、零售等实行许可证制度，未经许可，任何单位和个人不得从事图书发行业务。依法设立的图书发行单位和经批准从事图书发行业务的个人，可以依法从事图书发行活动，非依法律规定，任何单位和个人不得干涉。出版单位不得委托未取得《出版物经营许可证》的单位发行图书。

国家新闻出版广电总局负责全国出版物发行活动的监督管理，负责制定全国出版物发行业发展规划。省、自治区、直辖市新闻出版行政部门负责本行政区域内出版物发行活动的监督管理，制定本省、自治区、直辖市出版物发行业发展规划。省级以下各级人民政府新闻出版行政部门负责本行政区域内出版物发行活动的监督管理。

第二节　中国图书期刊的国内与国际市场

什么是图书市场?

从广义上讲，图书市场是指图书作为一种商品实现交换关系的总和，它包括图书商品的供给者（出版社、发行商）和需求者（读者）在实现图书交换过程中相互作用而形成的各种关系。从经济学的角度看，则是图书作为一种商品，通过货币交换的形式，实现所有权的转移过程。

从狭义上讲，泛指人们在社会生活中，指具有一定场地和设施的实现各种图书交易的买卖场所。

图书市场的构成主要有社会专业分工的商品供给者（如出版者与发行商）、海量的图书商品（指图书作为大量商品投放到可以形成一定规模的供求关系）、图书商品的需求者（指有购买图书欲望的、能付得起钱的一定数量的读者群体）。

图书市场分国际市场和国内市场。在一定的主权国家内，有体现一个国家的主权的行政部门市场管理规定与手段。

我国图书国内市场对图书的总发行、批发、零售等实行许可证制度，规定未经许可，任何单位、个人不得从事图书发行业务。依法设立的图书发行单位和经批准从事图书发行业务的个人，可以依法从事图书发行活动，任何单位个人不得干涉。

国家十分注重国内图书批发市场的改造和提升。分布在全国的各大城市的图书

批发市场，是民营书业的集散之地，它的产生与发展，与中国图书发行体制改革同步而行。

早在 1982 年国家出版局颁布《关于图书发行体制改革问题的报告》说："积极发展集体书店，适当发展个体书店"，提出"三多一少"：多种购销形式、多条流通渠道、多种经济成分和少发行环节。这是第一次提到民营资本进入图书行业，不过限于零售业。于是出现了名义上是零售书店，实质上从事图书批发的店铺。如长沙黄泥街、武汉武胜路。

1988 年，中共中央宣传部、新闻出版总署颁布《关于当前图书发行体制改革的若干意见》，提出"三放一联"：放开购销方式、放开批发渠道、放开批发折扣和加强横行联合。在这样政策引导下，一个与新华书店并列的批发渠道形成，经营权是民营书商，俗称"二渠道"发行。如长沙黄泥街、武汉武胜路、西安东六路、北京金台路的四大全国书刊批发市场。

1996 年新闻出版署提出《关于培育和规范图书市场的若干意见》，倡导"三建一转"：建立图书批销中心、建立代理制、建立发行企业集团、转换企业经营机制，并提出"批发进场，零售归市"，加强统一管理。之后，全国各地图书批发市场纷纷建立。不过，图书批发须有挂靠单位，批发市场常见一些挂着"某出版社经营部"的招牌门帘，实际上是一种民营批发形式。2000 年以后，国家对批发企业实行改制，把原来具有挂靠性质的批发业按有限责任公司重新登记，承认了民营批发企业的合法地位。但也有个别地方，迟迟没有很快获得二级批发资格。

中国新闻出版署 2003 年 7 月 24 日公布、9 月 1 日实施的《出版物市场管理规定》进一步放开书刊发行领域，总发行权可以授予超大型民营企业。二级批发商只要经营规模达到一定标准，如营业面积 500 平米、注册资金积 200 万元的，可以离开批发市场独立经营。但是真正出场经营的二级批发市场商并不多。全国各地的图书批发市场基本还是沿用小商品市场的格局，一家一户一门店，经营面积在 20—50 平方米。这种格子式铺面不但适于管理，而且适合小书商生存，他们本小利微，在批发市场却有议价的优势。在这个场子里，不但采购成本底，而且同行业的图书信息集中而快捷，多年来孵化出的"畅销书"信息在这里最先风闻。所以一些中小书店、学生、普通读者便蜂拥而来挑选自己所需，买卖双方各得其利。

2006 年夏天，我国图书批发市场又发生了一次变革。典型案例是 1992 年 5 月正式开业的北京海淀图书城风光十多年之后开始衰败。主要原因是海淀图书城周边出现了一些大中型专业书店和独立书店，如混合股份制的中关村文化股份公司旗下的第三级书局、第三级文化中心相继开业，直接从大出版社和发行联合体进货，使得历史上曾发挥过批发功能的海淀图书城批发市场功能弱化，零售业务难以支持。有人还把它看作是盗版出版物的寄生场所。对此，全国图书批发市场和其他商品批发市场一样，由政府主导入场经营，加速实现管、办分离过程，北京海淀区政府对海淀图书城进行整体改造。2006 年 5 月，海淀图书城管理处退出批发市场，先由超市发斥资接管，以业主的身份收购铺面，再由中关村文化股份公司招商管理。随着政府和商业资本推动。海淀图书城作为批零兼营的出版物市场成为业态组合更科学、产业生态更健康的超级图书文化商城所代替。海淀图书城的历史变迁成为中国图书发行市场变化的一个缩影。

在我国国内图书市场上，出版机构的营销模式一般表现为：

直销，这是最古老的传统经营图书的模式，也是图书发行渠道的基本类型之一。它是指出版机构直接找到图书的特定读者群，直接把他们需要的图书卖给他们。直销渠道，是指出版机构将图书直接销售给读者消费者的途径。

直销的好处是出版社把市场的主动权拿在自己手中，可以直接把自己的产品投放在市场终端、读者手中。免去出版社的图书上架率低，书店退货无商量，图书折扣越压越低、发行成本越来越大，回款周期越拖越长，出版社的资金链条被发行商越缠越紧。

直销的方式是，出版社自建直销系统，把图书的批发销售和直接销售业务分离开，各自独立经营。目前普遍采取的方式是：

邮购与快递。通过邮局把书卖给需求读者，这种方式是读者需要多付一笔邮寄费用，由于邮费不断攀升，近年来物流领域兴起快递业务，特别是在大城市，快递费用、速度和服务质量，已经远远超过邮局的水平。有的出版社为了解决读者急需或特殊需要（如配发套书等）自建读者服务部，通过打折的方式直接销售给读者，减少了读者费用，很受欢迎。至于对一些大型出版集团而言，自办发行已成规模经营，直接销售是它们最基本的发行方法。

网上直销，通过因特网与读者见面是最快捷的方法。我国大部分出版社有网站，但大多是形象的窗口，实际上还不是直销渠道。近年来，一些大型图书出版集团有资金能力单独建立一个网上销售系统，抽出一部分人力物力来专门维护与经营，收到一定的效果。据统计，我国每年出版图书 20 万种，期刊 9000 余种，但在国内即使是大型书店也不过万种到几万种，这说明许多图书从出产之日起，就无声无息，得不到上架展示的机会，读者不认识，怎么进行购买？因特网是展示图书的最好方法。中小出版社即没有能力单独网上直销，可与别的出版社联合进上网上直销。“人民时空”网站就是这样一种模式，由人民出版社发起，多家出版社参与联手，建立了网上商务平台，使网上直销变成了现实。不过，多家出版社联合推出网上直销，有个前提是网络上的产品内容需要很大整合，使不同出版社结成的网上直销平台呈现出内容产品联盟，既要有一定的共性，还不能同质化，科学地互补的策划，是决胜的必要前提。

与网商结盟。2007 年 9 月，21 世纪出版社与当当网签署战略伙伴协议。约定 21

世纪出版社全品种足量向当当网供货，每年选若干图书以特惠折扣优待读者。当当网承诺把 21 世纪视作黄金供货商大力促销其产品，保证每年按 100% 速度递增销售，优先回款，降低折扣。双方还计划共同策划共同销售盈利模式，根据网站特点，量身订做图书产品让当当网包销。这是 21 世纪出版集团和当当网进行强强联合，整合图书销售渠道打造科学生态产业链的举措。之后，21 世纪出版集团又与江苏新华发行、浙江新华发行两集团结成战略伙伴，推进图书销售。

系统团购。系统指社会上某一行业和某一部门，他们对图书有集体的需求。团购是指销售对象很明确，而且读者对象也不是单个的或零散的；而是某团性的集合体，这个集合体对图书有购买需求，对于那些专业出版社来说，系统直销、团队直销是非常值得注意和开发的图书发行渠道。在社会实践中，有很多出版社正在依靠系统或部门包销，或订购图书的方法实现赢利模式。它的优点是回款周期短、风险小。一些出版社还把系统直销与图书选题策划结合起来，以满足系统图书的需要。21 世纪以来，中国文史出版社依靠全国政协系统、统战系统，策划了一系列适合各级政协委员的工作需求的选题，如《政协委员工作手册》《中国政党史》以及各大宗教基本知识等书，成为出版社的长销书；同时依靠各级政协组织渠道去发行，收到了低成本、高回报、无风险的营销方式。

一些出版集团除注意专业系统发行外，还把团购对象指向一些社会特殊机构，如图书馆、社区阅览室、农家书屋等。在国外，图书馆直销模式早已存在。据图书馆资料显示，全国目前图书馆采购量达 30 亿元。特别一些高等院校图书馆，需求图书品种多、数量大。但由于出版社大多规模小，出书品种单一，信息不完整、服务不到位，较少与图书馆直接联系，图书馆也对出版社的产品不了解，所以只能靠中间环节的供货商供货。2007 年，江苏发行集团与图书馆联手，以展会营销形式开拓馆藏图书市场，效果颇佳。

江苏新华集团 2005 年开始反抢馆藏市场，当年举办了一场相对小型的馆藏图书展销会。2006 年 10 月，经中国新闻出版总署批准，举办“2006 年中国南京馆藏图书展销会”，全国 27 个省 400 多家公共图书馆、高校图书代表，500 多家出版社参会；新加坡、西班牙、加拿大、美国的图书发行协会专程参观考察。取得了 3000 多万元的销售成果。2007 年 10 月第一周，参展图书在 2006 当年新版品种图书 5 万余种，外文原版图书 5000 多种，期刊 1000 多种，音像制品 5000 多种的基础上。实现订货码详 8000 万元。其间，江苏新华集团还举办“馆配工作规范与图书馆藏书业建设”“出版信息工作与图书馆采访业务工作”等主题研讨会，得到供货商与图书被客户欢迎。江苏新华集团搭建的馆藏建设交流平台，为供货商和区域代理之间创造了交流机遇。这次展销会还借名家、名社、名作扬名，江苏新华集团全部包销了《钱钟书集》和《古希腊悲剧戏剧全集》，隆重举办新书首发式。

2007年下半年，江苏新华集团和中国新闻出版总署信息中心合作，摸清全国馆藏书目和数据，举办了《中国南京春季馆藏图书展销会中国南京馆藏图书展销会，优惠图书专场》，取得了2500万元实绩，使得江苏新华全省81家子公司就近为各级图书馆提供各种服务：为客户建立图书样本室、带客户现货采购，成为主流供货商。这种展会现货选购、样书选购、数据选购，网络选购等采购形式，很受客户欢迎。多家出版社还在现场导购、推介全程参与，使出版社也以较少投入，取得较高效益，业界认为图书馆对现场看样订货普遍认可，会成为图书馆采购的发展趋势。

在图书国际市场上，我国实行包括图书在内出版物进出口许可证制度，进行图书进出口管理。目前，我国有政府出版行政管理部门指定的38家出版物进出口公司，享有出版物进出口权。他们是：中国图书进出口（集团）公司、中国国际图书贸易总公司、中国出版对外贸易总公司、中国教育图书进出口公司、上海外文图书贸易公司、北京中科进出口公司等。

图书国际市场上，我国主张积极开展中外版权贸易，鼓励我国出版社与出版机构在贸易活动中转让著作权或转移著作权使用，取得经济收入，获得国际书业市场上的份额。

一般情况而言，有实力的出版社与出版机构都在国外设立版权贸易窗口，从图书选题策划之日起，就与国外知名出版集团实行战略合作，共同投资，全球同步发行，投入国际图书市场。但对许多中小出版社与机构来说，则需要寻找固定的版权输出代理商向国外出版社的版权部门提供中国作品。

版权输出代理人，也称经纪人，这在我国出版界还是一个缺口，一般多由外国人充任，中国的这一支队伍成长，还有待时日。

目前，在我国的版权代理机构有中华版权代理公司、上海版权代理公司、台湾大苹果大力公司、博大版权代理公司、美国约翰布洛克曼科普图书版权代理公司等，这些专门从事各项版权代理的商业中介机构，接受作者或出版机构转让或使用版权事务，并按惯例收取合同金额一定比例（10%）的代理费。如1989年成立的台湾大苹果代理公司，曾代理过琼瑶的《火与雨》（*Fire and Rain*），该公司将这本书输出到世界13个国家，有一些国家出了精装本，成为畅销书，也有的国家如芬兰出了普及平装本。另外，台湾大苹果代理公司还代理过《那山，那人，那狗》（*Postman In The Mountain*）一书，向日本出售了版权和听书广播权，使这部小说被纳入日本教材。2013年10月，中华书局出版的《史记》修订本首发式在北京、上海、香港、台北、新加坡、伦敦、东京、纽约等25座城市31家书店同步发行，也说明了中国图书在国际图书市场受到热捧。

2013年4月，我国第一个基于云计算面向出版发行全产业链资源整合的第三方服

务平台——中国出版发行云平台一期工程——中国出版发行在线交易中心正式上线。出版社、分销商双方均可以相互在平台上展销自己产品、进行订货收货的业务，直至完成交易。2013 年 8 月 26 日，我国第一个信息交换行业标准《中国出版交易在线信息交换》行业标准发布，明确了传统出版、数字出版和发行业务相关的核心数据，规范了出版物流通领域图书产品信息描述和交换方式，提供了出版物产品信息统一数据的技术解决方案。

思考题：

1. 简述我国出版物经营许可证和出版物市场管理制度。
2. 我国图书期刊的国内与国外市场有何特点？

第 14 章

数字出版发展与前景

第一节　我国数字出版由电子出版起步

20 世纪 60 年代，美国第一台电子计算机的问世开创了人类社会新的传媒时代。在大众传播媒介的大家族中，又诞生了一种新的传媒成员——因特网，又称互联网，也简称网络。网络的出现，使图书、期刊、报纸这种单一的纸介质载体向磁、光、电子等多种介质载体延伸与拓展，向虚拟的网络出版物转变。

20 世纪 80 年代，电脑处理技术进一步发展，在整个纸质出版物的排版、制版过程实现电子化之后，将电脑处理的数字化信息存储在软磁盘或光盘、IC 卡中，从而形成一种新的，即以软磁带或光盘为载体的电子出版物，这些电子排版过程的副产品，又被称为封装型电子出版物。随着视频数字化技术进一步开发，1985 年，法兰克福图书博览会首次展出 CD–ROM 光盘出版物。CD–ROM 数字信息的高密度存储，使融文本、视频、声频、图形、图像于一体的多媒体电子出版物飞速发展。20 世纪 90 年代中期，包括电脑软件、图书、报纸、期刊、电子游戏在内的 CD–ROM 出版品种已难以计数。

也就是在 20 世纪 80 年代中期，中国开始研发软磁盘载体电子出版物。在发达国家影响下，北京很多软件企业开始研发 CD–ROM 产品。中国政府采取积极扶持和引导的政策，向一些国有软件企业（非出版单位）授予了电子出版权，还创造性地建立了电子出版物选题的“单项报批”制度，允许有能力开发电子出版物的企业参与电子出版。20 世纪 90 年代以来，我国一些出版社，特别是一些科技出版社，经新闻出版署批准先后开展电子出版业务，使得这个新兴的传媒得到了迅速发展。

1991 年，我国第一部电子图书 CD–ROM《国共两党关系通史》问世。1992 年，我国第一张多媒体光盘《邮票上的中国》和英文版数据资料库《中国对外开放城市企业名录》面市。1995 年 10 月 20 日，我国第一本电子期刊《神州学人》和我国第一张电子报纸《中国贸易报》同一天出现。据统计，1998 年我国正式出版只读光盘 1442 种，2001 年达 2396 种。电子出版物的整体质量也明显提高，一批优秀的电子出版物相继出版，有的还获得了国际大奖，在技术上处于国际领先地位。

1999 年这一年，我国第一套大型电子出版工程《辉煌五十年》和我国第一部少儿双媒体互动图书《你好，花脸道》出版。此后，我国第一部大型光盘期刊《中国学术期刊》（光盘版）出版。从 1997 年起，在“莫必斯”多媒体光盘国际大奖赛中，我国的作品《故宫——世界文化遗产》《颐和园》《宇宙之谜》《文渊阁四库全书》等分获评委特别奖、文化奖以及教育奖。2001 年第 9 届“莫必斯”多媒体光盘国际大奖赛第一次在中国举行，《中国皮影戏》《金庸群侠传（网络版）》和《国粹——京剧》又分获评委特别奖和文化奖以及教育奖。 2003 年 11 月 7 日，第 11 届“莫必斯”多媒体作品国际大奖赛在希腊雅典隆重举行，我国清华大学出版社的《中华太极》，荣膺本届大奖赛的最高奖项——“莫必斯”大奖。

为了规范和健康发展电子出版物，我国政府有关部门 1992 年 5 月颁布《中国标准音像制品编码》，1993 年 1 月 1 日起在全国实施，适用于在中国注册的音像制品出版者所录制出版的音像制品。从 1994 年 12 月至 1997 年 12 月，新闻出版署先后颁发了《关于加强电子出版物管理的通知》《电子出版物管理暂行规定》《电子出版物管理规定》三个文件。适用于在中国注册的音像制品出版者所录制出版的音像制品。这些文件界定了音像制品的科学概念和编辑出版过程，并给了它们市场规范准入证——“版号”：

书号、刊号、版号对比

音像制品可分为录音制品和录像制品两大类。录音制品要用于记录声音，再现音乐或语言；录像制品主要用于记录画面或场景，再现电影或电视节目。按照文件的编码格式光盘可分为 CD、VCD、DVD、MP3 等。CD 存放的是声音文件；MP3 存放的是压缩的声音文件，它可以把 10 张 CD 的内容压缩成一张 MP3 光碟；VCD 和 DVD 存放的是视频文件，既可以在 VCD 和 DVD 播放机上使用，也可在电脑上使用。

音像制品的编辑制作过程：录音，即把所需要的声音信号收集起来并储存记录在磁带、磁盘、光盘等各种载体上。录像，即把动态画面以及伴音信号记录在磁带、磁盘、光盘等各种载体上。录像包括摄像和录像两个过程是：摄像是把被摄对象的光学图像转变响应的电信号，形成被记录的信号源。录像是把信号源送来的电信号通过电磁转换或模式数字转换系统变成磁信号或数字信号，并将其记录在录像带或记录数字信号的载体上。录像中的声音，有的在拍摄现场同步录入，但大多数是后期制作时配入的。

20 世纪末至 21 世纪初，中国已有国际水准的音像电子制作及复制加工设备，生产与世界同步的高科技产品，制作出版渐成产业规模。如 CD、LD、VCD、DVD、MP3 等，形成了完整的音像产业链。2003 年全国音像出版单位 320 家，出音像制品 2.6 万种 4.5 亿盒（张），发行金额 24.7 亿元。在复制生产方面，至 2003 年，全国共有录像带、录像带复制企业 169 家，约有 3000 万台录像带、录像带复录机，年生产能力为 10 亿至 15 亿盒。截至 2003 年年底，按实际投产数量计，全国共有只读光盘生产企业 70 家，投产的生产线 369 条，年生产能力约 13 亿张。从 2002 年开始，在长江三角洲和华东地区又形成了可录光盘生产基地，到 2008 年已投产可录光盘项目 19 个，共有可录光盘生产线 146 条，年生产能力约 7 亿张。在市场流通方面，因中国政府在加入 WTO 前后对音像市场的整顿，音像市场格局已基本形成。大致为新华书店为主的发行渠道和以民营为辅的发行渠道。

但从全球市场来看，电子出版物的发展却不尽如人意。到 20 世纪 90 年代后期，国外多媒体 CD–ROM 出版势头有所减弱。主要原因是：电子出版物的开发制作投资高昂，销售渠道不畅，国际盗版猖獗，著作权维护困难。在中国也同样遇到了类似问题。2001 年中国立法达到了《与贸易有关的知识产权协定》国际保护标准，加入世贸组织，并承诺全面实施《与贸易有关的知识产权协定》，但推行起来并不顺利，特别是盗版光碟和网络侵权尤为突出。据中国音像协会统计，中国每年光碟（包括音乐，影像等）的销售量 50 亿，但国内合法生产线一年生产能力只有 6 亿张，即 90%音像市场控制在盗版商手中。 据中国音像协会光盘委员会介绍，当时的一条光碟生产线占地仅 2—3 平方米，3 个熟练工就能看管 5 条光碟生产线，盗版商选在山洞，或找条集装箱船，漂在公海上就可生产。再从生产商到地面零售商，整个盗版生产链条不会超过 5 个环节，许多游商不过是浮在水面的最终端，但也正是他们在侵蚀正版光盘的销售渠道，比如，当时广州的正版音像店从 2000 多家锐减到 700 多家。但是，中国也是盗版光盘的受害者，这是因为：每年泰国、印度以及公海上生产的盗版光碟大量进入国内，中国国内的合法生产线已经基本上淡出电影音乐的生产而专为手机电脑做配套光碟；另外在国内端掉的 200 多个盗版地下生产线中，执法部门发现他们的先进生产设备并非产自中国而是产自

欧洲和日本。这些产自国外的上游原材料和设备每年 70% 的产能供给了中国的盗版活动；同时国外盗版影片的片源都来自国外，有的是拿摄像机摄录，有的是盗版其他地区的光碟，还有的是直接从影院、片方那里偷拷贝翻录；片源做成母带，以夹带的方式进入中国。正如当时人们所说："现在母带都不需要了，盗版商可以直接通过邮件，聊天系统把片源发过来"。

面对猖獗的国际盗版行为，中国有 11 个部门联手打击盗版。国家有一个版权工作小组，国务院、公安部、文化部、广电总局参加，版权局整体部署，社团有版权保护协会，各地都有文化市场执法总队。鉴于盗版是国际团伙的活动，公安刑事执法的还需要协同各个国家的联络执法。当时的打击盗版活动在全中国展开：文化部监管音像制品；广电总局监管电影电视；各地有行政执法队；版权局则管所有方面的版权。

2006 年底，中国版权协会正式把反盗版委员会秘书处迁至中文在线。实现了中文"在线反盗版联盟"和中国版权协会反盗版委员会联合，这是国内最有力的两大反盗版组织的强强联合。两大组织携手全面拓宽反盗版范畴，无论是线上还是线下的盗版侵权都在打击范围之内。两大组织还进步整合全国维护网络，进行全面保护版权、打击盗版活动。

第二节　从电子出版到网络出版

1998 年，美国市场上出现了两种电子阅读设备，这些支持移动阅读的电子设备，引起了信息产业和出版部门的密切关注。电子阅读设备保留了以往的数字化电子出版物的全部优点，有效防止盗版，可利用网络传输与读者及市场建立从未有过的崭新关系。网络出版及数字技术所产生的全新生产方式以及相应的出版理念，对出版形态和样式产生了全方位变革，被称为出版史上继活字印刷、激光照排技术之后的出版业的第三次革命。2000 年 3 月 14 日，美国畅销小说家斯蒂芬·金（Stephen King）发表了第一本网络版小说《骑弹飞行》（*Riding the Bullet*）。这部小说只发行电子版，不发行印刷本纸质书，大获成功。这一时期美国人杰夫在网上创办了亚马逊网上书店，并在业务上站稳了脚跟。2000 年，中国北大方正推出了系统化网络出版平台——方正 Apabi。辽宁出版集团推出阅读器"掌上书房"。这一年，以人民出版社为首的 14 家国内大型出版社创办了"人民时空"，推出了国内首批网络出版物。接着"人民时空"开发网络出版物制作系统，组建网络出版联盟，共同培育、规范和发展网络出版市场。

中国新闻出版总署和中国信息产业部2002年6月27日公布、8月1日实施的《互联网出版暂行规定》第一次用法规语言运用了互联出版概念。它指出，互联网出版是指互联网信息服务提供者将自己创作或他人创作的作品经过选择和编辑加工，登载在互联网上或者通过互联网发送到用户端，供公众浏览阅读、使用或者下载的在线传播行为。这一规定还解释了互联网出版的作品是：已正式出版的图书、报纸、期刊、音像制品、电子出版物等出版内容或者在其他媒体上公开发表的作品；经过编辑加工的文学、艺术和自然科学、工程技术等方面的作品。规定还从法规角度规范了互联网出版主体：是指经新闻出版行政部门和电信管理机构批准，从事互联网出版业务的互联网信息服务提供者。

2003年是网络出版发展最快的一年。由于网络出版有着纸介传媒不具备的优点，所以大受网民欢迎。网络出版的优点是：

(1) 及时。传统图书、期刊、报纸音像制品及电子出版物的制作、发行需要一定的时间周期，网络出版则不同，甚至可将制作与发行同步进行。

(2) 大容量。网络上的“数字空间”是无穷无尽的。

(3) 多样化。网络出版的多样化是指网络出版的表现形式、表现手段和应用功能的多样化。

(4) 交互型。对网页的浏览、对网络游戏的使用、对个性化网站的定制和管理，都属于网络出版的交互操作。

(5) 广泛性。网络出版不受时间、空间和读者对象的限制，可在任意时间任何地点进行。

根据2004年1月15日中国互联网信息中心(CNNIC)发布的《第十三次中国互联网发展状况统计报告》称，截至2003年12月31日，中国互联网用户数量达到了7950万，占全国人口总数的6.2%，居世界第二位，互联网产业已经成为中国影响最广、增长最快、市场潜力最大的产业之一。与互联网产业的迅猛发展相适应，2003年中国网络出版经历了一个快速发展的过程：网络教育出版方兴未艾，网络出版机构建设开始起步。在网络出版管理方面，法律法规建设进一步规范完善；有关部门严格监管，成效显著；业界切实加强行业自律，维护消费者权益；管理部门严厉查处非法网络出版活动。网络出版和传统出版的结合将更加紧密；网络出版的商业运营模式将逐步趋于成熟；网络出版的立法和监管力度将进一步加大，行业管理将进一步细化。

网络图文出版掀起新高潮。根据北大方正有关统计资料显示，截至2003年年底，全国已有300家出版社全面启动网络出版，超过100万册电子书被读者下载阅读，500家图书馆把eBook作为核心电子资源之一启动数字图书馆建设。2003年11月21日，北大方正阿比数字版权保护系统(Apabi Apabi DRM)获得2003年度“信息产业重大技

术发明奖”。DRM 技术的核心是解决网络阅读防盗拷、防扩散、限制用户等关键性问题，从而保护出版者合法权益和科学统计网络阅读数据等。2003 年，以清华同方为代表的学术数据库网络出版也有了较大发展。清华同方自 1995 年正式起动的中国知识基础设施工程（简称 CNKI 工程），经过 8 年努力，采用自主开发并具有国际领先水平的数字图书馆技术，建成了世界上全文信息量规模最大的“CNKI 数字图书馆”，涵盖了我国自然科学、工程技术、人文与社会科学期刊、博士硕士论文、报纸、图书、会议论文等公共知识信息资源。不久，正式出版了《中国期刊全文数据库》《中国优秀博士硕士论文全文数据库》《中国重要报纸全文数据库》等 22 个数据库型电子期刊，所囊括的资源总量达到全国同类资源总量的 80% 以上。用户遍及全国及欧美、东南亚、澳大利亚等国家和地区，共享知识信息资源。

在网络图文出版掀起的新高潮中，网络教育出版最为活跃。网络教育出版主要指在网络上提供经过选择和编辑的教育内容读物，主要有电子教材教辅、电子教案课件和题库、学校数字图书馆、远程教育网站、综合网站教育频道等形式。作为教育部全国教育科学“十五”规划的重点课题之一，“中文在线”在国内第一个提出全新的中小学教育信息化资源中心——“中小学数字图书馆”概念。2003 年数字图书资源总量突破 1 万种，所收新书比例占到了近两年国内基础教育类图书出版量的 60% 以上，有效使用率高达 90% 以上，已在全国 200 多所中小学校使用。2003 年，全国有 1000 余家以网络为平台从事远程教育的网站，主要通过整合各地名师及名校资源，提供网络教案、课件和题库等教育产品。许多综合门户网站均设置了教育频道，为用户提供教育资讯、在线辅导等服务。其用户群十分庞大，浏览量也相当可观，一般至少都能达到 10 万次的日均访问量。

当时，网络出版机构纷纷建立，向产业化规模迈进。全国实际从事网络出版业务的机构和企业超过 500 家，网络出版从业人员总数超过 3 万人，其中各类编辑人员超过 1 万人。新闻出版总署于 2004 年 1 月 13 日批准设立了首批 50 家互联网出版机构，其中图书出版单位 23 家，电子音像出版单位 5 家，图书发行单位 1 家，报纸出版单位 6 家，期刊出版单位 3 家，综合网站 5 家，电信机构 2 家，新闻单位 4 家。这 50 家互联网出版机构可分为五大类：一是现有出版单位增加互联网出版业务的机构，二是经营互联网出版业务的综合网站，三是电信部门所属 ICP 经营互联网出版业务的网站，四是主营互联网出版的网站，五是各类互联网游戏出版网站。

同时，有关网络出版法律法规相继出台。早在 2000 年 9 月，国务院颁布了《互联网信息服务管理办法》，在这个办法中，首次提出了互联网出版的概念，并明确了国务院出版行政部门负有对全国互联网出版单位资格审核、对互联网出版活动进行监管的职责。2001 年年底，随着我国加入 WTO，全国人大常委会修订了《中华人民共和国著作权法》；2002年国务院修订了《著作权实施条例》和《计算机软件保护条例》，均对作品的互联网传播权做出了明确规定。2002年6月27日，新闻出版总署和信息产业部联合颁布了《互联网出版管理暂行规定》，这是首部专门为规范互联网出版活动、促进互联网出版健康有序发展而制定的重要部门规章，标志着互联网出版开始步入规范化管理阶段。2003年11月，新闻出版总署有关部门又制定完成《互联网游戏出版管理办法》和《互联网出版管理暂行规定》修改草案。

2007年7月1日《信息网络传播权保护条例》正式实施。我国这一首部针对网络版权的专门条例，对提供作品连接的搜索引擎运营商和图书馆规定了享受避风港的免责条款，在符合法律规定的情况下可以免除相应的侵权责任。2005年9月，全球七大唱片公司曾起诉百度在未经许可的情况下向网民提供这七大公司歌曲的免费下载。根据新条例，网络服务提供搜索、链接服务的，如在接到权利人通知书后立即断开与侵权作品的链接，则不承担赔偿责任。这意味着搜索引擎不直接对其链接的作品侵权负责。我国互联网进入声音与音像时代，开展内容服务是大势所趋，条例的实施一方面会促进互联网内容产业的繁荣；另一方面也推动和约束网站内容服务商更加充分考虑知识产权的保护。

2003年之后网络出版的类型主要有两种：一种是传统媒体的网络出版，将传统印刷出版物如书刊数字化后进行网络传播。另一种是网络自生传播，把网络原创作品直接网上发表传播。方式有：

数据库。因特网为数据库生产提供了新的出版方式。生产者在生产光盘数据库的同时，推出网上数据库，在相关网站中提供界面检索服务，用户可以在线阅读、浏览，或下载至个人电脑，或通过阅读器阅读。网商利用传统期刊资源再生开发较多，如清华同方出版“中文期刊全文数据库——中国期刊网（CJN）”，包括6000种期刊全文，还提供文本标引、搜索引擎。销售方法是建立镜像站点、包库使用、购买光盘。重庆维普资讯公司、万方数据网络中心分别建立“中国科技期刊全文数据库”、“china info数据库”，用户可全文使用、分期使用，阅读、浏览、打印、下载。

电子图书。把已获版权的著作按印刷型图书样式进行数字化处理网上发行。同时，也可印制纸质书刊发行，也可把网上图书刊集成为网上数字图书馆经营。我国“书生之家”数字图书馆已集成了书、刊、报、论文、CD等，下设中华图书网、期刊网、报纸网、资讯网、CD网等子网，能为用户提供全文、标题、主题词等10种检索功能，以及CN-MARC格式数据套录功能，同时有网络版和传统印刷版书刊出售。

数据库、电子图书这两种技术比较成熟，围绕版权保护的营销技术也开发很快。如阅读器研发品种很多。有国外Soft Book Press公司出产的软书（Softbook），可以在该公司网络下载文字和图片10万页，屏幕可滚动显示一次一页，逆光照明，方便阅读。

索尼公司推出电子书店索尼康奈特（Sony Connect）专售电子书，并销售专门用来阅读电子书的“索尼随身电子书”（Sony Reader Portable Reader）的阅读器。世界各国对阅读器的市场使用权也在争权划分范围。美国亚马逊推出阅读器后，在美英销售火爆，但未在澳大利亚出售。澳大利亚最大图书零售集团之一迪莫克斯（Dymocks）宣布，在澳大利亚电子图书销售市场，他们研发的阅读器将独占鳌头。迪莫克斯自称阅读器兼容性和硬件设备独具特点，在澳大利亚、新西亚和中国香港等地设有 82 个分店，拥有 12 万种电子书的网站也投入使用。不过，一些国际组织主张实行国际电子书新通用标准。如国际数字出版论坛（IDPF）设计了一种新的电子书通用标准，它的格式将命名为 OEBPS Container Format(OCF)，其中的 OEBPS(Open eBook Publication Structure) 意为“开放电子书出版结构”。一旦新标准得以推行，读者将能在不同的阅读器和个人计算机上阅读电子书，而电子书的制作也会更方便，售价也会降低，可促进更多的电子书出版。

POT(Print On Demand)，又称按需印刷、在线印刷、短版印刷。是按用户要求，经过网络把所需印品传输至数码印机上，即时印刷。这是一种用户下了订单购买之后的印行方式，与出版者先印刷再找需求读者不同，好处在适合买方市场。国外形成品牌特色的有：美国 Baker and Taylor、亚马逊，日本红伊国电子屋，我国台湾新丝路网络书店。不用印版就实现书刊发行，出版社可实现零库存的个性化服务。用户可以对开本、纸张、版式、字体、字号、装帧做自由选择，在我国印刷企业中已多有使用。

网站出版。分浏览式和互动式两种。前者是网站内容提供商 ICP 把收集整理的网上信息，直接发送到选定的 ICP 网站网页上，供客户浏览下载。这种网站通过界面为用户提供文图、语音、动画单媒体或多媒体信息，优点是快捷，收费低廉，但网站运行维护费用高。如新浪、搜狐、榕树下等网站。2000 年 1 月新浪推出第一部小说《逃离中关村》。后者互动式网站是按客户要求定制出版，但严格地说，还处于作品创意或编写阶段，预备出版阶段。

第三节　数字出版现状与广阔前景

2010 年 9 月之前，我国当时称之为“网络出版”正以井喷式发展。

2007 年 4 月 8 日，全国首份付费订阅“数字报纸”——温州报业集团的《温州日报》《温州都市报》《温州晚报》《温州商报》在全国上线发行。

这四张数字报与以往网络版的《温州日报》《温州都市报》等四张报纸最大的区别，

一是文图并茂，是原模原样的报纸，可作报纸翻阅，而非文本新闻；二是有朗读功能，可作电台听；三是广告内容是多媒体，可作电视看，新闻内容实现多媒体。

温州日报报业集团有关负责人称，温州数字报的三大功能有很大的竞争优势：在版式上它与传统报纸完全相同，这样不仅尊重人们的阅读习惯，而且保持了原报内容的完整性；它的朗朗语音和动感影像增强了报纸的传播效果，也更加方便人们多形式阅读报纸。

当时四张数字报全年的综合定价相当于纸质报纸的一半，一份报价或两份、三份捆绑价低于纸质报的15%—40%。

2007年7月18日中国互联网信息中心（CNNIC）发布的《第二十次中国互联网发展状况统计报告》称，截至2007年6月底，中国互联网用户数量达到了1.62亿人，占全国人口总数的12.3%，其中宽带上网1.22亿人，手机上网4430万人。国家“十一五”时期文化发展规划列出出版工程13项。其中由国家新闻出版总署直接抓4项：国家数字复合出版系统工程、国家知识资源数据库出版工程、中华字库工程、国家数字版权保护工程。其中，国家数字复合出版的概念，既包括传统出版各个环节的数字化并生成各种传统出版载体形式，也包括数据库存储、有线和无线网上传播、手持终端读取等出版服务方式，后者的突破是打破了单作品传播格局，可把作品分解后再聚类传播，实现按需服务。这是出版服务的新概念。数字复合出版，是传统出版向网络传媒时代的正确选择。

此时，世界有两大非盈利电子书组织古登堡计划 (Project Gutenberg) 和世界电子图书馆 (Word eBook Library) 启动。它们分别是历史悠久规模最大的电子书组织。古登堡计划收藏的电子书，多由网民自发将古书用键盘打入或用扫描仪输入计算升机，世界电子图书馆2006年底拥有25万册图书，平日浏览年收费不过9美元。它们还举办全球网上书展，免费提供电子书供网民下载，展出100多种语言的无版权著作。

2010年9月。中国新闻出版总署正式把“网络出版”规范称作“数字出版”。

2010年9月，新闻出版总署发布的《关于加快我国数字出版产业发展的若干意见》指出：数字出版是指利用数字技术进行内容编辑加工，并通过网络传播数字产品的一种新型出版方式，其主要特征为内容生产数字化、管理过程数字化、产品形态数字化和传播渠道数字化。该文还指出，数字产品的形态主要包括电子图书、数字报纸、数字期刊、网络原创文学、网络教育出版物、网络地图、数字音乐、网络动漫、网络游戏、数据库出版物、手机出版物（彩信、彩铃、手机报纸、手机期刊、手机小说、手机游戏）等。从20世纪下半叶以来，在新兴数字传媒的冲击下，出版业正在不断超越传统的书、刊、报等纸媒介质出版的范畴，进入跨媒体出版领域。

所谓跨媒体出版，即横跨纸介质媒体（平面媒体）磁光介质媒体、网络媒体、甚至

移动媒体等多种介质共存的出版方式。

相对于跨媒体出版而言，传统出版业经营的都是单一媒体，如图书、期刊、光盘或网络等。但新兴的数字媒体因其功能的日益扩展，正在打破这种以介质为标准的分工，不仅出版业内部的分工正在被打破，甚至跨行业的分工也正打破。

国际出版界预测：将来的出版既不可能是单一的纸介质媒体的一统天下，也不可能是数字媒体的一统天下，纸介质媒体在预见的将来不会完全消失。出版业将迎来一个纸介质媒体和数字媒体共存的并荣的时代，也就是跨媒体出版时代。

跨媒体出版的重要特征之一是按需出版 POD（Publishing On Demand），即出版单位根据消费者的阅读习惯与要求，定制化地提供同一内容的不同介质的出版物，这也就是国际传媒出版集团常常自称的“内容供应商”。

跨媒体的出版是出版业的未来发展方向。中国《国家“十一五”时期文化发展规划的纲要》对我们出版业规划具体描述为：“推动产业结构调整和升级，加快从主要依赖传统纸介质出版物向多种介质形态出版物共存的现代出版产业转变。”其中“多种介质形态出版物共存”的表述，就是跨媒介出版。

针对国际出版商和技术提供商都瞄准跨媒体出版，国家新闻出版署牵头进行“国家数字复合出版工程”的可行性论证。这里的“数字复合出版”指的是纸介质媒体（平面媒体）和数字媒体的复合，实际上也就是跨媒体出版（Cross Media）。

加强跨媒体出版调研，是现实的需要，也是 21 世纪出版业发展方向的需要。它既帮助我们深刻认识数字出版对出版业实际深刻影响，也有利于对它的规范管理，从而推动我国数字信息资源建设，使数字出版优越性最大化发挥。

据 2007 年至 2008 年统计，新兴的跨媒体出版单位开始加速发展，势头十分迅猛。在中国，跨媒体出版运营商主要有：方正 Apabi、超星、中文在线、书生、万方、榕树下、同方知网、起点中文网、龙源网、维普、DigiBook，以上这些跨媒体出版运营商主要从事图书出版，而其中以数字期刊运营商为代表的则是同方知网、万方、维普、龙源期刊。

据有关机构对我国中央级和地方级 389 家出版社调查，出版社对我国 11 家新兴的跨媒体出版单位知名度比较认同的是方正 Apabi、其他为超星、中文在线、书生等。

由于传媒业的结构不断变化，从经济学统计观点出发，我国每年由社会科学文献出版社推出一份《中国传媒产业发展报告》，一般由本年度 2 月份为止收集到的各种数据进行统计测算。

2007 年至 2008 年度的这份报告把传媒业分为传统传媒产业和新媒体产业两大类。所谓新媒体，即网络媒体与移动媒体。报告指出 2007 年新媒体增长势头仍然不减，在传统产业中比重增加到 28.07%，而传统媒体下降到 71.93%。尤其是移动电话，车载电视等移动类媒体的产业化迅速升温，点亮了整个传媒业。同时，随着“全国新媒体联播网”的成立，有望在我国形成遍布公交、火车、飞机、地铁、互联网及手机的新传媒联播产业链，所以在大众传媒界，对新媒体产业赞誉有加，称之为传媒产业中最具商业价值的朝阳产业。

从数据看，移动媒体和网络媒体都实现较快增长，2006 年移动媒体总收入达到 888 亿元，占总体传媒业 21%，包括手机电视、手机广播、手机短信、手机游戏、移动电视等；网络媒体总收入为 252 亿元，包括网络游戏、网络广告、网络视频、博客、各种下载业务等。两项相加总和超过 1000 亿元占到中国传媒产业总产值的 1 / 4。

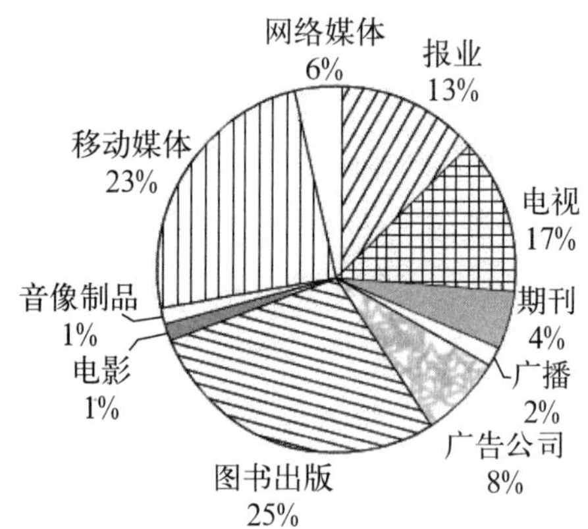

2008年中国传媒产业细分市场结构

据《中国传媒产业发展报告（2007—2008）》采用回归分析法对中国传媒产业的影响因素进行了量化分析，结果显示，2008 年中国传媒产业总产值约为 5440 亿元，将比 2007 年增长 13.1%，其中移动媒体、报业、期刊、广播、广告均有不同幅度的增长，而从内部产业结构看，图书出版和移动媒体的市场规模仍居前两位，将分别达到 1316 亿元和 1249 亿元。其他依次是广告公司、报业广播广告、电影、音像制品、期刊广告。

以上对中国传媒产业的经济分析，也从现实层面证明了 2008 年我们处的时代是纸介质媒体与数字媒体并存共荣的时代，也就是所谓的“跨媒体出版时代”。

中国出版科学研究所公布的《我国图书出版社跨媒体出版状况调查报告》还显示：我国出版集团与出版社经济实力越雄厚，销售码洋越高，就越重视跨媒体出版。而在实际市场销售中，纸质图书和非纸质出版物销售均在逐年增加。跨媒体出版物销售形式呈多元化，主要是实体书店、网上书店、网络出版平台。

我国出版集团与出版社在数字媒体的选型上，对电子图书、网络数据库与多媒体光盘看好。eBook 是出版社跨媒体出版的首选方式，而光盘类数字媒体出版数量还不大，手机读物出版、游戏、博客出版不被看好，按需出版基本上没有开展。按需出版之所以开展不快是成本过高、印刷质量尚不稳定。而且多数出版社对跨媒体出版投资规模都不大，很少超过 100 万元以上，跨媒体出版行动还处于初级阶段，实践中问题需要解决。如技术上需要开发适合出版机构使用的内容管理软件，使出版物内容真正做到“一次制作，多元发布”。同时，我国现在实行的以介质为核心的管理体系，使图书、期刊、报纸、音像、电子、网络、电视等分属不同的部门管理。出版集团、出版社要进行跨媒体出版，同一选题会进行多次申报批准，无疑增添了一些困难。

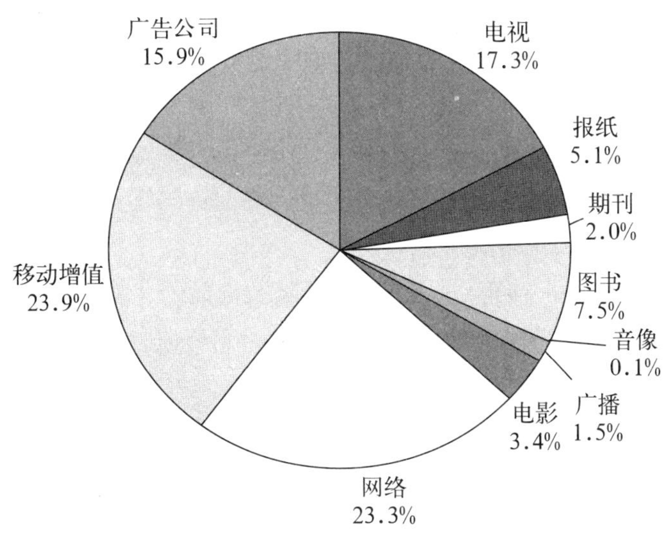

2014 年中国传媒产业细分市场占比

但是，仅仅过了 7 年时间，互联网时代颠覆了传统的信息传播渠道与方式，重塑信息内容框架，重新分配话语权，进而改变传媒产业规模与结构 。2014 年，既是中国传媒产业走向融合之路的关键时点，也是传媒霸主地位交接的重要节点。互联网企业已成为中国经济发展的重要驱动力，媒体全面迎接数字化。在新老媒体交融之际，数字、移动互联成为中国传媒图景中重要的特征。投资者也正在中国快速扩张的新媒体领域寻找盈利机会。在大数据、云计算、物联网、可穿戴设备等数字技术以及高新设备的推动下，媒体已经成为集内容、关系、服务于一身的综合体系。技术更新、经营创新、融合发展将是传媒产业每一个活跃主体前进的方向。据《中国传媒产业报告 (2015)》公布，2014 年中国全年传媒产业总值首次超过万亿元，达 11361.8 亿元，较上年同比增长 15.8%。该报告指出，2014 年是互联网国家战略地位确立的一年。2014 年 8 月 18 日，中央全面深化改革领导小组第四次会议审议通过了《关于推动传统媒体和新兴媒体融合发展的指导意见》，指出，互联网粗放式成长时代已经结束，移动媒体成为媒体融合的连接点，中国手机上网人数首次超过 PC，手机支付、手机银行、手机网购、手机旅行预订成为用户覆盖率增长最快应用。数字出版是近年来出版界持续关注课题，移动数字出版成为 2013 年出版界关注的焦点，读者年轻化是数字化阅读的大趋势和特征。

随着互联网等新兴媒体的快速崛起，传媒产业呈现整体繁荣，局部下滑的局面。相较我国其他国民经济支柱产业，传媒产业规模还比较小，对 GDP 的贡献率仅为 1.5%，但近年来一直保持两位数以上的增长。2014 年在 GDP 增长放缓的情况下，中国传媒产业年增长率仍小幅上扬，从 2013 年的 15.5% 上升至 2014 年的 15.8%，超过 GDP 增长率2倍多。然而，传媒产业整体发展的良好态势主要依赖于基于互联网的新兴媒体。2014年互联网与移动增值市场的份额不但一举超过传统媒体市场份额总和，领先优势达到10.3%，并且差距还有继续扩大的趋势。因此，尽管传媒产业是中国乃至全球范围内的朝阳产业，然而以报纸为代表的部分传统媒介产品已经处于其市场生命周期的衰退期。报纸作为在时效性、互动性、信息量等方面存在缺陷的媒介形态，其主流媒体的地位将逐渐被互联网等新兴媒体所取代。

网络空间新秩序的进一步形成。CNNIC最新数据显示，截至2014年12月，中国网民规模达6.49亿。互联网普及率较上年增长2.1个百分点，达到47.9%。从普及率上看，互联网距离广播（98%）和电视（98.6%）还有相当的差距，但互联网超越电视和广播，领军媒体广告市场已成事实。根据2015年3月的《中国移动互联网广告标准》发布会上国家工商总局广告司公布的数字：2014互联网广告收入900多亿，增长36.7%，如果加上搜索和电商将超2000多亿。同时，互联网并不完全依赖广告，信息服务、社交沟通、文化娱乐、商业服务四大形态初步形成，市场上升空间更为广阔。2014年最瞩目的事件莫过于阿里巴巴上市，互联网企业已成为中国经济发展的重要驱动力。在2015年12月世界品牌500强榜单新上榜的26个品牌中，中国共有6个新品牌入选，其中三个为互联网企业，分别是腾讯、百度、阿里巴巴。未来的互联网将不只是连接世界的工具，而成为重要的经济体。从目前的市场构成上看，搜索引擎继续保持第一，95.4%的搜索用户通过综合搜索网站搜索信息，综合搜索网站占据着互联网的流量入口位置。百度作为搜索引擎的老大，2014年前三季度总营收350.03亿元，同比增长56.1%，超过央视成为广告市场老大。近年来，网络视频受众规模快速增长，推动网络视频广告市场发展迅猛。艾瑞数据显示，2014年中国在线视频市场规模为239.7亿元，同比增长76.4%。广告仍是网络视频的主要盈利模式，网络视频广告市场规模为152.0亿元，同比增长55.1%，高于2013年的47.2%。优酷土豆、爱奇艺PPS、乐视在内的多家视频网站大幅提高2014年广告价格，提价幅度在30%—80%不等，增速明显高于往年。但视频广告的占比（63.4%）低于2013年（72.1%），主要是终端（互联网电视一体机与互联网盒子）销售收入和游戏联运收入增长更为迅猛。中国网络游戏产业的核心力量依旧是客户端游戏，客户端与移动端进入相对稳定期。究其原因，一是市场缺少优秀的移动游戏产品，二是移动游戏企业进入稳步增长期。但从整体趋势看，移动游戏市场仍具有更大的发展潜力。

移动媒体成为媒介融合的连结点。2014年，移动互联网的影响力进一步扩大，移动终端用不同的形态强势渗入人们生活的方方面面。CNNIC的数据显示，2015年6月中国手机上网人数首次超过PC，截至12月底，手机网民为5.57亿，占网民总数的85.8%。截至2014年年底，移动互联网应用的覆盖率中，即时通信（91.2%）、搜索

(77.1%) 和网络新闻 (74.6%) 稳居前三位，即时通信的地位进一步稳固。从用户规模的增长幅度看，手机支付 (73.2%)、手机银行 (69.2%)、手机网购 (63.5%) 等商务应用领涨其他应用，手机旅行预订 (194.6%) 成为增长最为快速的应用。伴随着移动互联网的发展，移动媒体正快速成长为传媒产业的支柱板块，并成为媒介融合的关键连结点。2014 年 12 月，百度的移动广告收入第一次超过了 PC 互联网收入，微博和陌陌相继上市，以及小米斥资 12.66 亿元入股美的集团。这三个事件分别代表了移动媒体产业的三个发展趋势：一是移动广告稳步上升，赶超传统互联网广告指日可待。根据艾瑞咨询统计，2014 年中国移动广告市场规模达 296.9 亿元，同比增长 122.1%，增长率连续三年超过 100%，预计到 2016 年，市场规模将超过 1000 亿人民币。二是社交媒体格局趋于稳定，微博媒体功能凸显，微信占领社交高地，电子邮件等其他交流沟通类应用将持续走低。三是移动媒体将成为传统媒体和新兴媒体的连结点，并推动媒介融合发展。

面对传媒产业的进一步融合，2013 年 3 月 10 日，十八大以后国务院机构改革方案公布：组建国家新闻出版广电总署，管辖对象覆盖出版、报纸、期刊、广播、电视、电影等 6 大行业，既涵盖了所有传统主流传媒业，又涉及部分互联网业务。新机构的管理业务遍及产业链，形成了全媒体管理格局，开启了我国传媒业全媒体经营的新时代，为我国传媒业建立全球网络传播提供了渠道便利。为此，新闻出版广电总署设立了数字出版司，加快新闻出版产业转型升级，加快数字出版内容投送平台建设，开展传统出版单位转型示范工作，推进出版与科技、传统生产经营方式与的转变，发展以网络出版、手机出版、云出版、动漫储备等为代表的新业态、新产业。

网络研究者从专业角度描述了数字出版发展的三个阶段，这是 IT 业内人员提出的技术进步的概念词语。数字出版的 Web1.0 阶段：将内容资源加工为纸本图书原版版式的电子书，供在线、离线免费阅读下载，或向图书馆销售，或压成光盘随书附赠，这种电子书仅仅是载体由纸媒变成光盘或网络文件，是一种非结构化的生产加工。数字出版的 Web2.0 阶段：将内容资源进行结构化生产——一是改变原有表现形式，在电子书中插入音频、视频、动画等媒介形式，实现传统纸质图书向光盘、网络、数据库卡等跨媒体转型；二是打破传统图书以“本”为单位阅读的做法，将内容资源按照知识元进行结构化标引，使之成为内容资源数据库中的一个个条目，具备检索查询、讨论答疑、定制互动等功能，实现“一次制作，跨媒体发布”。数字出版的 Web2.0 阶段实现了传统出版，即纸媒出版与数字出版并轨合一，打通了传统出版与数字出版的鸿沟，通过数字化生产，把书、卡、盘、网、库等多种媒体形态有机整合，将读、听、看、查、带等多种功能融为一体，使各种媒介质都能有效承载出版物内容，实现用户无缝阅读体验。数字出版的 Web3.0 阶段：数字化出版的智能化应用的高级阶段出版机构基于语义的内容资源进行深度结构化标引，使内容资源能够通过语义搜索查询，自动形成摘要、提要，将按书“本”阅读进化成按“主题”阅读的各种新的阅读方式，能够为读者提供更加精准、个性、高效、互动的阅读服务。

网络研究者还形象地用大数据与云计算勾画了数字科学的前景。大数据是高科技时代的产物，是互联网发展到现今阶段的一种特征。大数据（Big data）与云计算就像一个硬币的正反面一样密不可分。在今天云计算为代表的技术创新大幕衬托下，原本很难收集和使用的数据，容易被人们利用起来推进各行各业创新，为人类服务。大数据离不开云处理，无数计算机集群是生产大数据的平台。这种数据生态系统复合化程度加强，将覆盖人类经济社会生活各个方面。而今，这一数据生态环境基本雏形已经形成，接下来发展系统将趋于内部角色细分，数字出版不过是部分而已。

2015 年 9 月，国务院印发《促进大数据行动纲要》系统部署大数据发展工作。《促进大数据行动纲要》指出，推动大数据发展和应用，在未来 5—10 年打造精准治理、多方协作的社会治理新模式，建立运行平稳、安全高效的经济运行新机制，构建以人为本、惠及全民的民生服务新体系，开启大众创业、万众创新的创新驱动新格局，培育高端智能、新兴繁荣的产业发展新生态。《促进大数据行动纲要》部署三方面主要任务。一要加快政府数据开放共享，推动资源整合，提升治理能力。大力推动政府部门数据共享，稳步推动公共数据资源开放，统筹规划大数据基础设施建设，支持宏观调控科学化，推动政府治理精准化，推进商事服务便捷化，促进安全保障高效化，加快民生服务普惠化。二要推动产业创新发展，培育新兴业态，助力经济转型。发展大数据在工业、新兴产业、农业农村等行业领域应用，推动大数据发展与科研创新有机结合，推进基础研究和核心技术攻关，形成大数据产品体系，完善大数据产业链。三要强化安全保障，提高管理水平，促进健康发展。健全大数据安全保障体系，强化安全支撑。2015 年 9 月 18 日贵州省启动我国首个大数据综合试验区的建设工作，力争通过 3—5 年的努力，将贵州大数据综合试验区建设成为全国数据汇聚应用新高地、综合治理示范区、产业发展聚集区、创业创新首选地、政策创新先行区。

目前，我国数字出版产业发展模式创新面临任务：

1. 内容资源（图书传统出版物）数字化加工

文化产业的发展核心是内容。在传统出版社，实现传统出版与数字出版融合发展，首先需要利用各种类型的信息加工方式，完成存量出版资源（如已有的纸质出版物）的数字整理加工，加快数字内容资源的深度整合，加速内容的数字化。以便在此基础上，实现内容资源全方位深层次开发利用，并借助互联网、手机、电子书、阅读器、平板电脑等新兴传播途径，重构知识与内容的销售渠道。纸媒的数字加工种类很多，如扫描图、PDF 文件（便携式文档格式）、正文文本 XML（可扩展标记语言）文件、目录 XML（可扩展标记语言）文件、元数据 XML（可扩展标记语言）文件等。数字化加工程度越

深，未来出版产品组装和再生能力越强，商业支撑模式越丰富。一般说，重要性越强的内容，数字化加工程度越深，比如学术书刊、教育书刊、辞书工具书等。因此要求 CRM（Content Resource Management System，内容资源管理系统）建设应该是最先进的。目前，CRM 主要有 PTC ACM 平台（美国参数技术公司的 Arbortext Content Manager）、IBM、ECM 平台（美国国际商业机器公司 IBM 企业内容管理平台）、北京拓尔思信息技术股份有限公司 TRS 内容管理系统。

2. 数字化加工的通用格式

目前在各种电子终端上显示阅读的电子书，是经过非结构化数据加工的各种电子文档。主要有两种：一是可移动文档格式（Portable Document Format），简称 PDF 格式；二是电子书格式（Electromic Publication ），简称 ePub，是目前国际上兴起的能跨越互联网平台和移动通信平台的格式。另外我国一些数字出版公司也开发应用了各种电子书阅读格式，如同方 CAJ、方正 CEB、超星 PDG、书生 SEP 等。鉴于这种情况，中国新闻出版信息化技术委员会正在进行数字出版标准体系研究，其中涉及数字出版的十多个细分领域的标准，包括制定电子书出版标准，以便统一电子书数字出版的通用格式。

3. 数字出版基地建设与人才培养

2013 年，按照《国家“十二五”时期文化改革发展规划纲要》和《新闻出版“十二五”时期发展规划》提出的构想，在全国已布局建设 8 至 10 个国家级数字出版基地。它们是：河北廊坊国家印装产业园区，天津国家级新闻出版装备产业园，湖北华中绿色印刷包装物流产业园，江西赣州吉安国家印刷包装产业基地，北京国家数字出版基地，北京、上海、广东、成都音像产业园区。以上这些基地数字出版成效初显，其中部分国家数字出版基地总产出超百亿元。随着互联网技术快速发展，互联网和移动互联网基地设施逐步完善，传统出版媒体进入大裂变时代，业务优秀骨干逐步流向互联网运营自媒体，用户趋向年轻化，向互联网迁移速度加快，用户流失广告分流严重，传统媒体只有与新媒体融合发展，打造新型互动出版产品和全媒体产业链，才能延伸发展。目前，据不完全统计，全国互联网出版企业近 700 多家，数字出版及网络运营从业人员已达上百万人。北京大学、武汉大学、北京印刷学院等 100 多所院校开设了有关数字出版专业的相关课程，约 40 所院校开设电子出版、数字传媒、多媒体出版等数字出版教育课程，60 多所高校开设编辑出版学硕士专业、22 所高校设 35 个数字出版博士。我国数字出版高端学历教育体系基本形成，却还远远不能满足迅速发展的数字出版的需要。

4. 数字出版版权保护新课题

版权保护，是一个国家能不能保护人的文化创意能力的大国形象。一个国家只有从法律保障上，充分发挥和保护个人创意才华，这个民族才有文化崛起的希望。移动互联网时代下，版权运营和保护问题、电子商务平台上网络盗版治理问题，都是数字化条件下版权保护面临的新课题。当前出版行业主要用协议模式保护网络版权，是常用的有益探索，从而减少了互联网盗版侵权行为。2013 年 3 月 1 日，新修订的《中华人民共和国著作权实施条例》《信息网络传播保护条例》《计算机软件保护条例》正式实施，三者均上调了惩罚金额。2014 年 11 月 1 日起，正式施行《使用文字作品支付报酬办法》。近年来，我国纷纷在知识产权的各个领域建立版权保护基金，从维权角度提供了资金保护，正面鼓励网络版权保护。

思考题：

1. 谈谈我国传统出版向数字出版嬗变的进程。
2. 谈谈我国数字出版产业发展模式创新所面临的任务。
3. 谈谈你如何理解大数据与云计算时代。

参考书目

《出版集团研究》余敏主编，中国书籍出版社，2001 年 5 月，第 1 版。

《纵览美国图书出版与发行》魏龙泉、邵岩编著，中国经济出版社，2007 年 1 月，第 1 版。

《电子出版技术》谢新洲编著，北京大学出版社，2006 年 5 月，第 1 版。

《编辑出版实务与技能》李苓、黄小龄主编，四川大学出版社,2005 年 8 月，第 1 版。

《英国出版业》[英] 保罗·理查森著，袁方译，世界图书出版公司北京公司，2006 年 8 月，第 1 版。

《杂志创意设计经典》Stacey king 编著、任素珍等翻译，中国青年出版社，2003 年 9 月，第 1 版。

《数字出版使用教程》黄孝章、张志林、陈功明著，知识产权出版社，2013 年 2 月，第 1 版。

《网络出版及其影响》赵晓东著，中国人民大学出版社，2008 年 11 月，第 1 版。

《电子书设计》柴文娟编著，武汉大学出版社 2010 年 1 月，第 1 版。

《期刊数字化发展及品牌延伸》向飒著，中国传媒大学出版社，2013 年 3 月，第 1 版。

《云端创意——数字出版解密》晏琳著，电子工业出版社，2014 年 10 月，第 1 版。

《数字出版启示录——西方数字出版经典案例分析》刘银娣编著，世界图书出版公司，2014 年 7 月，第 1 版。

《电子出版物》包鹏程、范文婷、何海巍编著，华中科技大学出版社，2010 年 1 月，第 1 版。

《数字出版概论》陈生明编著，南京大学出版社，2011 年 4 月，第 1 版。

《中国网络媒体 20 年（1994—2014）》闵大洪著，电子工业出版社，2016 年 3 月，第 1 版。

《新媒体导论》彭兰著，高等教育出版社，2016 年 3 月，第 1 版。

《新媒体概论》匡文波著，中国人民大学出版社，2017 年 1 月，第 2 版。

《中国出版科学研究所科研成果汇编》

《中国图书商报》

《中国新闻出版报》

中华人民共和国国务院第 343 号令《出版管理条例》

《中华人民共和国著作权法》

《中华人民共和国著作权法实施条例》

图书在版编目（CIP）数据

编辑出版实务 : 由传统出版到数字出版 / 胡太春，金梦玉编著. -- 北京 : 中国广播影视出版社，2018.6
新编高等院校专业课程特色教材
ISBN 978-7-5043-8113-2

Ⅰ. ①编… Ⅱ. ①胡… ②金… Ⅲ. ①编辑工作－出版工作－高等学校－教材②电子出版物－出版工作－高等学校－教材 Ⅳ. ①G232②G237.6

中国版本图书馆CIP数据核字(2018)第060645号

编辑出版实务
——由传统出版到数字出版
胡太春　金梦玉 编著

责任编辑　余潜飞
封面设计　智达设计
责任校对　龚　晨

出版发行　中国广播影视出版社
电　　话　010－86093580　010－86093583
社　　址　北京市西城区真武庙二条9号
邮　　编　100045
网　　址　www.crtp.com.cn
电子信箱　crtp8@sina.com

经　　销　全国各地新华书店
印　　刷　河北鑫兆源印刷有限公司

开　　本　787毫米×1092毫米　1/16
字　　数　246（千）字
印　　张　12.5
版　　次　2018年6月第1版　2018年6月第1次印刷

书　　号　ISBN 978－7－5043－8113－2
定　　价　33.00 元